# 乡村振兴背景下赋能女性参与农村发展的路径研究

高苏微 著

中国农业出版社
农村读物出版社
北 京

**图书在版编目（CIP）数据**

乡村振兴背景下赋能女性参与农村发展的路径研究 /
高苏微著 . —北京：中国农业出版社，2023.6
　ISBN 978-7-109-30701-8

　Ⅰ.①乡…　Ⅱ.①高…　Ⅲ.①女性-关系-农村经济
发展-研究-云南　Ⅳ.①F327.74

中国国家版本馆 CIP 数据核字（2023）第 087925 号

---

中国农业出版社出版
地址：北京市朝阳区麦子店街 18 号楼
邮编：100125
责任编辑：边　疆
版式设计：王　晨　责任校对：吴丽婷
印刷：北京中兴印刷有限公司
版次：2023 年 6 月第 1 版
印次：2023 年 6 月北京第 1 次印刷
发行：新华书店北京发行所
开本：700mm×1000mm　1/16
印张：12.5
字数：240 千字
定价：55.00 元

---

经过近 40 年的发展，我国农村相对贫困地区在基础设施、教育、医疗事业等方面都取得了突破性进展。乡村振兴发展战略下，如何在消除相对贫困之后构建可持续发展机制已成为一个新的重要议题。因此，建立以增强深度贫困人群能力为方向的"赋能"机制是防止返贫的重要手段。提升相对贫困地区农民的发展能力，需要使在农村中扮演着越来越重要角色的农村女性提升发展能力。笔者在调研中发现，相对贫困地区女性贫困人数和贫困程度高于男性，很重要的原因在于贫困女性在社会地位、政治参与、就业情况以及家庭地位等方面落后于男性，其资源与权利仍旧缺乏，导致女性在防止反贫建设中主体意识不够、参与不足。农村女性自身能力如果得不到提升，就无法从根本上解决贫困问题，容易产生返贫现象。农村女性的发展关系当前和今后的农村发展，也关系整个社会的发展。

2020 年，我国脱贫攻坚战收官，贫困人口如期脱贫，贫困县全部摘帽，解决了区域性整体贫困，全面建成小康社会。本书中所指的"贫困"指收入相对较低，致富能力不足，返贫风险较高。相应地，"扶贫"指帮助这些群众走上致富路，防止返贫；"脱贫"指这些群众获得致富能力，返贫风险降低。

本书基于代际传递理论、计划行为理论、可持续发展理论、可行能力理论、可持续生计能力理论以及增能理论，在查阅相关文献之后提出研究方向。内因决定能力的发展，相对贫困地区农村女性可持续发展能力提升需要外部环境的支持，女性本身的农村发展参与度对能力提升具有重要影响。因此本书以计划行为理论为基础，通过构建结构方程模型，以参与行为的五个表征指标对女性农村发展参与行为机理进行研究，结合"知情行"理论确定农村发展参与指标。农村发展参与指标主要描述农村女性参与农村发展事务时的心理变化、行为转换等。笔者认为农村女性参与农村发展，不仅体现在参与过程中，前期的认知、参与的积极程度均会影响农村女性参与农村发展的进程。根据参与内容和实际情况，本书设计出女性农村发展参与的三大理论指标，分别为认知参与、情感参与和行为参与，以此解说农村发展参与的情感、认知、行为以及自身能力发展过程，如此设置的目的是为第5章、第6章农村发展参与对可持续发展能力建设的影响机制假设模型提供分析基础。本书选用二元离散变量里面的 Logit 和 Probit 模型测量持续贫困的内生性原因，探讨外部环境、女性的家庭经济、人力资本、社会网络以及家庭角色与持续贫困的关系，并确定可持续发展能力指标。通过文献分析及深度访谈，对云南农村女性农村发展参与的情感、认知、行为以及自身能力发展过程进行归纳总结，构建农村发展参与对可持续发展能力建设的影响机制假设模型，并在前文研究基础之上继续探讨影响贫困地区女性能力的内部因素、外部因素，构建内部环境、外部环境、可持续发展能力三大指标体系之间的交互作用关系假设模型，并以云南相对贫困地区女性为研究对象进行问卷调查，以结构方程模型方法对假设模型进行实证分析与验证。最后提出政策建议，为相对贫困地区女性提升可持续发展能力提供重要参考。

本书通过研究得出以下结论。第一，女性在农村发展参与中，认知影响意愿，进而影响行为。农村发展参与中女性的行为响应受到行为态度、行为意愿、主观规范和知觉行为控制的影响。行为响应和行为意愿是女性农村发展参与的重要前提，组织支持对行为响应有显著的影响，且能够在行为意愿和行为响应之间起积极的中介作用。研究得出农村发展参与的指标为：认知参与、情感参与、行为参与以及组织支持（外部环境）。第二，除外部环境外，女性的家庭经济、人力资本、社会网络以及家庭角色都会影响持续贫困的发生，本研究将以上四个维度具体指标作为农村女性的可持续发展能力指标。第三，实证研究结果表明，参与指标对可持续发展能力的影响为：女性主体的认知参与、情感参与以及行为参与均会正向影响可持续发展能力。认知参与会影响行为参与，提升农村发展参与的认知程度，有助于女性参与农村发展。认知参与、情感参与也会通过行为参与影响可持续发展能力，但这只是影响可持续脱贫能力的一个方面。外部环境的好坏直接影响农村发展参与对可持续发展能力的效果，根据数据分析结果可知，外部环境对农村发展参与和可持续发展能力中的经济条件和人力资本有明显的正向调节效应，外部环境的提升有助于快速提升农村女性可持续发展能力。第四，内部环境的发展对于相对贫困家庭经济条件、人力资本、社会网络、家庭角色具有显著的积极影响。第五，经济倾斜有助于地方经济发展。本书的结论与可持续发展的目的和主要趋向是一致的。第六，内外部环境交互作用对经济条件、人力资本呈现积极影响，对社会网络呈现消极影响。第七，从内外部环境的交互作用来看，无论是贫困家庭还是非贫困家庭，成员的生活态度和关系不会受到经济的影响，也不会影响经济的发展。个人家庭经济的发展受制于家庭成员的能力、生产资料的完善程度，也受制于区域地区经济的发展等，这些是经济发展的主要影响指标。

本书从云南农村女性劳动力对增收致富的特殊作用着手，研究其可持续发展问题，丰富了女性问题研究理论。本书对于农村女性的农村发展参与对可持续发展能力建设的影响机制研究创新之处在于：拓展了研究农村女性农村发展参与问题的研究视角与研究方法，构建了农村发展参与与可持续发展能力建设测量指标量表，探讨了农村发展参与对云南农村女性可持续发展能力建设影响机制；构建了内外部环境指标量表，探讨了内外部环境交互作用于可持续发展能力的路径。以上理论假设与模型验证深入挖掘了影响农村女性增收致富能力的关键因素，以此来探讨女性持续发展的方式方法，为乡村振兴提供参考。

著　者

2023 年 1 月

# 目　录
CONTENTS

# 1 绪 论

## 1.1 研究背景

40 年的农村发展工作之后，我国全面建成小康社会，解决了区域性整体贫困，扶贫特征及其分布情况有了明显的变化，很多贫困地区在医疗事业、基础设施建设以及教育等方面都获得很大进步。2017 年底，国家的贫困发生率降低了 3.1%，贫困总人口共减少 3 046 万人，扶贫工作获得了明显的成效。而深度贫困人群通常没有足够的勇气让自己增收致富，而且也不具备增收致富的想法和思维，缺少增收致富的方法与技能。他们所处的环境比较闭塞，信息和资源不足，人们的思维观念比较落后，接受的系统教育比较少：多方面原因造成贫困人群很难拥有达到最低生活水准的能力，也就是阿玛蒂亚·森（Amartya Sen）提出的可行性能力的匮乏困境。

在乡村振兴背景下，有效激活农民主体性成为重要任务。理论界关于激活农民主体性的既有议题，循着"谁来激活"和"如何激活"两条路展开，但对于谁来激活农民的主体性、还权赋能的改革取向如何激活农民的主体性等问题，仍有待进一步探讨。本书以产业发展为支撑载体，以还权赋能为核心取向，以体制机制变革为根本保障，契合乡村振兴的时代特点，抓住制约农民主体性的根本性问题，为乡村振兴背景下激活农民主体性提供新的思路。

关于谁来激活农民的主体性，已有研究主要聚焦政府、政党、市场、社会等主体。如政府层面，主要通过政策松绑、改革赋权与思想引导等职能履行方式来实现；政党组织层面，主要依靠党建引领自治的方式，推动政治优势转化为治理效能；市场主体层面，主要凭借对农民主体地位的尊重和市场权利的维护，推动产业持续发展；社会力量层面，主要借助社会工作者等力量激活农民主体性。而关于如何激活农民主体性，既有研究循着还权赋能、制度建构、文化涵育与组织推动等路径展开。还权赋能论者强调，权力不足与能力弱化是农民主体性缺失的突出表现，主张实施以体制机制变革为支撑的还权赋能。制度建构论者认为，制度创新可以为激活农民主体性提供制度基础，强调要健全公共性的集体土地所有制、自治性的村民自治制度和保护性的城乡二元制度。文化涵育论者指出，文化的涵育功能可以为激活农民主体性铸魂塑能，倡导对农民的价值引领、认同培育与素质提升。组织推动论者认为，去组织化是制约农民主体性的重要症结，主张通过农民组织化激活农民主体性。既有研究关注激活农民主体性的多元主体和多维路径，为研究乡村振兴背景下激活农民主体性提供了重要借鉴。

截至 2019 年底，中国有大约 2.5 亿拥有劳动能力的农村女性仍在乡、镇生活，这个数量庞大的女性群体承担着主要的农业生产和家庭照料工作，同时却面临生存与发展的诸多挑战。其中，受教育程度低、贫困程度高、非农就业需求大但培训资源少、缺乏专业心理干预和支持、缺乏权利认知、参政意识与能力低、主体意识弱造成家庭地位较男性低等特点构成了当下中国农村女性的主要问题和需求。近年来政府、民间组织、企业、国际机构等结合不同优势开展了各类农村女性赋能项目。通过提高农村女性的自我认知能力、知识技能，提高社会参与能力，从而帮助女性实现就业、创业，在获得经济收入的同时，提升农村女性的社会地位。通过多元化、符合地方本土文化发展的减贫和经济发展方式，为贫困女性提供多维度的经济赋能支持，可以激发女性自主、自觉设计与决策自己生活的意愿和能力，提升农村女性参与家庭、社会生活的主动性，最终获得在家庭和社会中地位的提升。而每一位农村女性的改变，又对整个家庭的致富能力、防止返贫能力起到了带动和提升的巨大作用。

## 1.1.1 中国农村发展新进展与农村发展中的女性参与

根据国际标准，1981—2015 年，中国贫困人口减少了 8.68 亿人，而全球贫困人口减少了近 11.7 亿人，中国摆脱贫困人口占世界减贫人口的 74%。到 2016 年，中国大陆生活在贫困线以下的人口减少了 99.1%。到 2020 年底，中国消除了绝对贫困现象。中国的脱贫成就已成为当今世界最值得关注的一道经济社会发展亮丽风景线。回顾中国脱贫攻坚进程，2017 年，《关于支持深度贫困地区脱贫攻坚的实施意见》明确指出应增强政府的倾斜力度，使深度贫困地区以及贫困群众能够和全国人民共同迈向小康社会。《中国农村扶贫开发纲要（2011—2020 年）》明确指出要把扶贫工作的重点放在产业扶贫上，并且提出"到 2015 年力争实现 1 户 1 项增收项目，到 2020 年初步构建特色支柱产业体系"，产业扶贫从最初的粗放型扶贫过渡到精准扶贫，其内涵也从起初的表面概念逐渐细化到县、村、户，实现"产业精准扶贫"。党的十八大召开后，我国政府对产业扶贫非常重视，党的十九大又明确提出乡村振兴战略，把农业农村放在优先发展的位置上，坚持农民的主体地位，努力做到因地制宜、人与自然和谐共生，必须打好精准脱贫攻坚战。其中，基础设施建设和加强产业投入是贫困地区扶贫工作的两个重点方向，并重点指出要依靠持续的产业投入增加农民创收能力。根据联合国制定的多维贫困指数（MPI），即衡量健康、教育、基础设施服务等 10 个维度的指标，贫困的内涵是多重的，涉及公民权利和社会权利的方方面面。为推动这些指标的实现，联合国发布了《2030 年可持续发展议程》。尽管现在距离 2030 年有大约 7 年，但鉴于当前复杂的国际经济政治背景，在全世界实现这一发展目标的难度依然很大，而中国却已提前 10 年实现了该议程的减贫目标。中国的脱贫政策确保贫困者收入有来源，衣食住行有保障，基本医疗、免费义务教育有保证。显然，中国的脱贫并不是简单地解决收入问题，而是给予人民多重生存保障和发展机会。正因为如此，中国消除极端贫困的方式是赋予贫困地区和贫困者"造血"能力，而非单纯地"输血"。

改革开放以来，由于城乡社会经济发展速度非常快，城镇化进程也在逐步加快，农村产业结构始终处于变化状态，农村中涌现出很多富余劳动力，这些劳动力逐渐转移到了城市和二、三产业。然而，长久以来女性一直处在弱势的边缘，处于僵化状态的性别劳动分工模式导致女性占有的资源非常少，人际交往和社会资本也不多。农村女性的发展受到多种因素的制约，农村女性劳动力的转移过程明显比男性滞后很多。所以，用于农业生产的劳动力中，男性所占的比例在逐渐降低，而女性所占比例却一直在增加，女性日益变成农业生产的主力军。这种发展趋势一定会对农业生产和农村发展、建设带来很大的影响。随着经济发展，我国农业产业不断向精细化、生态化以及特色化转型，农村地区尤其云南农业特色明显的地区相关产业正逐渐兴起，同时交通以及信息的发展正在缩小城乡差距，而受到具有超强辐射能力的大城市的影响，农村地区也正在打破封闭，越来越多的农民开始从事农业以外的其他产业。不仅是农村男性，农村女性也积极参与灵活就业或者长期从事其他产业，她们走进工业生产与服务行业之中。云南农村女性并不具备较高的劳动技能，她们的平均受教育程度也很低，就业是一个很大的难题。云南地处高原又是多民族地区，其独特的地理位置和文化性质孕育了相关产业的发展，而这些产业对劳动力的技能、性别、年龄、文化等方面的包容性较大。所以发展农村女性从事手工业、旅游业、农产品种植与精细加工等对缓解云南农村女性就业压力，增加她们就业机会起到了很大作用。

## 1.1.2 可持续发展能力建设的新要求

本书基于农民权利与能力的分析视角，考察当前中国农民主体性缺失的表现与诱因，揭示在乡村振兴战略实施过程中农村经济、政治、社会、文化权利保障的缺失和能力行使的弱化对其主体地位的不利影响。提出应从经济、政治、社会、文化等多方面"增权赋能"，推动农民主体性重塑，真正调动起农民在农村发展事务中的积极性、主动性与创造性，切实实现农民主体地位。

坚持农民的主体地位，关键就是要尊重和保障农民的各项权利。没有主体权利，农民主体性就是空洞和虚无的，只有赋予农民充分的主体权利，农民主体性才能彰显出来。我国法律赋予了包括农民在内的公民一系列权利，具体来说就是经济权利、政治权利、社会权利和文化权利。经济权利是农民参与经济活动的各项权利。由于农民的经济活动多与土地有关，农民基于土地制度和集体产权制度而产生的财产权利是其最主要的经济权利。政治权利多指参与性权利，主要是农民的政治民主权利，包括知情权、参与权、表达权和监督权四项权利。社会权利作为农民参与社会活动的基础性权利，是农民权利体系中的重要组成部分，多指农民的社会保障权和社会福利权。文化权利指农民进行文化活动的权利与自由，具体包括文化选择权、文化接受权等。坚持农民主体性地位，既要关注农民所享有的主体权利，又要关注其行使和实现权利的能力，如文化选择能力、社会合作能力和综合技能。因此有必要将农民所享有的主体权利和所拥有的主体能力放在一起综合考察农民的主体性地位。

农民要成为乡村振兴的主体就必须拥有主体权利这一前提条件。农民主体权利是农民主体地位的基础。乡村振兴二十字方针是实现乡村振兴的具体要求和发展目标，其每一项都少不了农民权利的基础性保障。产业兴旺和生活富裕是对农村产业发展与农民生活质量提出的要求，发展壮大农村的产业，提高农民的收入水平，需要农民的经济权利尤其是财产权利的充分实现来支持；生态宜居与治理有效是对乡村环境与乡村治理提出的要求，改善农民的居住环境，推进农村绿色发展，创新乡村治理机制，实现乡村协同治理离不开农民的政治民主权利与社会权利的支撑；乡风文明是对乡村的文化和精神风貌提出的要求，传承乡村传统文化，吸收现代文明，丰富农民精神文化生活，不能没有农民文化权利的保障。农民的经济、政治、社会、文化权利是乡村振兴各项举措得以顺利实施的有效保障，要切实发挥农民在乡村振兴中的主体作用，就要落实好农民的这些权利。

权利与能力是密不可分的。农民有了这些权利还需进一步拥有各方面的能力，农民的主体能力是农民发挥主体性地位的重要支撑力量。乡村振兴的标志是"三农"的现代化，而"三农"的现代化要求农民具备一些基本的能力和素养，如农民参与合作的能力、进行现代化生产的技术和能力、防范和抵御风险的能力等。农民具有合作能力和综合技能是实现农村产业兴旺和农民生活富裕必不可少的条件。现代农业是技术农业，主体是高素质农民，所以需要农民懂技术、能经营、会管理，需要农民之间团结合作，成立各种互助组织。而乡风文明、乡村善治同样需要农民提升综合素质和能力，具备明辨是非和文化选择的能力。农民具有合作能力、综合技能和文化选择能力是实现乡村振兴发展目标的基础，尊重农民在乡村振兴中的主体地位，发挥农民主体作用，提升农民的这几方面能力尤为重要。农民主体权利与能力构成了农民主体性问题的核心，审视乡村振兴中的农民主体地位问题，需要对农民的主体权利与能力进行全方位的考察。

激发乡村振兴主体权利与能力的活力，直接决定着乡村振兴能否获得持久动力。乡村振兴战略实施过程中，农民的权利和能力都存在不足、缺失或被侵害，农民日益成为乡村振兴的客体和旁观者。其原因错综复杂，既有主观因素，也有客观因素；既有思想观念方面的影响，也有体制机制方面的影响。

在实施乡村振兴战略的新时代背景下，中国如何实现农村可持续发展是目前备受关注的重要课题。多年扶贫研究发现，要实现脱贫不仅要增加贫困人口的收入，更需要解决多维贫困。而"长期陷于贫困状态"则说明贫困人口难以摆脱贫困的困境，且即使目前脱离贫困线也非常容易再次返贫，受到价值观念、生活方式以及行为规范等方面的影响，贫困群体不仅这一代长期贫困，容易再返贫，下一代也会受到影响而继续贫困，这也就是贫困代际传递。脱贫攻坚最关键的问题就是精准，必须做到精准扶贫、精准脱贫，精准到户、精准到人，找对"穷根"，明确靶向。要重视教育脱贫，不要让贫困出现代际传递的现象，还要重视脱贫效果是否具备可持续性。贫困是每个国家都存在的一种社会现象，起初只是收入贫困，后来逐渐发展成能力贫困和多维贫困，因此贫困的内涵以及外延的界定也在逐渐变化着。第一次提出"能力贫困"这一概念的是阿玛蒂亚·森，他认为贫困的根源并不是人们的经济收入被剥夺，而是人们创造经济收入的能力与机会被剥夺，也就是说，贫困人口缺乏正常生活的能力。所以，精准扶贫需要精准地找到扶贫对象，了解他们基本生活保障存在的问题，让他们的正常生活得到保障。同时，还要解决贫困人口的脱贫积极性低下、思想觉悟不够高以及缺乏内生动力等问题。

在农村，女性在家庭中扮演着重要的角色，而且农村大约一半的劳动力都是女性，因此在实现乡村振兴和增收致富的道路上，农村女性的作用非常重要。乡村振兴为农村女性带来了机遇，与此同时她们也面临很多挑战，例如政治参与度较低、受到就业歧视、思想素质有待提高、健康问题严峻、文化程度较低等。党的十九大报告指出，"注重扶贫同扶志、扶智相结合"。所以，要想从根本上解决问题，需要建立"赋能"机制，使深度贫困人群的能力得到明显提高。贫困地区农民能力的提高离不开农村女性的发展，因为她们不仅直接影响着"当前农村"的问题，而且对"未来农村"也会造成很大影响，甚至影响整个社会的发展。

### 1.1.3　女性参与对可持续发展的重要意义

　　当代我国农村发展工作的重点是解决"缩小发展差距"和"提高发展能力"等问题，主要表现在优化生态环境、缩小发展差距、巩固温饱成果以及提高发展能力。精准扶贫最关键的就是实现产业扶贫，而产业扶贫也是"从输血到造血""从短期效益到长期效益"的主要抓手和平台，不仅能有效提高贫困人口的收入，而且能让贫困人口的能力得到提高，实现自我发展。在帮助贫困人口实现脱贫致富的道路上，产业扶贫是一项具有长远意义的战略措施。通过产业振兴的方式，可以调动贫困女性参与农村发展事务的积极性，从被动向主动转变，同时，通过与政府积极合作，引进投资者，运用先进管理模式，促进资源优势向产业优势转变，从而提高贫困地区女性自我发展的能力。中国的深度贫困主战场不仅贫困面积大，而且贫困程度非常深，容易返贫。这就需要把注意力从脱贫速度转移到脱贫质量上，从原本的开发式扶贫转变为开发式扶贫和保障式扶贫相结合，将内生动力和造血功能视为出发点与落脚点，不仅要让贫困地区与贫困人群真正实现脱贫，而且还要不返贫，更要富起来。党的十九大报告中再次提出"做到脱真贫、真脱贫"，也就是说要做到高质量、高标准的稳定脱贫，确保脱贫效果具有可持续性。那么，在脱贫摘帽以后怎样才能保证脱贫的可持续性，是一个我们需要考虑的新议题，而引领脱贫攻坚新风向的将会是扶贫、扶智和扶志三位一体理论。

　　2014年国家统计局的统计监测数据显示，我国建档立卡的贫困人口超过了7 000万人，其中45.8%是女性。2020年之前，每年需要减贫1 000万人，因此女性脱贫至关重要。《中国农村扶贫开发纲要（2011—2020年）》提出"尊重扶贫对象的主体地位"，这足以说明中国在扶贫工作上取得了很大的进展，对于贫困群体的了解程度也明显增强，而且提出了"健全扶贫对象识别机制"，对于贫困群体的真实状况和扶贫工作的开展情况进行了详细总结。1995年，国家颁布了《中国妇女发展纲要（1995—2000年）》，2001年颁布《中国妇女发展纲要（2001—2020年）》，到了2011年，国务院又颁布了《中国妇女发展纲要（2011—2020年）》，性别平等得到迅速普及。女性对于社会的稳定发展以及市场经济的发展有着非常关键的作用，女性的社会地位变得越来越高。女性群体在照顾家庭和抚养后代方面付出了很多，女性比男性更容易陷入贫困之中，女性群体中的贫困人口也更多一些。中国的人口基数非常大，在农村人口中，女性所占比例为41.56%，因此农村女性的贫困问题非常明显。农村女性在政治上出现边缘化现象，在经济上出现贫困化现象，因此，帮助农村贫困女性增收致富，改善她们的生活条件，让她们拥有参与权、发展权与生存权是非常重要的。

因此，本书认为，要想让农村女性的增收致富能力得到提高，需要提升女性的发展参与度，通过激发内生动力与提高外源动力并行的方式，建立具有可持续性的增收致富机制。

## 1.2　研究意义

在当前农村发展中，农村女性是农村持续发展与建设乡村的重要力量，而这要求农村女性具备更高的综合素质，她们个人能力的提升有助于更好地参与农村发展，而参与次数越多其能力提升也越快。目前女性主体意识、权利意识仍旧薄弱，农村事务参与度、受教育程度仍然偏低，获得技术培训机会也很少，导致农村女性农村发展参与度偏低。本书基于上述背景深入云南贫困地区，以农村女性为研究对象，深入研究相关产业发展、政策支持等如何提高女性内生动力、增强增收致富能力以避免返贫及贫困代际传递的发生。本书基于计划行为理论以及代际传递理论等研究女性参与农村发展行为机理，并构建农村发展参与指标；通过可行能力理论以及增能理论等探讨提升可持续发展能力的重要性，并重点探讨农村发展参与、女性自身内外环境如何交互作用以及对农村女性可持续发展能力建设的影响机制。基于此得出相应的对策建议，从而促进农村女性脱贫致富，抑制贫困代际传递，实现农村可持续发展。因此研究农村女性的农村发展参与对研究其可持续发展能力的影响机制具有重要意义。

**（1）理论意义：补充与丰富中国本土化可持续发展理论。**对目前关于可持续发展的研究进行进一步探讨。目前与返贫相关的问题探讨多从宏观的角度以研究返贫原因和政策性建议为主，极少以微观视角细分贫困异质性，如地域差异、性别差异、群体差异以及个体差异，本研究可以弥补以上不足，结合心理学、社会学和管理学等理论，对云南农村贫困地区女性群体致贫、脱贫的历程及特征进行分析，探讨女性在增收致富过程中的参与行为特征，找到女性农村发展参与指标。基于可持续发展理论，从经济、人力、社会以及家庭四个方面构建农村女性可持续发展能力测量指标，探讨农村女性的农村发展参与对可持续发展能力的影响机制，探讨女性自身内外环境如何交互作用，影响其可持续发展能力，对推动中国本土化可持续发展理论研究具有重要意义。

**（2）实践意义：为女性可持续发展以及新农村建设提供政策建议。**贫困地区脱贫后，农村女性是建设乡村、实现乡村振兴的重要力量，要求农村女性具备更高的综合素质。目前女性主体意识及权利意识仍旧薄弱，农村社区事务参与度低、受教育程度偏低以及获得技术培训机会不足等因素导致农村女性参与建设能力偏低。本研究明确了农村女性的农村发展参与对其可持续发展能力建设的影响机制，对农村地区女性个体发展以及女性参与农村社区发展具有重要意义，为消除女性贫困、防止女性返贫、实现可持续发展进而推动已脱贫地区科学可持续的乡村振兴具有重要的现实意义。

# 1.3 研究内容与目的

## 1.3.1 研究内容

第 1 章为绪论。本章主要阐述本书研究背景与意义、研究目的及主要研究内容框架、研究思路与方法、技术路线、数据来源和研究创新之处。

第 2 章为理论基础和文献综述。理论基础包含代际传递理论、计划行为理论、可持续发展理论、可行能力理论、可持续生计能力理论以及增能理论。本章对基于这些相关理论做过的研究以及女性增能研究等进行概括与总结并为接下来的研究做理论准备。

第 3 章为农村女性的农村发展参与行为机理与农村发展参与测量指标的构建。本章首先对计划行为理论进行论述，并基于文献研究与案例实地调查，利用结构方程模型分析参与度五个方面的表征指标，对女性农村发展参与行为机理进行研究，并结合知情行理论得出女性农村发展参与指标，即认知参与、情感参与和行为参与。

第 4 章为女性可持续发展能力建设测量指标的构建。根据文献分析以及实地调查研究，通过访谈以及问卷形式对云南贫困地区女性致贫原因进行深入分析，采用 Logit 和 Probit 模型进行定量实证分析，确定可持续发展能力建设的表征指标，即经济条件、人力资本、社会网络与家庭角色四个方面。

第 5 章为农村发展参与对农村女性可持续发展能力建设的影响机制的理论模型。本章首先通过质性研究得出农村发展参与对农村女性能力建设的影响，对农村发展参与中的认知参与、行为参与、情感参与、外部环境对可持续发展能力建设的影响进行分析并构建影响机制理论模型。

第 6 章为农村发展参与对云南农村女性可持续发展能力建设的影响机制实证研究。本章基于第 3、4 章中的农村发展参与指标以及外部环境、可持续发展能力指标，根据云南贫困地区问卷调查结果，对调研数据进行结构方程分析，检验了第 5 章中提出的农村发展参与对云南农村女性可持续发展能力建设的影响机制的研究假设以及外部环境的调节作用假设。

第 7 章基于第 6 章指标与模型结果，进一步构建了新的假设并通过结构方程模型验证内外部环境交互作用对农村女性后期脱贫能力的影响，以及各个能力指标之间的相互协调作用。

第 8 章基于前文研究得出增强农村女性农村建设中的参与度与增强农村女性可持续发展能力的政策建议：构建可持续发展长效机制、完善农村女性增收致富参与机制和农村女性主体增能策略。

第 9 章为结论与展望。本章总结了全书的主要结论，并指出本研究的局限和不足，对今后的研究提出了展望。

## 1.3.2　研究目的

本书以贫困地区女性为研究对象，探讨其农村发展参与行为机理及贫困代际传递的内生性原因，构建农村发展参与指标量表、外部环境指标量表以及可持续发展能力建设测量指标量表，定量分析了在外部扶贫环境下农村发展参与对农村女性可持续发展能力建设的影响机制，并提出促进农村女性参与农村发展以及提升其可持续发展能力的对策建议。本书研究目的包括以下四个方面：

（1）探讨农村女性农村发展参与行为机理，以女性视角研究贫困与反贫困问题，对发展过程中的女性参与行为机理进行研究，并通过文献归纳等方法提出女性的农村发展参与测量指标。

（2）探索持续贫困的内生性原因，进而构建农村女性可持续发展能力建设测量指标，基于代际传递理论与可持续发展能力理论，以经济条件、人力资本、社会网络以及家庭角色为测量指标，对持续贫困影响因素展开研究。

（3）探究女性的农村发展参与对其可持续发展能力建设的影响机制，以新的视角补充和丰富减贫理论系统。

（4）选择合适案例，对云南当地农村女性农村发展参与情况进行深入调查研究，研究影响贫困地区女性可持续发展能力的因素，提出激励女性参与农村发展的措施，促进贫困地区经济社会健康持续发展，为今后政府制定可持续减贫和乡村振兴政策提供决策依据。

# 1.4　研究方法与思路

## 1.4.1　研究方法

**（1）文献分析方法。**通过阅读相关文献，深入分析国内外关于女性反贫困以及增收致富等问题，并在相关理论基础之上研究女性农村发展参与行为机理、贫困代际传递与可持续发展的关系，为研究农村发展参与对女性可持续发展能力建设的影响机制提供理论指导。

**（2）问卷调查与访谈。**为了获取女性农村发展参与行为机理、持续贫困内生性原因以及女性的农村发展参与对其可持续发展能力的影响机制的数据，本研究采用访谈法与问卷调查法，在案例地发放问卷获取相应数据（表 1-1）。

表 1-1　研究所需数据的主要收集方法

| 需数据支持的研究内容 | 需要收集的数据指标 | 数据来源或调查对象 | 主要收集方法 |
| --- | --- | --- | --- |
| 女性农村发展参与行为机理 | 行为态度、行为响应、主观规范、行为意愿 | 各县、乡、村女性产业参与的相关统计数据；问卷调查案例地农村女性 | 文献研究、统计数据收集、问卷调查与访谈 |
| 女性持续贫困的影响因素 | 经济条件、人力资本、社会网络、家庭角色 | 经济条件数据来源于各县、乡、村女性参与产业发展的相关统计数据及问卷调查；人力资本数据来源于案例地妇联统计数据及问卷调查；社会网络与家庭角色数据来源于农村贫困女性的问卷调查 | 文献研究、统计数据收集、问卷调查与访谈 |
| 农村发展参与对可持续发展能力建设的影响机制实证分析 | 认知参与、情感参与、行为参与指标、可持续发展能力建设指标、外部环境指标 | 各县、乡、村女性参与产业发展的相关统计数据；政府扶贫政策文件；妇联统计数据；问卷调查女性基层妇联干部、创业者、打工者、合作社带头人 | 文献研究、统计数据收集、问卷调查与访谈 |
| 内外部环境交互作用于可持续发展能力的机制实证分析 | 内外部环境指标、可持续发展能力建设指标 | 各县、乡、村女性参与产业发展的相关统计数据；政府扶贫政策文件；妇联统计数据；问卷调查女性基层妇联干部、创业者、打工者、合作社带头人 | 文献研究、统计数据收集、问卷调查与访谈 |
| 对策建议分析 | 前文数据分析 | 各县、乡、村女性参与产业发展的相关统计数据；政府扶贫政策文件；妇联统计数据；问卷调查女性基层妇联干部、创业者、打工者、合作社带头人 | 文献研究、统计数据收集、问卷调查与访谈 |

**（3）数据分析方法。**

①质性分析法。在探索性研究阶段，对云南农村女性进行深度访谈，分析农村发展参与中其认知参与、情感参与以及行为参与三个指标的表现，考察脱贫过程中经济条件、人力资本、社会网络以及家庭角色四个方面的变化，提出女性农村发展参与对可持续发展能力建设的影响机制假设模型。

②相关性分析方法和 Logit、Probit 模型回归分析。相关性分析方法和 Logit、Probit 模型用于验证女性农村发展参与对可持续发展能力建设的影响机制假设模型。使用二元离散变量里面的 Logit 和 Probit 模型，分析持续贫困的内生性原因；使用回归分析方法进行进一步检验与验证假设，确定女性的农

村发展参与行为指标和可持续发展能力指标；基于一手数据，对农村发展参与指标与可持续发展能力建设指标进行相关性分析，初步验证农村发展参与对可持续发展能力建设的影响。

③结构方程模型。对女性农村发展参与行为机理进行分析与验证，得出行为态度、行为规范、知觉行为控制通过行为意愿对行为响应产生影响；基于问卷调查数据，使用结构方程对女性农村发展参与对其可持续发展能力建设的影响机制假设模型以及内外环境交互影响与可持续发展能力的假设模型等进行检验。

## 1.4.2 数据来源

本研究从案例地中选取了 15 位农村女性了解相关信息。问卷发放和收集分为两个阶段，第一阶段主要从各县、乡、村女性参与产业发展的相关统计调查中筛选出云南 3 个贫困县下设的 5 个贫困自然村，重点调查有意愿参与农村发展的女性农户，问卷调查有代表性的女性群体。第二阶段集中于 2013 年精准扶贫启动阶段贫困地区各县、乡、村女性参与产业发展的相关统计数据、政府扶贫政策文件、中华全国妇女联合会（妇联）统计数据以及问卷调查。基于前文女性基层妇联干部、创业者、打工者、合作社带头人的基本访谈情况，寻找辐射周边村镇的农户家庭，并从中筛选模型所需样本农户（含女性）。调研涉及云南省贫困地区中 10 个地州（市）、12 个县，调查涉及 30 个自然村，样本规模 843 户，问卷收集时间主要集中于 2018 年 4 月、2018 年 9 月至 10 月以及 2019 年 6 月至 7 月。案例地介绍如表 1-2 所示。

表 1-2 案例地介绍

| 调研案例地 | 当地发展 | 女性主要生计 |
| --- | --- | --- |
| 楚雄市大姚县紫丘移民新村 | 易地搬迁移民新村，村内基础设施完善，当地人主要从事种植与加工（零工） | 女性参与杨梅种植，或在就近加工厂工作 |
| 大理白族自治州鹤庆县新华民族村 | 集田园风光、民居、民俗和民族手艺生产为一体的白族村寨，户户有手艺 | 民族手艺与旅游相关行业 |
| 大理白族自治州弥渡县红岩镇丁家营村及周边村 | 农户主要以种植农作物为生（烤烟、大蒜等），另外本村七彩云花生物有限公司种植玫瑰并加工生产，吸纳千人女性工作者 | 女性参与玫瑰产品种植、生产、加工 |
| 保山市腾冲市银杏村、界头镇、团田乡等 | 主要以种养为主，县级政府支持旅游观光开发 | 女性参与种植、养殖与旅游相关行业 |

（续）

| 调研案例地 | 当地发展 | 女性主要生计 |
|---|---|---|
| 保山市龙陵县勐糯镇6村 | 村小组妇联带头协助本地脱贫攻坚；村内农户以种植、养殖为主 | 女性村干部参与村镇管理；同时参与土地承包转让与农作物种植和管理 |
| 文山壮族、苗族自治州砚山县白沙坡村及周边村 | 农户主要以种植玉米等为生，砚山县以白沙坡村为中心，带动周边乡镇的女性1 000余人发展刺绣产业，年均地方产值超千万元 | 女性参与玉米种植与刺绣产业 |
| 文山壮族、苗族自治州丘北县普者黑村及附近村 | 农户以种植、养殖为生，普者黑旅游景点吸纳了一定数量的女性劳动者 | 参与家庭养殖与旅游相关行业 |
| 曲靖市罗平县八大河村、布衣村等 | 布依刺绣发展成为刺绣产业合作社，同意收购和外销，形成了"绣品厂＋协会＋会员"的运作模式，带动千人以上女性就业 | 女性参与刺绣生产加工销售 |
| 红河哈尼族彝族自治州建水县碗窑村等 | 当地鼓励发展紫陶、刺绣、种植、养殖与外出打工模式，贫困问题比较突出 | 女性参与手工业、种植、养殖或外出打工 |
| 丽江市宁蒗彝族自治县，泸沽湖畔摩梭母系氏族社会 | 母系家庭文化，重女不轻男，当地目前主要以旅游业支撑发展 | 女子操持家务，参与旅游相关行业 |
| 昭通市鲁甸县乐红镇官寨社区 | 当地种植核桃、花椒，养殖牛等，"互联网＋农业"发展较好 | 女性参与种植、养殖 |
| 普洱市墨江哈尼族自治县新安镇莫约村、那哈乡等 | 从靠天吃饭到扶贫开发，引进信息产业，发展较好 | 女性除种植农作物外，还参与当地扶贫产业 |
| 临沧市永德县勐板乡勐板村等 | 种植农作物，人均1.5亩① | 女性务农、操持家务或外出打工 |
| 迪庆藏族自治州德钦县红坡村等村 | 各村主要养殖牛、猪、羊等 | 女性主要操持家务，养殖家禽、家畜 |
| 怒江傈僳族自治州福贡县 | 种植核桃、草莓等。当地鼓励外出打工，正在发展林业、畜牧业、生态食品、天然药材 | 女性参与当地特色种植或外出打工 |

## 1.4.3  研究思路

贫困地区农村女性可持续发展及其能力提升需要外部环境的支撑，而女性本身的农村发展参与对能力提升具有重要影响。因此本书基于计划行为理论以

---

① 亩为非法定计量单位，1亩＝1/15公顷。——编者注

及可行能力理论等，研究农村女性农村发展参与行为机理并对可持续发展能力进行测度，最终构建农村发展参与对农村女性可持续发展能力建设的影响机制，为研究贫困女性问题提供重要参考。本书首先基于代际传递理论、计划行为理论、可持续生计能力理论以及可行能力理论等，对农村问题以及农村女性贫困与反贫困问题进行综述与总结，为本研究提供理论支撑。其次，基于计划行为理论研究农村女性的农村发展参与行为机理，并得出农村发展参与指标量表。基于代际传递理论与可持续发展理论寻找持续贫困与能力的关系，进而得出女性可持续发展能力建设的指标量表。再次，通过文献研究以及质性研究，为农村发展参与对可持续发展能力建设的影响机制提出相应假设。使用结构方程模型对假设进行检验，验证了认知参与、行为参与以及情感参与对女性可持续发展能力建设的影响机制的研究假设以及外部环境的调节作用假设；验证了内外部环境交互作用下的可持续发展能力指标协调机制。最后根据前文分析结果构建可持续发展长效机制、完善农村女性增收致富参与机制、构建农村女性主体增能策略。

# 1.5　本书的创新点

本书结合前人对农村女性问题、农村女性参与、女性能力等的研究，对云南贫困地区农村女性的农村发展参与对其可持续发展能力建设的影响机制进行研究。本研究的创新点有：

**（1）拓展了研究农村女性的农村发展参与问题的研究视角与研究方法。**从云南农村女性劳动力对农村发展的特殊作用着手，研究其可持续发展问题，丰富了女性问题研究理论。基于计划行为理论的研究多应用于农户参与农地整治和环境治理、旅游和创业行为等研究之中，而以农村发展中的农村女性为研究对象的研究比较罕见。本书研究女性的农村发展参与行为机理，并提出女性可持续发展能力建设的概念，弥补此项研究的不足。利用质性分析法在探索性研究阶段对云南农村女性进行深度访谈，使用相关性分析方法和 Logit、Probit 模型，验证女性农村发展参与对可持续发展能力建设的影响机制假设模型，并构建结构方程模型，对女性农村发展参与行为机理进行分析与验证。

**（2）构建农村发展参与与可持续发展能力建设测量指标量表。**本研究打破传统农村发展参与概念与测量标准，结合计划行为理论与知情行理论，首先对行为态度、主观规范、知觉行为控制、行为意愿及行为响应建立测量量表，利用结构方程模型研究其相互之间的关系。结合知情行理论将女性农村发展参与指标确定为认知参与（外界认知、效益认知、自信认知）、行为参与（参与意愿、参与行为）以及情感参与。本书基于代际传递理论与可持续发展理论，以云南地区女性为研究对象，探讨了能力对消除相对贫困的影响，分析了女性能力与可持续脱贫的关系，提出贫困女性的能力是促进可持续脱贫极为重要的衡量因素，同时结合阿玛蒂亚·森的可行能力理论、可持续生计理论框架以及增能理论，界定女性可持续发展能力建设测量指标为经济条件、人力资本、社会网络以及家庭角色，外部环境为调节因素。

**（3）探讨农村发展参与对云南农村女性可持续发展能力建设的影响机制。**目前已有将女性主体性研究纳入社区发展参与度与参与能力的研究思路，但是极少有以扶贫为研究背景，以发展相对落后的农村中的女性为研究对象，以提升女性可持续发展能力为研究目标的研究。本书基于对云南地区的调查问卷，建立了农村发展参与对女性可持续发展能力建设的影响机制框架，实证分析与验证了认知参与、情感参与及行为参与对可持续发展能力建设的影响以及外部环境的调节作用，同时增加了内外部环境交互作用下的可持续发展能力研究。

# 2 理论基础和文献综述

## 2.1 贫困及贫困女性化

### 2.1.1 贫困的定义

贫困的定义比较复杂，学术界始终没有给出一个统一的定义和具体的判断标准。因为各个国家和地区的生活水平和经济发展情况有很大差别，所以对贫困的界定与判断标准也存在很大差异。国家统计局明确指出，贫困指的是家庭或个人的生活水平低于社会最低标准。从历史范畴来说，贫困包括两部分——广义的贫困与狭义的贫困。所谓狭义的贫困，指的是经济上遇到困难，即因为经济条件不足、物质缺乏导致的家庭、地区或个人的收入无法保证基本生存需要。而广义的贫困，不仅包括狭义贫困的内容，而且涵盖了环境、社会和文化等方面的贫困，例如人口寿命、文化教育、生活环境和医疗卫生等。2000 年，联合国开发计划署（UNDP）在《全球贫困问题报告》中给出了贫困的概念：人类发展过程中，没有最基础的机会以及选择。这些机会或选择包含多个方面的内容：第一方面为长寿，第二方面为健康，第三方面为体面的生活，第四方面为自由，第五方面为社会地位，第六方面为自尊，第七方面为他人的尊重。阿玛蒂亚·森（Amartya Sen）认为从本质上来说，贫困并不是收入较低，而是获得福利的能力和机会的缺失。对于贫困问题，国际上的主流研究方向为研究社会保障和救助问题，很多学者和专家在定义贫困时站在不同的角度，因此学术界对贫困的定义始终有分歧。美国的劳埃德·雷诺兹认为："所谓贫困问题，是说在美国有许多家庭，没有足够的收入可以使之有起码的生活水平。"英国的汤森认为："所有居民中那些缺乏各种食物，没有机会参加社会活动，没有最起码的生活和社交条件的个人、家庭和群体就是所谓贫困的。"《1990 年世界发展报告》的主题就是贫困问题，世界银行也因此给出了贫困的界定，即"缺少达到最低生活水准的能力"。

## 2.1.2　贫困女性化

在学术界，"农村女性"一共包含三个层面：一是指职业——从事农业劳动的女性；二是指居住地——生活并居住在农村的女性；三是指社会身份——具有"农业户口"的女性。所谓就业，是指"具有劳动能力的公民在法定劳动年龄内，依法从事某种有报酬或劳动收入的职业。"生理性别，突出强调了男女在生理方面的不同；而社会性别则主要指男女在社会上的差异。这一理论说明，性别是社会建构而成的，女性地位和角色是社会化的结果，是能发生变化的。

20世纪60—70年代，很多学科逐渐开始关注女性贫困问题，如社会学、人类学、女性学等。政府的有关部门也开始注重女性贫困问题，妇联等社会团体也对此开展了研究。1978年，美国著名的社会学家皮尔斯第一次提出了"贫困女性化"这一概念以及"女性是贫困中的最贫困者"的命题。从此以后，女性贫困化问题逐步得到了全球的关注，成为全球需要重视的问题。在目前的社会性别观念之下，贫困农村女性手中的资源并不多，在进行社会事务决策时，贫困女性被边缘化，对贫困的社会性别差异不够敏感。主要表现在收入贫困、主体性缺失下的贫困、参与社会发展能力贫困、家庭和社会地位贫困。女性受教育的程度普遍较低，在很多贫困偏远地区都有大龄女童辍学与失学的现象发生，贫富差距和城乡差异都会对女性入学造成很大影响。马东平从社会性别的角度分析了部分地区反贫困政策以及政策落实的过程中遇到的问题。扶贫开发工作中，女性扶贫工作至关重要，如果女性不能实现脱贫，那么整个社会就无法真正做到脱贫。顾永红等认为，贫困地区女性贫困最重要的原因就是女性具有脆弱性，缺少生计资本以及脆弱性共同影响着贫困地区女性实现脱贫。

## 2.2　参与的理论来源与内涵

### 2.2.1　参与式发展理论

自20世纪50—60年代参与理念被西方国家提出，参与式发展理论逐步形成并被广泛引用。参与式发展理论强调以人为核心的可持续发展，核心理念即"赋权"，强调发展过程中要凸显当地人民群众在发展过程中的主体地位，充分赋予他们了解、管理、监督当地发展项目的各种权力。参与式发展理论注重社区发展参与者的能力建设和参与农户的技能水平的提高，在扶贫工作中应用越来越广泛，通过研究参与式发展理论的形成和发展过程，学者们总结出该理论的发展理念、参与主体、权力赋予、能力建设、可持续发展五个方面的核心理念。

20世纪80年代后，参与式发展理论被广泛应用于扶贫领域，指导发展中国家的扶贫开发工作，逐步发展形成参与式扶贫理论。参与式扶贫理论的核心思想就是赋权于贫困群众，充分尊重他们的意愿，调动他们参与扶贫开发的积极性和主动性，发挥他们的主体性作用。参与式扶贫最终目的就是消除贫困群体的权利贫困和能力贫困，实现可持续发展。具体表现在：政府、企业等扶贫组织改变传统扶贫理念，在扶贫开发过程中满足贫困群众的切实需求，尊重他的意愿，赋权于他们，将他们视为扶贫开发的主体，鼓励、引导贫困群众发挥他们的主体性作用，参与农村发展项目的选择、规划、实施、评估、检测等过程，并在实施农村发展项目的过程中注重提高贫困群众的自我发展能力。同时在发展过程中关注老人、妇女等弱势群体的利益，有针对性地制定帮扶项目，让他们享受平等的利益，最终实现农村发展过程中参与各方的多赢。

## 2.2.2　计划行为理论

**（1）计划行为理论模型。**在社会心理学领域，Ajzen提出计划行为理论（Theory of Planned Behavior，TPB）并构建了理论模型（图2-1），TPB是在理性行为理论中增加了知觉行为控制变量之后而得出的理论。TPB认为，对个人行为造成最直接影响的因素是行为意向，它受到知觉行为控制、行为态度以及主观规范的影响。在国外，TPB得到了非常广泛的应用，而且也证实了该理论能够对某个行为进行解释和预测。

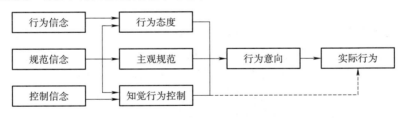

图2-1　计划行为理论模型

TPB是一种一般决策过程，在解释个体行为时，将信息加工和态度期望作为出发点。TPB中提到的行为意向指的是"尽量去执行某一行为的倾向"，它不会对目标的完成情况进行预测，只会对某个个体是否有意愿执行某个具体行为进行预测，同时它还受到很多实际控制条件的影响，例如执行行为的资源情况、个人能力和机会等。如果条件能够得到充分满足，那么行为意向将会直接影响具体行为，而行为意向会受到知觉行为控制、行为态度以及主观规范的影响，也就是说强烈的行为态度可以带来强烈的行为意向。同时，个人和社会文化背景、个人手中所掌握的信息资源等因素都会对行为意向带来影响，从而对个体行为造成影响。很多学者在经历了大量实践之后发现，知觉行为控制与主观规范会通过行为态度对行为意向造成间接影响，这说明行为态度是一个会对实际行为造成影响的变量。在理性行为理论中，知觉行为控制、主观规范和行为态度之间的关系是平行的，对行为意向造成直接影响还是间接影响存在着很大的争议，很多学者在模型中增加了过去行为这一变量，而且证明了该变量会对实际行为和行为意向造成明显的影响。

**（2）基于 TPB 的实证研究。** 目前 TPB 已广泛应用于各项研究之中，如农户参与农地整治、农户参与环境治理、旅游开发、创业行为等研究之中。田甜等认为把农民参与行为嵌入农民社会关系网络中之后，会使农民行为决策受到双重因素的制约，分别是"嵌入因素"与"自主因素"。吴九兴等在建立农地整理项目农民参与行为的理论模型时，使用了结构方程模型和 TPB 模型，对行为的影响因素和影响路径展开深入研究。罗文斌等对乡村女性村干部进行研究，对 TPB 模型进行了优化，并且建立了乡村旅游开发的女性村干部参与行为意向的影响因素框架，以 282 位湖南女性村干部填写的调查问卷为数据依据，利用应用结构方程模型（SEM）分析女性村干部参与乡村旅游开发的影响机理。刘春济等在 TPB 模型的基础上，分析了居民个体意向会对居民参与生态旅游开发造成哪些影响。费倩儒以 TPB 模型为基础，利用结构方程模型分析公众参与污染型邻避设施决策过程的行为意向情况，并且建立了"污染型邻避设施决策中的公众参与行为意向模型"。

## 2.2.3 知情行理论

美国学者 Westbrook、Oliver 和 Frijda 指出，个体行为的改变包含三个阶段：知、情、行。"知"指认知，"情"指情感，"行"指行为。个体对于某一事物首先产生认知，通过认知会产生对该事物的情感，最终在认知和情感的指导下产生相应的行为，即知情行理论（三者的关系如图 2-2 所示）。以知情行理论为基础的研究逐渐成为组织行为学的热点。认知属于心理过程，情感则是一种态度体验，而行为是在刺激之下所产生的一种反应。

认知、行为和情感之间有千丝万缕的关系，认知以情感为导向，情感以行为活动为导向，三者相互影响、相互渗透，互为前提、共同发展。认知过程是情感的基础，推动情感向前发展。只有通过认知来反映客观事物，主体才能判断该客观事物是否能够使自己的需求得到满足，并且产生不同的态度体验，带来相

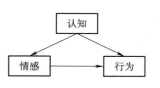

图 2-2 知情行理论模型

应的情感。情感还会根据认知活动的发展而逐渐发展，它对认知过程也会起调节作用。积极向上的情感能够推动人们进行认知活动，工作和学习效率都会有

明显的提升；反之，消极的情感则会对人们的认知活动起阻碍作用，活动效率会非常低。徐辰等认为认知与情感会增强主体自我效能感以及责任意识，而效益与责任激励会增强主体参与动机；同时，个体参与互动有助于提升个体参与规划与发展的能力，并基于认知、情感与互动构建其对参与动机与能力的作用路径（图2-3）。

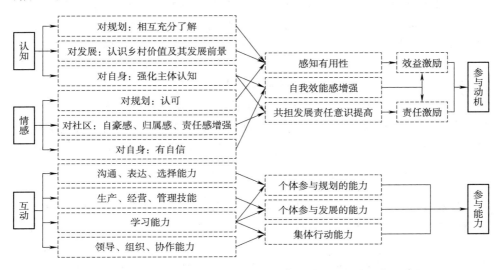

图2-3　认知、情感与互动能力变化对参与动机和能力的作用路径

## 2.2.4　研究评述

学者基于 TPB 模型已将研究的对象与问题扩展到了各个领域，从研究之中可见学者对于社会问题的研究视角从宏观群体转向个体行为，并希望通过研究可以找到问题的内在规律，为解决社会问题提出更加科学合理的建议。但是这些研究对于个体之中的性别差异的探索极少，在扶贫与脱贫问题上，尤其是女性反贫困问题上，更需要各个阶层、各个领域的关注。在诸多研究中，学者一致认为个体特质与背景环境对行为意向产生影响，而参与行为又对个人决策产生影响。知情行理论拓展了 TPB 理论的外延性，对认知、情感与行为之间的关系进行了阐述，在指标测量上借助知觉行为控制、行为态度以及主观规范指标，并在尊重基于 TPB 理论的参与行为机理研究的基础之上，对女性农村发展参与的内涵做出初步构思。

本研究结合心理学中的 TPB 理论对女性农村发展参与行为进行分析，希望从中找到规律，进而结合可持续脱贫思想对我国的扶贫理论进行深入探讨，希望对女性问题以及反贫困问题研究注入新的思考。

## 2.3 女性可持续发展研究

### 2.3.1 可持续发展理论

扶贫工作开展以来，我国学者对于"返贫"现象的研究也相应产生，"返贫"是多方面原因产生的一个值得关注的问题，扶贫攻坚结束之后的"返贫"问题更是现代学者关心的议题，现代学者对于这个问题提出了一种新的理论，即可持续发展理论。可持续发展指的是将优化贫困地区脆弱的生产生活环境作为着手点，采用创新扶贫开发机制和治理结构，把工作重点放在提高贫困人口资产上，努力提高贫困人口的可持续发展能力，从而使贫困人口的收入得到明显提升。这种减贫战略要做到以人为本，使贫困人口可以真正脱离贫困，并且长期处于相对稳定状态，这样才能让贫困人口逐渐转变为非贫困人口。

### 2.3.2 防止返贫研究

李俊杰等学者提出，要想从根本上解决贫困问题，避免出现返贫现象，需要社会各界与政府一起努力，相关制度和政策应相互匹配，努力做好每一项工作。费振东在研究中发现中国劳动力流动对减贫不返贫作用明显。凌国顺与夏静认为出现返贫现象主要是因为返贫群体的素质有待提升，政府需要在提升贫困群体综合素质方面投入大量的精力和财力，从而为国家解决贫困问题提供"造血机制"。龚曼等提出精准扶贫的最终目的是实现可持续脱贫，并从可持续脱贫的内涵以及实现措施等方面提出了助推扶贫工作长久发展的政策及建议。韩广富对返贫现象中存在的规律进行了研究，在构建遏制返贫的保障机制时采用提高多个参与主体的方式。丁军等为了解决农村返贫现象，建立了"主体—供体—载体"三体均衡的可持续脱贫模式。刘玮琳等以资产收益扶贫的形成原因以及发展背景为切入点，对其中可以用来改善可持续脱贫路径的三种模式进行了研究，包括金融创新扶贫模式、资源收益扶贫模式和 IPO 扶贫模式。冉光荣围绕藏区贫困的特殊性展开研究，并且提出应该运用综合性手段来避免返贫现象的发生。闫磊等认为在研究可持续稳固脱贫的问题时，更适合使用阿玛蒂亚·森的可行能力分析框架，具体的实现路径为"资源禀赋—生产能力—可行能力"。

### 2.3.3 女性可持续发展概念

顾延武觉得"返贫"现象会对扶贫绩效以及扶贫成果造成严重影响，直接影响贫困地区与贫困群体能否在稳定脱贫之后实现可持续发展。从宏观上来说，可持续脱贫模式需要保证贫困地区的经济处于可持续增长状态；从微观上来说，需要做好贫困群体的可持续性培育，以此来提高他们的脱贫能力。从源头上解决返贫问题是唯一有效的途径。返贫现象告诉我们，我国的扶贫工作已经到了攻坚阶段。这里所说的"坚"并不是说贫困人口的数量较大，也不意味着疾病与自然灾害较多，而是需要针对扶贫工作制定一套切实可行的制度，从而保证贫困群体能够真正做到可持续脱贫。所谓可持续脱贫指的是贫困群体能够稳定地脱离贫困，并且一直处在相对稳定的生活状态之中。可持续发展能够彻底解决贫困问题，不会再发生返贫现象，是一种具有较强稳定性的脱贫，能够对脱贫成果进行巩固。

国内学者对可持续脱贫的研究主要从贫困的根本原因着手，结合现有体制机制，提出了提升贫困者本身内生动力的造血机制，以及政府与社会力量的协同治理体制机制，为抑制返贫做出重大的理论贡献。本书中女性可持续脱贫概念是在可持续脱贫理论基础上加以界定的，是指以创新扶贫开发机制与治理结构为手段，以增加贫困女性脱贫的资产为重点，以提升贫困女性收入为根本目的，以提高贫困女性可持续发展能力为核心，形成以人为本的减贫战略，可以从既定贫困标准线中脱离出来，在此后很长的一段时间内能够做到相对稳定，从而真正从贫困转变为非贫困。

## 2.3.4  代际传递理论与可持续发展研究

早在 21 世纪初，美国经济学家就提出了"贫困代际传递"（Inter-generational Transmission of Poverty）的概念。他们通过研究发现，贫困家庭及地区出现了贫困代际传递现象。在 2005 年时，联合国在世界青少年报告中对贫困代际传递做出了定义：贫困可以通过父辈转移到子辈中。演化经济学也对贫困进行了分析：如果一个群体内人的思想及习惯等形成，会影响群体内的其他成员，且地位越高，其影响力越大，母亲在代际传递链条中有着非常重要的作用，贫困女性通常无法帮助孩子学习，从而降低了孩子在社会上的竞争力，抑制了子女未来发挥创造财富的能力，进而使贫困循环累计演进，最终形成贫困的代际传递，导致持续贫困。贫困代际传递具有长期性，通过加强教育，让女性无论在工作技能还是思想观念上都有提升，市场主体竞争能力提升，获取稀缺资源的机会增大，进而增强其家庭生产生活的能力，如此打破消极接受贫困的恶性循环，阻断贫困，才能防止出现贫困代际传递现象，进而增强女性的可持续脱贫能力。经济学家在针对代际传递进行研究时发现，社会关系网络是重要的社会资源之一，它完全可以影响拥有者所获取的利益及机遇。上一辈所对应的经济情况，能够通过社会网络的方式改变下一辈的机遇及收益等，影响可持续脱贫能力。

贫困代际传递研究中，学者们深入探索了阻断代际传递的因素，其中陈全功等认为，在长期贫困初期，教育不足导致持续贫困，且两者存在线性关系。王云生在回顾人力资本、先天缺陷、疾病和健康等对持续贫困的影响的基础上，提出家庭负担系数、房屋所有权、与县城的距离、医疗保障、自然灾害、社会资本或政治资本对长期贫困存在影响。杨阿维等研究发现，农牧区贫困代际传递家庭面临着收入分配、城镇化、人口流动、就业、因病致贫等困境。王志章等基于 Logit 与 Probit 回归分析研究发现：经济资本、人力资本、社会资本、心理资本是影响农村贫困代际传递的重要因素，其中家庭收入、父辈对子辈教育投入和家庭结构对贫困代际传递的影响最显著。本研究基于现有文献中贫困代际传递与持续贫困的关系，初步将影响代际传递的因素纳入可持续脱贫能力建设指标的参考集。

### 2.3.5　研究述评

学者对可持续脱贫的研究主要从贫困的根本原因出发，提出了提升贫困者本身内生动力的造血机制以及政府与社会力量的协同治理体制机制，理论研究为主、定量研究比较少，缺乏对女性可持续脱贫的研究，同时研究缺乏更多的数据实证支撑，研究对象比较宏观，缺乏新的视角，因此在可持续脱贫机制构建上尚处于理论阶段，针对各个地区不同贫困人群的研究比较少。本书将弥补此不足，立足于云南贫困地区的女性，引入代际传递理论，结合实际调研，分析持续贫困的内生性因素，并确定女性可持续脱贫能力建设指标，将贫困问题微观化，且在微观之中提出新的见解与扶贫思路，为以后的研究提供参考。

## 2.4　可行能力理论与可持续发展能力研究

### 2.4.1　可行能力理论

阿玛蒂亚·森提出了可行能力（Capability）这一概念，指的是可供选择的功能性活动的组合，其中"功能性活动"指的是某个个体觉得值得去做的事或者已经达到的状态。他认为"可行能力剥夺"和"权利失败"共同导致贫困现象的发生，收入较低仅仅是一种表象而已。可行能力理论不但在国际上有很大影响，而且逐渐成为制定扶贫政策的理论基础，对中国精准扶贫工作的开展也有很大帮助。阿玛蒂亚·森认为，可行能力体现了某个个体能够实现的各种可选择的功能性活动的机会，通过可行能力可以判断个体的生活质量。可行能力不会对个体能够支配的资源造成任何局限，它强调个体真正可以做哪些事，体现的是个体真实的自由度。鲁建彪认为可行能力理论应该先关注贫困人口的主体性，再进行贫困主体的能力发展，这样才能避免在部分地区贫困治理中投入大量资金仍不能治理贫困。学者梅英提出贫困地区脱贫的关键是能力建设，因为虽然"能力"比较抽象，难以理解和测量，但是它的表现形式体现在处理问题的技术上，能力通过长久的培养就可以提升。而英格尔斯（Alex Inke. Les）的现代化理论和舒尔茨（Thodore W. Schults）的人力资本理论提出应该以人为本，重视贫困群体的主体性，增强贫困群体的内生动力，并对贫困主体开展相应的人力资本投资、提供标准化公共服务、培育相关技术人才以及进行扶贫立法保障等。

## 2.4.2 可持续生计能力理论

英国国际发展署（以下简称 DFID）认为只有当一种生计能够应对压力，并在压力和打击下得到恢复，能够在当前和未来保持乃至加强其能力和资产，同时又不损坏自然资源基础，这种生计才是可持续的。可持续性生计以"资产—可获得性—活动"为主线，综合了对贫困、脆弱性、风险处理、农村个体和农户对变化的环境和打击的适应等方面的内容。DFID 把生计资产划分为自然资产、社会资产、物质资产、人力资产和金融资产五种类型（图 2-4）。

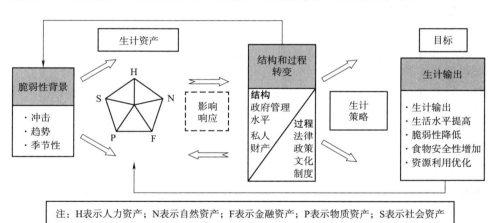

注：H表示人力资产；N表示自然资产；F表示金融资产；P表示物质资产；S表示社会资产

图 2-4  可持续生计分析框架示意图

联合国开发计划署（UNDP）认为，可持续生计能力来源于人们进行选择的能力、可以得到的机会和资源，并使相应投资和公共保障服务于生计的改善，发展可持续生计、减贫的总体目标是发展个人、家庭以及社区等基层组织的能力，改善他们的生计体系。Chambers R. 和 Scoones 认为，生计指的是一种能够维持生活的方式或手段，例如行动、能力和资源等。Ellis 指出农村生计定义是"包括资产、行动和获得这些资产、行动的权利（受到制度和社会关系的调节）"。国外学术界重视关于生计能力的研究，有部分学者将其定义为个体充分利用自身优势应对冲击的能力。Nguyen T. 也得出类似结论，他认为在个体和家庭的尺度上分析生计能力取决于个体如何优化谋生技能、提升资产状况、应对生态风险能力和优化生态服务功能等多方面。关于可持续生计能力，Chambers 和 Conway 以阿玛蒂亚·森的可行能力理论为基础，提出生计能力为：个人处理胁迫和冲击的能力，发现和利用生计机会的能力，还要重视人的发展和人在社会中的竞争性等问题，真正体现了"以人为本"和内生发展。Scoones 认为，生计能力实现不同的生计策略依赖于个人的能力以及个人拥有的生计资产（本）。

## 2.4.3　抑制返贫与能力的关系的实证研究

谢明等认为可行能力标准是对收入标准的补充与拓展，它和精准识别、精准扶持以及精准考核之间具有较高的契合度，应重视对多维贫困的衡量和长效帮扶机制，这样可以让扶贫对象具有更高的可行能力。陈仁兴基于阿玛蒂亚·森"可行能力"理论提出必须加强对农村贫困残疾人进行"可行能力"的培育，逐步提高他们的参与意识，发挥他们的主体作用。马文峰提出可行能力理论和开展精准扶贫工作的长效性、精准性以及主动性之间均存在着很大的相关性。朱婉贞指出，在长效脱贫的问题上，最关键的就是帮助贫困群体重新获得可行能力，拥有可行能力就说明能够通过劳动让自己获得经济来源，这为长效脱贫提供了基本条件。此外，还可以借助可行能力，将避免贫困代际传递作为着手点，开展扶贫工作。李胜连等认为"可行能力"与性别无关，与传统男性主导观念相悖，主要是因为在政策扶贫、产业扶贫过程中尤其是电商的农村化发展，给更多的女性带来了契机。郭劲光等构建了贫困农民内生发展能力培育框架，提出内生发展能力培育策略（图2-5）。

胡伦研究得出不同生计能力维度和总生计能力指数对农户持续贫困的影响机制，并研究了采取不同生计方式的农户对应的生计能力对持续性贫困的影响（图2-6），识别出影响不同贫困类型农户脱贫的关键因素（生计能力），并进一步从自身因素（努力程度）和外部因素（政府救助）两个角度探究农户脱贫路径。

李宏等从宏观层面得出家庭贫困的成因主要包括自然环境资源局限性强、自然灾害频发、人力资本质量较差、信贷和社会排斥、区域发展动力不足、体制机制不健全和市场体系不完善、经济结构不合理及经济波动性等。张峻豪等基于可行能力与可持续生计理论，认为生计能力受生态环境、基础设施、市场机制以及家庭的变化与积累的影响，因此将能力再造认定为权力与机会的结合，而影响能力再造的因素有制度因子、环境因子、个人因子以及家庭因子，

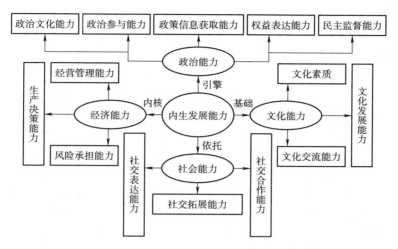

图 2-5 贫困农民内生发展能力培育框架

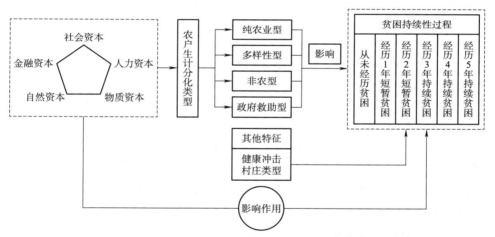

图 2-6 不同生计方式选择下的农户生计能力对持续性贫困的影响

因而要提升能力再造需要综合推动制度、环境改善，个人素质提升以及家庭禀赋增加（图 2-7）。

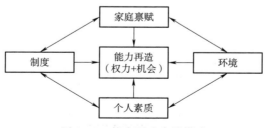

图 2-7 能力再造多维模式

## 2.4.4　女性可持续发展能力建设

在目前存在的关于女性贫困方面的研究中，很少有学者将收入和非收入因素相结合进行分析，诺贝尔奖得主阿玛蒂亚·森于 20 世纪 90 年代末提出了可行能力的概念，认为"可行能力剥夺"和"权利失败"共同导致贫困现象的发生。而可持续生计理论是对可行能力的进一步解释。胡伦对于不同生计方式的农户生计能力对于持续性贫困造成的影响进行了研究，识别出影响不同贫困类型农户脱贫的关键因素（生计能力），并进一步从自身因素（努力程度）和外部因素（政府救助）两个角度探究农户脱贫路径。刘浩从五个角度分析了凉山彝族自治州喜德县贫困女性因为能力不足而导致贫困的现状，并且从经济收入能力、文化发展能力、政治参与能力以及参与社会发展能力四个层面提出了相应的减贫对策。郭劲光等研究了以参与式扶贫模式为基础的推广过程中贫困农民内生能力现状和遇到的问题，重新整合内生性经济能力、政治能力、文化能力和社会能力四个维度，构建了贫困农民内生发展能力培育框架，以此为基点进行配套政策顶层设计，并提出内生发展能力培育策略。吴乐、靳乐山等建立了五维度的生计能力发展指数，五个维度分别是：人力资本、物质资本、社会资本、自然资本和金融资本。檀学文等从微观层面进行了分析，认为农户出现持续性多维贫困受到了社会资本的影响。

可持续生计分析框架着眼于生计资本的可获得性，它主要从外部赋予的资本与权力角度对女性可持续发展提出建议；可行能力分析框架则着眼于处理长期存在的贫困问题，它主要从权利、能力与机会的赋予角度对女性可持续发展提出建议。对于可持续稳固脱贫问题，可行能力理论的兼容效果相对更强一些。所以，在选择分析框架时，本研究选取了可行能力分析框架和可持续生计理论框架（表 2 - 1）。

表 2 - 1　阿玛蒂亚·森的可行能力框架对可持续生计理论框架及
本书女性可持续脱贫能力框架的解释力

| 阿玛蒂亚·森的<br>可行能力框架 | 可持续生计理论框架 | 女性可持续发展能力框架 |
| --- | --- | --- |
| 资源禀赋 | 自然资本（实际耕作面积，拥有耕地面积）、物质资本（家庭住房情况、固定资产情况、家畜情况） | 经济条件：自然资本与物质资本的总和 |
| 交换条件 | 社会资本（政策导向）、自然资本（能源、气候、水资源） | 社会网络（社会资本） |
| 生产能力 | 人力资本（健康情况、成年女性人数、家庭劳动能力） | 人力资本、家庭角色（家庭劳动力、家庭支持网络、家务分工等） |

（续）

| 阿玛蒂亚·森的可行能力框架 | 可持续生计理论框架 | 女性可持续发展能力框架 |
|---|---|---|
| 机会（是否存在歧视和不公正待遇） | 金融资本（获得信贷机会）、社会资本（参与社会组织、社会支持网络、社会资源） | 外部环境（调节因素）：包含获取资金机会、社会组织支持和政策导向等 |
| 权利（食品数量与安全） | 物质资本（消费支出构成）、社会资本（基础设施建设）、人力资本（是否拥有职业、职业收入） | 经济条件：自然资本与物质资本的总和，社会网络（社会资本）和、人力资本 |
| 可行能力（是否受教育） | 人力资本（受教育程度）、物质资本（收入分配） | 经济条件：自然资本与物质资本的总和、人力资本 |

依据阿玛蒂亚·森的可行能力框架、可持续生计理论框架以及关于农户能力分析的研究文献，结合抑制代际传递与可持续发展的要求，本书进一步从五个维度构建农村贫困地区女性可持续发展能力建设测量指标：经济条件、人力资本、社会网络、家庭角色和外部环境，并对这些指标进行测量和研究。女性作为家庭的重要成员，对家庭的影响深远，因此本研究将家庭角色融入生计资本中，研究贫困地区农村女性可持续发展能力建设。

## 2.4.5　研究评述

可行能力理论、可持续生计理论均强调个体能力对于贫困女性脱贫的重要作用，学者们已经将女性反贫困的理论与案例研究不断拓展，从宏观研究发展到微观研究，也从外延性研究延伸到内涵研究，从而引发本书基于以上理论与研究基础，进一步从能力与参与视角对贫困女性反贫问题进行研究。而学者们虽然从不同理论视角深刻研究了女性贫困问题，为研究女性问题提供了较为完善的理论基础，但研究缺乏立足于女性作为一类特殊群体，有其特殊生理、心理结构这一角度，未能以此为基础探讨女性贫困的原因以及抑制返贫的具体办法。女性问题研究中，描述性研究和解释性研究占据主流，定量研究相对较少。同时，实证研究和归纳法是研究的主流，而规范分析和演绎方法的运用尚不多见，缺乏体系化、数量化、规范化的理论研究成果。对于中国贫困区域农村女性的农村发展参与行为的内在影响因素以及脱贫问题的可持续性关键因素的整合研究基本没有。本书认为只有长期追踪，进行有大量代表性样本的实证研究，分析参与行为对可持续发展的影响，才能从根本上提出贫困地区的可持续发展对策。

过去研究中缺乏对优秀女性成功个案的研究，本书弥补了过去研究的不足，对乡村振兴背景下的贫困女性成功增收致富的案例进行了跟踪，其行为模式以及可持续发展经验是本书探索的要点。要从根本上解决女性的贫困问题，需要女性自身的觉醒，积极学习，掌握各项知识和技能。结合贫困地区女性面临的主要情况，基于性别公正视角制定相应的政策，最终实现缩小贫困地区男女社会权益及健康指数之间的差距，提高贫困地区的女性资本，进而实现贫困区域女性持续增收致富。

## 2.5　农村发展参与与女性能力建设研究

### 2.5.1　能力建设与增能理论

（1）**农民的合作能力分析。**贺雪峰教授很早就开始关注乡村秩序与农民合作能力问题。他认为，从农村整体情况来看，农民内生合作能力极其薄弱，离开外生型组织，村庄秩序难以构建，农民的生产生活现状难以维持。现在的农村已不再是费孝通先生笔下的乡土熟人社会，至少已成为"半熟人社会"。伴随城镇化建设快速发展和大规模的撤乡并镇，农村人口大量流入城镇，村庄出现了空心化、去组织化现象；农业劳动力呈现弱化、老化和女性化趋势；农民居住分散，集体行动困难；村庄的公共性逐渐丧失，凝聚力日益减弱。农村的浮躁风气明显，农民的功利化、个体化、疏离化加剧，村民之间联系减弱，人际关系冷漠，农民合作能力弱化。与此同时，农村有效资源迅速向城市集中，"统分结合、双层经营"的农村基本经营制度变成了家庭分散经营，有分无统。农民分散化经营难以抵御现代社会的各种风险，一旦市场发生波动，农民就成了利益牺牲者。农民的功利化、个体化趋势也使得农村公共设施、公共事业建设陷入无人参与的窘境。农村的这种局面显然与乡村振兴对农业农村现代化、农村生产适度规模化和发展壮大农村集体经济的要求是难以匹配的。

（2）**农民的综合技能现状分析。**现代农业发展离不开知识经济产业、高科技产业的发展，这就要求农民具备相关的技术和能力。通过观察发现，农村青壮年劳动力流失严重，农村现有人口多是"三留"人员（即留守妇女、留守老人、留守儿童）。农村劳动力以妇女和年老体弱的老人为主，他们普遍不懂现代科学技术，生产观念落后，生产技能水平不高。有学者调查显示，我国目前的农业生产方式中，单纯依靠手工方式进行耕作的仍占 48.1%，采用半机械化方式的占 43.8%，全部实现机械化的仅占 4.9%。农民落后的生产方式不能适应农业现代化的要求。而从农民受教育程度来看，我国农业劳动力中，文化程度在初中及以下的占 83%，农业劳动生产率仅相当于第二产业的 1/8，第三产业的 1/4，世界平均水平的 1/2。农业劳动力受教育水平整体不高，农民大部分只有初中和小学文化水平，甚至还有部分文盲，他们无法掌握现代农业技术，导致农业生产率不高。不懂技术，不善经营，农民的投入与产出自然难有理想效果，农村抛荒弃耕现象更加严重。农村劳动力结构不合理、劳动力缺乏相应的技能是阻碍农民承担起乡村建设主体责任的重要因素之一。乡村振兴，需要的是高素质农民，需要的是懂现代科技，能经营、会管理的复合型人才。

**（3）农民的文化选择能力分析。**农村文化是在长期的农耕实践中形成的以农民为载体的文化，是农民的精神财富。随着城镇化的快速推进，政府和农民过多地追求经济发展，忽视了农村文化建设农村文化逐步凋敝。农村文化振兴是乡村振兴必不可少的内容，要实现乡风文明的目标少不了农村精神文明建设的支持。当前农村精神文明建设步伐缓慢，农村文化活动贫乏，喝酒、打麻将等仍是农民茶余饭后的主要娱乐活动。农民之间缺少文化沟通与交流的平台，农民的文化选择能力普遍不高。农村封建迷信活动依然盛行，生病了不去医院，而去拜菩萨。有学者调查发现，农民每年用于封建迷信活动的钱，要占其年均纯收入的 8.2%。除此之外，农村的功利主义、拜金主义也在腐蚀农民的内心，农民的价值观正处于扭曲变形的边缘。如果农民缺乏正确的文化价值观和文化选择能力，在封建迷信思想、陈规陋习、功利拜金主义的引领下，乡风文明从何谈起？

**（4）农民"增能"研究。**"增能"主要强调的是为了提高人的社会主体性，在实现目标的过程中需要具备多种能力，从而激发人的潜在能力与优势，顺利达成目标。所罗门（Barbare Solomon）是第一个将"增能"用于社会工作领域中的人，他认为社会工作者在提供相应服务时所做出的行动目的在于减少群体成员因负面评价而形成的无力感，改变受到负面评价的团体的刻板印象，使团体内的成员重新界定和认识该团体，并重拾自信与自尊。"增能"理论主要强调个体在团体互动的过程中会产生自主性，从而有效克服个体行为和国家行为的两极化带来的缺陷，符合社会、国家和个体的发展需求，也符合现代社会智力的发展趋势。

就能力建设与增能理论的关系而言，"增能"是一种理论工具，经常被用于社区发展研究领域。它的理论特征在于社会工作介入的对象是那些能力有待提升的居民，其介入的目的是能力的建设，即让居民的能力得到提高。增能通常会从三个方面进行研究，分别是个体、社会以及人际关系。一方面，居民应该主动学习知识、提高能力，具备必要的行为能力；另一方面，社区要为居民提供交流平台，提升居民协作能力，使居民的能动性与主体性得到充分展现。

## 2.5.2　女性参与度与增能研究

所罗门认为增能是一个过程，需要业主和社会工作者共同参与，这个过程的目标是减少因为群体被赋予了负面的标签而形成的负面评价。拉帕波特认为增能是社区、业主与组织对其事务进行控制的一种机制。很多学者认为增能一共包括三个层面，分别是个人、社区和组织。个人层面增能一般包括效能和控制感、参与行动以及施加控制动机等；组织层面增能一般包括扩展有效的社区影响、长期发展的机会以及实现共同领导；社区层面增能通常表现为某些组织受到增能。

项锦雯等通过强化农地政策宣传力度、完善引导农户参与机制及基于农户可行能力视角构建农地整理规划效果的衡量尺度，能够有效提高农户的参与意愿，逐渐形成更科学的参与机制。对女性增能进行研究时，杨梓灵认为增能和参与之间存在着一定的联系和相互作用，女性参与到农村发展事务中可以让她们的能力得到提升，能力的提升又会提高她们的参与度。农民合作组织是一个高效发展的平台，能够建立女性人才队伍，从而促进女性参与农村的经济和社会服务。吕青和张淑芳认为自我增能最有效的方法就是构建完备的人才培养计划、充分利用外界力量。袁方成认为现代社区治理过程中遇到的最突出的问题就是参与不足，从本质上来说，是居民缺乏主体性。要想提高居民的参与度，必须让居民意识到他们的主体性，最关键的就是提高他们的行动能力。黄思静提出，农村留守女性缺乏自我控制、生存发展、获取资源以及民主参与的能力，而且要想提高各方面的能力，也是非常困难的。在社会主义新农村建设过程中，农村留守女性能力建设问题尤为重要。蔡莹霏认为，精准扶贫主体与对象需要提高自我价值的认同感和主观能动性，被帮扶者的脱贫意愿以及内心动力需要被外界激活，让他们意识到努力提升自己的能力的重要性，从被动接受帮扶逐渐转变为主动脱贫致富。

## 2.5.3 农村发展与女性增能研究

阿玛蒂亚·森能力理论重点强调了脱贫方式与目标之间的不同、实质性自由（能力）与结果（实现功能）之间的不同，其核心是强调脱贫是一个过程。从可持续的层面来说，阿玛蒂亚·森的能力理论强调了选择生活标准的自由，而且不会对今后几代人的实质性自由造成任何负面影响。这一理论强调了对资源禀赋的占有。从社会关系的层面来说，个体的能力源于个体能力与个体相对于社会结构的相对位置的组合以及相互作用，社会结构为特定行为提供理由和资源。一般来说，这样的社会概念是以因果关系的概念为基础形成的。这一维度说明可行能力会根据社会结构的改变而改变，是一种动态特征。因此，在脱贫过程中，要注重当地发展情况、主观认知以及贫困的动态变化。贫困源于自然，但贫困治理需要尊重自然，对自然进行一定程度的改造是必要的，但更重要的是，要对深度贫困地区的社会和经济发展进行引导，使其能够从自然依赖型逐渐转变为市场主导型。

在缓解女性贫困方面，世界各贫困地区越来越重视增强女性权益，提倡女性平等就业。国外学者 Anthias 等的研究显示，在发展中国家的许多地区以及工业化程度较高的国家，与女性相关的新兴小型企业不断激增。Apitzsch 等指出小型企业应避免性别限制，才可以使女性摆脱贫困。Snodgrass 认为自主就业通常被称为可以提升女性能力且效果显著的扶贫手段。Premchande 认为女性自谋职业应受到鼓励，因为它产生了更高的收入并赋予女性权力，使其获得自主权并能改善家人的健康状况，这也有助于缓解整个社会的贫困。蔡彦洵从增能理论的角度分析了开展精准扶贫工作时，社会工作的介入带来的影响及具体路径。郭海博发现农村留守女性存在政治参与边缘化、生活水平较低、文化程度偏低、信息获取困难、抗风险能力弱等问题，要解决这些问题需要重视政治自由、防护性保障、经济条件、透明性保证以及社会机会。

杨梓灵认为"参与"和"增能"二者相辅相成：参与可以提升能力；能力提升又反过来促进参与。农民合作组织为女性参与及增能提供了有效平台，可打造农村女性人才队伍。王会战认为提升内生动力的关键在于增权于民，全面提高贫困居民的决策权、知情权、管理权、发言权以及监督权等，在制度上对居民的这些权利进行确认，从而保障贫困居民的主体地位，进而提升乡村精准扶贫的效果。覃志敏认为贫困社区以及贫困人口在社会资本、物质以及人力方面均出现了贫困叠加的状态，因此自我发展能力比较低。需要农村贫困治理模式从线性、植入式的外源扶贫模式向内生能力培育为重点、多元参与治理的内源性扶贫模式转型，并构建了内源性扶贫的贫困治理框架（图 2-8）。

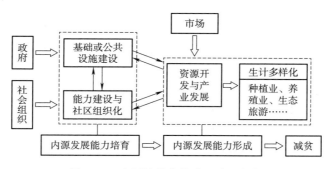

图 2-8 内源性扶贫的贫困治理框架

费振东认为扶贫工作中应当继续引导劳务输出脱贫，并注重加强对外出务工人员综合竞争力的培养。外出务工能够促进农村家庭脱贫，遏制农村家庭返贫。基于此构建了中国农村家庭劳动力流动减贫效应作用机理（图 2-9）。

胡伦把生计能力划分成 5 个不同的维度，分别是人力资本、自然资本、社会资本、物质资本以及金融资本，建立了生计能力的指标体系，并根据研究结论得出提升农户生计能力、摆脱持续性贫困的思路和政策主张（图 2-10）。

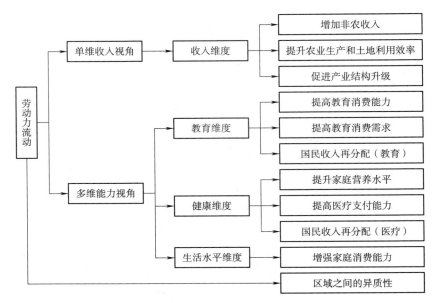

图 2-9　中国农村家庭劳动力流动减贫效应作用机理

并进一步从自身因素（努力程度）和外部因素（政府救助）两个角度探究了农户脱贫路径。

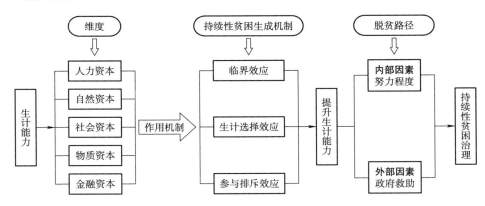

图 2-10　生计能力对持续性贫困生成机制及脱贫路径

## 2.5.4　农村女性赋能研究

**（1）农民的主体权利现状分析。**农民主体权利与能力构成了农民主体性问题的核心，审视乡村振兴中的农民主体地位问题，需要对农民的主体权利与能力进行全方位的考察。能否激发乡村振兴主体权利与能力的活力，直接决定着乡村振兴能否获得持久动力。乡村振兴战略实施过程中，有些农民的权利和能力存在不足、缺失或被侵害，这些农民日益成为乡村振兴的客体和旁观者。其原因错综复杂，既有主观因素，也有客观因素；既有思想观念方面的影响，也有体制机制方面的影响。

就经济权利而言，当前最迫切的是保障和落实农民的财产权利。财产权利构成其他权利享有和实现的重要基础，也是乡村振兴中农民主体地位的物质保证。土地是农民最主要的财产，但农民对土地资源的开发利用受到许多制度性约束。党的十九大报告强调的农村土地制度改革和农村集体产权制度改革与乡村振兴密切相关。进行农村土地制度和集体产权制度改革，可以增加农民财产性收入，保障农民财产权利得以实现。

乡村发展过程中，需要落实农民的四项政治民主权利，即知情权、参与权、表达权和监督权。这"四权"是考察乡村发展过程中是否体现农民主体性地位的重要指标。有学者通过调研陕西4县（区）新型农村社区建设情况，发现在政府主导下的新型农村社区建设中，政府几乎包办了一切，农民只是简单地"被拆迁""被改造""被上楼""被并村"。农民没有话语权，引发了农民的抵制与不满。政府主导下的乡村振兴往往是政府"自上而下"大包大揽，农民集体缺位。我们见到最多的是各级政府大张旗鼓地宣传、号召与动员，设计者们踌躇满志地构想宏伟蓝图，专家们头头是道地论证，但农民内心真实的想法政府是否了解，政府的决策是否真正代表了农民的意愿，政府推动的乡村建设是否是农民想要的家园，这些就不得而知了。韩国在新村运动中，政府只提供指导性意见，具体乡村规划和建设主要由农民自己决定。而在我国的一些地方，无论是乡村振兴规划的编制还是具体计划的实施都是由政府及其官员操作，农民根本不知情。所以会出现政府机关大包大干，农民群众冷眼旁观的情形。根据西安市"乡村振兴之路"调研结果可知，受访村民中有55%知道乡村振兴战略，30%知道但内容不清楚，15%的村民一点都不知道。其他省份的相关调研也出现了类似的情况。这说明在乡村发展过程中，农民的知情权、参与权、表达权、监督权被忽视，政府的行政指令代替了村民的民主协商。如果政府经常代表农民发言和选择，久而久之农民会集体失语，其主体性地位也就不复存在。

**（2）农村农户赋能研究。**在众多激活农民主体性的研究路径中，还权赋能的主张契合了乡村振兴的时代特点，抓住了制约农民发挥主体性的根本问题。还权赋能理论，发轫于20世纪80年代的西方企业管理实践，被用于员工的潜能激发、员工的效能感提升等方面，后被拓展到社会工作等领域，旨在帮助目标群体摆脱权力不足、能力弱化、认同缺位等不利状态，协助其实现权力保障、能力提升与认同感的建构。在乡村振兴背景下，农民主体性的核心问题是权力和能力问题，关键在体制机制保障。以还权赋能为核心议题，厘清了农民主体性缺失的关键问题——"权能缺失"，明确了激活农民主体性的改革思路——"还权赋能"，找到了重塑农民主体性的长效路径——"体制机制变革"，可以作为乡村振兴背景下激活农民主体性的理论指导和实践遵循。同时，在乡村振兴背景下，产业发展能够为实现还权赋能和激活农民主体性提供载体支撑。既有研究关注了农村产业化中的农民主体性问题，强调要尊重和维护农民主体地位和市场权利，但其落脚点仍然是如何推动产业持续发展，并未将产业发展作为实践载体予以重视，更欠缺产业发展激活农民主体性的实现机理的阐释。现实观察也表明，产业发展较好的地区，其农民主体性往往得到有效彰显。在乡村振兴背景下，健康持续的产业发展，既是实现乡村振兴战略目标的核心动力，又是解决农村一切问题的前提条件，能够为激活农民主体性注入活力。因此，坚持以产业发展为载体支撑，以还权赋能为改革取向，以体制机制变革为根本保障，可以为乡村振兴背景下农民主体性激活提供新的改革策略和实践方案。

在乡村振兴背景下，以产业发展实现还权赋能，进而激活农民主体性的理论何以可行，产业发展与农民主体性之间的互动逻辑如何连接，产业发展激活农民主体性的实现机制如何构建，如何找到一条产业发展赋能农民主体性的理想之路，这些问题亟待从学理上予以解读、从类型上进行分析，以期实现产业健康发展与农民主体性有效激活的良性互动。增权赋能是乡村发展中重塑农民主体性的关键。造成乡村振兴战略实施过程中农民主体性缺失困境的主要因素在于农民权利和能力不足，那么破解主体性困境的关键就在于增权赋能或者称为还权赋能。具体来讲，就是增加和落实农民的财产权利和政治民主权利，提升农民的社会合作能力、综合技能和文化选择能力，以此重塑农民主体性，发挥农民在乡村振兴中的主体作用（图2-11）。

2021年中央1号文件明确强调了"发展产业、参与就业"，积极培育家庭农场、农民合作社等新型农业经营主体，将贫困农户融入农业产业链，进而激发贫困农户的内生动力，为贫困农户赋能成为重中之重。本质上而言，产业扶贫最初的目的是提升贫困农户的自我发展能力，且产业扶贫离不开贫困农户的积极参与，因此产业扶贫成功与否很大程度上取决于贫困农户的可行能力强不强，阿玛蒂亚·森的权利贫困理论从新视角出发，将贫困概念从收入贫困扩展到可行能力贫困，认为可行能力匮乏是贫困的主要原因。通俗而言，可行能力并非特指某项技能，而是个体能够实现的"功能性活动"的集合，是一个人做他想做的事和过他想过的生活的能力。长期以来，由于贫困亚文化根深蒂固，导致贫困农户的增能状况不甚理想，这就要求产业扶贫应实现贫困农户由"依赖"向"自助"的转变。产业扶贫主要依托股权投资、委托经营、成立合作社

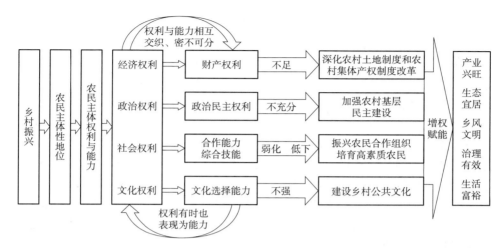

图2-11 乡村振兴战略实施过程中农民主体性地位与农民主体权利和能力优化路径

和个体自主经营等几种形式来开展,前三者均为贫困农户通过中介组织来联结市场,因为贫困农户无法直接参与经营而成为远离市场的"投资者",亦即贫困农户参与产业扶贫只是提供劳务服务而已,严重阻滞了贫困农户的增能效应。贫困是一个相对的概念,社会建构主义理论认为,贫富差距的产生是由于资源占有量的不同而导致的。而产业扶贫恰恰就是一种资源传递过程,它通过一定的组织规则把资金、物品、技术、信息等资源传递给贫困农户,贫困农户通过缓慢的资源积累来实现经济发展的质变难度极大,因而是否具备足够的资源获取能力意味着能否拓展发展空间。不过,在扶贫资源的传递过程中,大多是以基层政府和村干部为话语权威、以扶贫驻村干部为资源控制权威,而处于组织末梢的贫困农户很少对所需资源拥有陈述权(或表达权),最终导致扶贫资源配置出现了供需错位问题。此外,由于乡村治理的"内卷化",人际关系较好的农户(包括脱贫户)在村民大会集体表决中,拥有更多获取扶贫资源的机会,相反真正的贫困农户却丧失了机会。

**(3)对农村女性赋能的必要性。** 从贫困妇女的现实生活情境出发,在经济赋权中激发内生动力,是妇女脱贫的最可行方式。根据《乡村地区女性经济赋能研究报告》(以下简称《研究报告》)可知,尽管这些年农村劳动力大规模向城市流动,但迁移具有巨大的性别差异,2000—2010年,中国农村女性外出务工人数只有农村男性的50%左右。农业生产的经济收益有限,乡村女性也希望通过非农就业增加收入,然而,受教育程度、婚姻状况、子女年龄、丈夫非农就业情况等,都成为影响我国农村女性劳动力非农就业的重要因素。《研究报告》显示,提高农村女性受教育程度可以显著提升其收入水平,而且学历越高，从事非农就业的概率越大。但在家庭经济条件局限、教育资源匮乏时，农村女性的教育权利往往会被剥夺，受教育程度低使得农村女性知识不足，获取信息与运用资源的能力不足，贫困发生率远高于男性，并且通过人口再生产影响女童受教育程度，使得贫困代际传递。第三期中国妇女社会地位调查数据显示，18～64 岁女性的平均受教育年限为 8.8 年，农村女性中接受过高中阶段及以上教育的人口比例仅为 18.2%，而在城市中这一比例为 54.2%，城乡差异巨大。调查发现，由于承担着家庭照料的重任，加之我国"男主外，女主内"的传统性别角色观念，显著降低了农村已婚女性参与非农就业的可能性，进而减少了她们的劳动时间和劳动收入。农村劳动力流动的差异使得农村出现了农村妇女接替男性进入农业生产，而男性进入非农领域实现更高经济价值的家庭性别分工现象。面对这种差异，一部分做乡村女性赋能的公益组织和项目选择通过职业技能培训，为乡村女性提供外出就业的机会；而另一部分组织，如友成基金会，则通过"电商""非遗"等方式提供培训机会，让更多的妈妈们回到家乡，让她们能在家门口就业。从实践来看，对乡村女性赋能，也有可能产生另一种结果——在短时间内，随着乡村女性经济地位提升、精神觉醒，而所生活的环境、周围的家人并没有太大的变化，此时，两性关系可能再次失衡，或带来新的鸿沟。

经济发展与妇女赋权之间存在双向关系，妇女赋权被定义为提高妇女获得发展要素的能力，特别是健康、教育、赚钱机会、政治权利和政治参与。一方面，发展本身就可以在减少男女不平等方面发挥重要作用；另一方面，如果持续对女性歧视——像阿马蒂亚·森强烈驳斥的那样，会阻碍经济发展，也就是说，对女性赋权是能加速发展的。政策制定者和社会科学家倾向于关注这两种关系中的一种。那些关注第一种关系的人认为，当贫困减少时，性别平等就会得到改善。他们认为，政策制定者因此应专注于为经济增长和繁荣创造条件，同时为两性维持公平的竞争环境，但不应采取旨在改善妇女状况的具体战略。相比之下，更多人强调第二种关系，即从赋权到发展。例如，联合国前秘书长科菲·安南认为，实现性别平等是到 2015 年实现其他千年发展目标（MDG）的"先决条件"。MDG 包括消除贫困、降低婴儿死亡率、实现普及教育和消除教育方面的性别差距。世界银行（2001 年）呼吁制定政策来解决"权利、资源和话语权"方面的性别失衡问题，来"营造发展的良好环境"，并建议彻底改革体制结构以促进平等，并建议采取具体措施，例如为女童提供奖学金，在议会中设置女性配额。这些措施是合理的，不仅因为它们促进了公平，而且因为它们是加速发展的必要条件。贫困和缺乏机会会滋生男女不平等，因此，当经济发展减少贫困时，女性的境况在两个方面得到改善：当贫困减少时，包括女性在内的所有人的境况都会得到改善；性别不平等随着贫困的减少而减少时，女性的发展状况随着贫困的减少而改善得比男性多。然而，经济发展不足以实现男女完全平等。配套的政策行动仍然是实现性别平等的必要条件。如果赋予妇女权力也能刺激进一步的发展，开始一个良性循环，那么这种政策行动毫无疑问是合理的。

## 2.5.5 外部环境概念界定

基于增能理论分析女性贫困的原因，不仅包括女性自身的因素，而且也包括很多客观因素，例如家庭因素、自然环境以及社会结构等，都会使女性处于贫困状态。女性贫困具有多维性和复杂性，是因为很多因素相互作用，使女性陷于多重贫困之中。基于可持续生计的视角分析可知，贫困地区的贫困女性之所以陷入贫困状态，不仅是因为自身的能力不足，而且还受到了社会和家庭环境的影响，政策、宗教、制度和种族问题等均会影响女性的生存和发展，贫困思维方式和传统习俗可能会影响女性角色的塑造，导致女性在非物质层面出现贫困现象。应当组织建立持续性的学习机制，不断优化农村中年贫困女性的就业平台以及社区救助系统，让女性社会工作者和非政府组织也参与到减贫的工作中来。具体的扶贫方法主要包括提高贫困女性的专业知识储备和技能水平，增强她们的社会性别意识，提高社会事务参与度，从而帮助农村女性建立自信心，逐渐提高她们的综合素质。

内部环境通常存在于个体内部，是个体内部情感、意识和文化程度因素的总和，会根据个体的改变而有所变化。外部环境通常存在于个体外部，是影响个体参与活动及其发展的各种客观因素与力量的总和，不会受到个体的影响而发生短期变化。本研究基于以上论述初步将外部环境确定为：政府或者互助组织的帮扶、与企业的长期合作关系以及生产技能培训支持。

农民就业增收渠道的构建和优化是多要素共同支撑下的综合演化过程。农户是就业增收渠道的重要参与者、劳动力供给者，同时也是渠道衍生收益的核心分享者。金融支持体系是农民就业增收渠道拓展的资金来源。产业支撑是就业增收渠道拓展的核心因素，农村三产融合发展及其衍生的就业机会和创业机会，构成了农民拓宽就业增收渠道的内生动力。非农就业技能培训体系和非农就业群体禀赋特征则构成了农民群体非农就业能力的实现载体。土地要素是农户参与就业增收渠道收益配置的重要禀赋资源。外部政策环境则对渠道参与个体的收益实现和配置产生重要约束。金融支持体系是农村三产融合发展、农民拓展就业增收渠道以及农民获取就业创业资金支持的重要载体。尽管外部资本对农民群体就业增收渠道的拓展具有显著的正向激励，但外部资本的行为偏好及其理性选择或将成为农民就业增收渠道实现运营绩效的重要约束力量，因此，农村三产融合过程中应当合理约束外部资本的盲目逐利行为。产业支撑是农民就业增收渠道拓展和优化的核心因素。通过开发有机农业、休闲农业、农业产业园等项目，引导多元主体参与农村三产融合过程，通过紧抓"农民"群体、体现"农村"主题，依托新技术、新业态、新产业，推动传统"农业"优化升级，构建农村三产融合发展的产业支撑体系。农村三产融合发展及其衍生的就业机会（杨亚东等，2020）、创业机会，则构成了农民就业增收渠道拓宽和优化的内生动力。

农业供应链围绕核心产品或企业，从生产到消费再到售后服务环环相扣，组成有机网链结构，并以受众需求为导向联通农业上下游，充分利用金融支持体系、土地要素供给、产业支撑等外部因素，以及经营主体、非农就业能力等内部因素，推动农民就业增收渠道的拓展和优化（图2-12）。

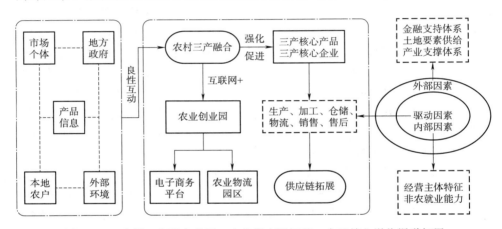

图2-12　农村三产融合发展—农业供应链拓展—农民就业增收渠道拓展

## 2.5.6　研究评述

研究女性劳动力不仅要从国家、地区、省区、市县等宏观层面着手，还需加强对贫困村镇等微观单元的深度实证调研。同时，注重借鉴其他学科的方法和理论指导女性贫困问题研究和实践的发展。"增能"理论主要强调个体在团体互动的过程中会产生自主性，从其他学者们的研究中可以发现，学者们对团体互动的理解包含了政策、营利组织以及非营利组织，这些外部环境对女性贫困问题有重大作用，然而研究主要以政策建议为主，较为宏观，很少从某一乡村发展项目出发，针对农户主体的外部环境作用进行定量研究。本书弥补了以上不足，以外部环境的调节作用为依托，以女性参与意愿与能力提升为主要研究方向，认为从政策的角度来说，在制定扶贫措施时必须以性别平等作为前提，加强分性别的贫困指数监测工作。对于国家的反贫困工作而言，女性反贫困尤为重要。政府在开展女性发展工作时，对于性别敏感度、激励机制以及持续性等方面都会存在很大的限制，但是非营利组织在开展女性扶贫工作时却可以弥补这些问题，而且产生的成本相对较低，灵活性更强。

## 2.6　本章小结

本章主要介绍本研究的理论基础与研究综述，研究的理论依据包含代际传递理论、计划行为理论、可持续发展理论、可行性能力理论、可持续生计理论以及增能理论，本章对基于这些相关理论做过的研究以及女性反贫困研究等进行综述与评价。关于云南女性农村发展事务参与度与可持续发展能力的研究可从以下方面进行：①以贫困女性为研究对象并以计划行为理论为指导，探索云南地区女性参与农村发展事务的个体意向，从而探索其参与行为的内在规律；②女性可持续发展能力建设基于可行能力与可持续生计能力，女性的可持续发展要求更加注重女性人力资本培养，如教育抑制贫困，不能让贫困现象代际传递，要更加注重脱贫效果的可持续性，增强女性自我发展能力和可持续发展能力；③借鉴增能理论以及其他学科的研究方法，对扶贫开发背景下的贫困女性成功脱贫案例进行跟踪调查，其行为模式以及脱贫经验是本书探索的要点。

# 3 农村女性的农村发展参与行为机理与农村发展参与测量指标的构建

第二章对本书的理论基础进行了分析研究，引出了农村发展参与的理论基础，即：参与式扶贫理论、计划行为理论和知情行理论。本章基于计划行为理论，对女性农村发展参与行为机理进行实证分析，并结合知情行理论对农村发展参与指标进行归纳总结，建立农村发展参与的二级变量指标并确定初步量表，为下文外部环境对研究主体的可持续发展能力的影响研究提供研究基础，为研究女性脱贫从而抑制持续贫困（返贫）提供新的研究视角。

## 3.1　问题的提出

联合国开发计划署曾在《人类发展报告》中指出：与男性贫困主体相比，女性贫困更容易演化和传递、更分散和多样、更脆弱、更隐蔽，脱贫也更困难。妇女参与家庭经济活动的程度、在人口再生产中的角色地位以及对家庭总收入一半以上的贡献率，决定了妇女在实现经济增长和缓解贫困上的重要作用。在贫困地区中，女性扮演着多种角色，例如生产者、妻子和母亲等，并担负着社会生产和人类生产的双重责任。反贫困实践过程中，必须充分重视贫困女性的主体地位，她们不仅是扶贫工作的主要对象，而且也是减贫政策的倾斜对象。开展扶贫工作时，必须让她们积极参与进来，成为脱贫的主体。农村贫困女性参与社会事务的意愿并不强，她们的发展意识以及法律意识也比较薄弱。因此，必须让妇联组织发挥出自身的作用，使农村女性提高脱贫情感与认知。

影响贫困女性农村发展参与，并使其取得较好脱贫效果的重要因素包括：政策支持、创收环境、技能培训、机会与资源的获取等。同时贫困女性主体意识、劳动技能、政治参与度、受教育水平、参与农村发展的认知、参与意愿以及参与行为等直接影响女性持续脱贫的效果。本研究基于当前扶贫环境、文献研究以及问卷调查，对女性农村发展参与行为机理进行深入研究，以期寻找女性农村发展参与的内因以及脱贫研究的新思路。当前计划行为理论已被广泛应用于扶贫的研究中，时鹏等使用因子分析方法和结构方程模型（SEM）分析得出，主观规范对行为意愿有显著的正向影响，经济理性是促使农户搬迁的主要动机，家人意见、邻里和村干部意见对农户易地扶贫搬迁决策具有显著的正向影响。施国庆等进一步对西部山区农民易地扶贫搬迁意愿的影响因素进行了分析，并构建了由政府引导的易地扶贫搬迁意愿理论分析框架。朱利基于参与式扶贫理论与计划行为理论，揭示了农村电商扶贫中贫困户参与意愿及其与影响因素之间的关联性以及各项因素对贫困户参与意愿的影响程度。卢冲等对藏区贫困农牧民参与旅游扶贫行为与意愿进行了研究。莫雪华等对扶贫中的政府行为提出了优化建议，填补了当前研究的空白。

本研究基于计划行为理论以及知情行理论，运用结构方程方法进行假设验证，探讨影响女性农村发展参与的内在因素与外在因素。学者们针对不同主体的不同农村发展参与影响因素进行研究，验证了计划行为理论在农村发展参与研究中的实用性与科学性。本书研究了云南农村女性在农村发展项目中的参与行为机理，填补了前人研究中的空白。

# 3.2　女性农村发展参与行为机理理论框架构建

计划行为理论与知情行理论认为，个体意愿既受到个体主观感知影响也受到很多客观条件的影响，个人和社会文化背景以及个人手中所掌握的信息资源等因素都会对行为意向带来影响，从而对个体行为造成影响。而认知与情感要素也是客观条件的主观感知，本研究发现国内外学者对参与行为的主体已经细化到个体主体，因此，本书立足于扶贫，以贫困女性为研究对象并以计划行为理论为指导，探索云南地区贫困女性在扶贫攻坚时期的农村发展参与行为的个体特质、意向与行为，从而探索其参与行为机理。首先确定女性农村发展参与行为的表征性指标，即行为态度、行为响应、主观规范、行为意愿、知觉行为控制五个指标，并进行实地调研，获得了五个指标的量表数据。为了确定行为、感知以及外部环境（组织支持）的影响作用，探索农村发展参与行为对农村女性脱贫的影响，本节建立了分析女性农村发展参与行为机理的假设模型。根据计划行为理论模型构建的本节理论框架如图3-1所示。

## 3.2.1　女性的农村发展参与行为的表征性指标设计

本书以计划行为理论为基础，将扶贫项目作为研究对象，分析女性参与行为。本书构建了结构方程模型，对女性的参与行为机理展开研究，研究中增加了外部环境支持这一因素。以下是本书的六个测量指标：

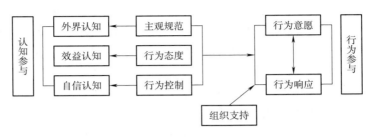

图 3-1　女性农村发展参与行为机理假设模型

**（1）行为响应。** 行为响应无疑是计划行为理论的核心概念，一般而言行为响应即行为本身，是响应外部环境、认知与意愿影响，做出行为转变。农村发展中的农村女性的行为响应即女性在农村发展项目中的参与度，是与消极怠工截然相反的状态。本研究基于女性的农村发展项目参与情况，将行为响应细分为参与工作积极程度和工作完成度。

**（2）行为态度。** 行为态度可以折射出行为主体对某个特定行为的喜欢程度。女性对农村发展的参与度，完全可以借助预期收益理论进行解释。如果参与会获得更多的效益，那么女性就会积极参与，否则就会放弃，如果存在较为乐观的预期收益，那么女性会积极参与农村发展项目。而预期收益不仅涵盖相关的经济收益，还有社会和文化的保护与传承等。正因如此，本研究将女性对扶贫的行为态度进一步细分成经济效益和社会效益。而经济效益又可以进一步细分成增收、降低成本、促使该项目的持续发展三部分；社会效益又可以进一步细分成非物质文化遗产的保护、区域文化知名度的提升、集体凝聚力的提升等。

**（3）主观规范。** 主观规范就是个体所受到的外部人群的影响，由此质疑自身的想法，进而对自身的选择进行更改，并选择和大众一致的行为。对个体的行为决策产生影响的团体或者个体，能够对相应的个体特定行为带来显著影响，并能够折射出社会上的相关压力。当个体的行为和大众行为出现偏离之后，容易产生不安心理，如果个体的自信心不足，那么这种效应就会更为显著。对于农村发展项目而言，女性的参与积极性会受到区域性组织、亲朋好友、基层政府等相关主体以及社会网络的影响。本书将这种主观规范进一步细分成以下内容：第一，外界行动；第二，外界主张；第三，外界影响。外界行动，是女性对亲朋邻居、基层政府、区域性组织是否影响自身农村发展参与行为的认知。外界主张，分别用亲朋邻里、基层政府和区域性组织表示，表明女性对他们能否支持自身参与该项目的态度的认知。外界影响，代表女性对其农村发展参与行为受到亲朋邻里、基层政府、区域性组织的意见与行为的影响程度的认知。

**（4）知觉行为控制。** 知觉行为控制，可以反映对个体过去经验以及预期的阻碍，它涵盖了控制信念以及感知强度两个概念。控制信念，主要指的是可以制约相关行为的诸多要素；而感知强度，是个体的自我效能感信念。本书以农村发展项目的女性参与为研究对象，并将知觉行为控制进一步细分成感知强度和控制信念两个部分：感知强度，主要包括女性对该项目难易程度和目标的自信认知；控制信念，主要包括女性对获取该项目相关信息和渠道、掌握该项目的基础技能和知识、承担该项目的时间成本、担负该项目的资金成本这四方面的认知。

**（5）行为意愿。** 行为意愿是一种尽可能地去执行某种行为的倾向，在相关条件得到充分满足的前提之下，会对最终的行为带来决定性影响。具体包括主动自愿参加、心情很高兴、在这个项目中从事的工作很有意义三个倾向。

**（6）外部环境支持。** 人际行为理论所对应的外部影响因素，包括基层和区域性组织等相关社会力量，在对女性参与农村发展项目的积极性方面，有极为重要的影响。如果上述相关组织能够积极支持女性参与农村发展项目，对女性参与者的意见给予充分的尊重，积极分享其他地区农村发展项目的参与经验，并能提供相应的技术和装备支持，还能让相关女性参与者得到培训，那么，就能很好地激发女性的参与积极性，同时也能够更好地将相关意愿转换成具体行动。

## 3.2.2　研究假设

本研究的理论基础是第二章中提到的计划行为理论，并根据计划行为理论模型，结合上一节对行为态度、行为响应、主观规范、行为意愿、知觉行为控制五个指标，以及外部环境支持因素共六个测量指标的解释以及量表设计，提出本章研究假设。计划行为理论认为，如果女性认可农村发展项目，并且对由此衍生出来的社会和经济效益有很好的认知，那么就能够提升女性参与的积极性。基于此，提出假设3-1和假设3-2：

H3-1：农村发展参与行为中女性行为态度对行为意愿有显著影响。

H3-2：农村发展参与行为中女性行为态度对行为响应有正向作用。

计划行为理论认为，女性更容易受到外部主体的影响，也就是说更容易感受到外部环境的压力，基于此，提出假设3-3和假设3-4：

H3-3：主观规范对农村发展参与行为中女性行为意愿有显著影响。

H3-4：主观规范对农村发展参与行为中女性参与行为有正向作用。

从理论层面来看，如果女性对参与该农村发展项目的自信心越高，那么所遭遇的障碍就会越小，那么参与该项目的意愿和积极性就会越高。基于此，提出假设3-5和假设3-6：

H3-5：知觉行为控制对农村发展参与行为中女性行为意愿有显著影响。

H3-6：知觉行为控制对农村发展参与行为中女性行为响应有正向作用。

计划行为理论认为，在具体行动中，可以很好地折射出女性的参与意愿，也就是说如果她们在参与农村发展项目时有着更高的意愿，那么相应的参与积极性也会更高。此外，上述的行为态度、主观规范以及知觉行为控制，都会对行为意愿带来相应的影响，进而对女性的行为带来影响。基于此，本书提出假设3-7、假设3-8、假设3-9和假设3-10：

H3-7：行为意愿对农村发展参与行为中女性行为响应有显著影响。

H3-8：行为意愿在行为态度与农村发展参与行为中女性的行为响应之间起正向中介作用。

H3-9：行为意愿在主观规范与农村发展参与行为中女性的行为响应之间起正向中介作用。

H3-10：行为意愿在知觉行为控制与农村发展参与行为中女性的行为响应之间起正向中介作用。

来自外部组织的帮助和支持，能更好地促使女性参与农村发展项目，同时还能鼓励那些有意愿但还没有行动的女性，让她们尽快进入实际行动阶段。基于此，本书提出假设3-11和假设3-12：

H3-11：外部环境中的组织支持对农村发展参与行为中女性的行为响应有显著影响。

H3-12：外部环境中的组织支持在行为意愿与农村发展参与行为中女性的行为响应之间起中介作用。

# 3.3 数据来源与描述性统计

## 3.3.1 数据来源

本书课题组在2018年4月，分别对云南3个贫困县下的5个贫困自然村中的女性进行问卷调研。调研地与问卷的选择主要根据各县、乡、村女性产业参与的相关统计调查以及预调研结果确定。课题组选出五个有代表性的村子，表3-1介绍了这五个村子的女性生计参与模式，希望通过典型案例研究得出女性持续贫困影响因素和持续脱贫的测量指标。这些数据具有随机性的特点，在每个案例地，所发放的问卷数均在40～100份。本次调研共发放490份问卷，除去存在误答、漏答等不完整的问卷，最终收回411份有效问卷，问卷的有效率为83.9%。

表 3-1　案例地介绍

| 案例地 | 典型村子概况 | 女性脱贫生计参与模式 |
| --- | --- | --- |
| 罗平县八大河村与多依村 | 八大河村与多依村，形成了"绣品厂＋协会＋会员"的产业化发展道路，布依刺绣发展成为刺绣产业合作社，进行收购和外销，形成了"绣品厂＋协会＋会员"的运作模式，方便统一管理、统一产品标准、统一产品质量、统一包装、统一商标、统一销售，有利于稳定刺绣队伍，使刺绣业形成产供销一条龙、农工贸一体化的产业化规模经营模式 | 刺绣商户＋手艺从业者＋女性协会 |
| 砚山县白沙坡村及附近村 | 白沙坡村世代居住着传统彝族村寨的女性。砚山县以白沙坡村为中心，带动周边乡镇的女性 1 000 余人发展刺绣产业，年均地方产值超过千万元，彝绣开辟了一方村民的致富路 | 传统刺绣商户＋手艺从业者＋合作社 |
| 建水县碗窑村与李浩寨村 | 碗窑村是"中国紫陶之乡"建水县的紫陶发源地，也是建水紫陶生产的核心村落。全村有农户 1 000 多户，80%左右的村民从事紫陶相关产业。<br>李浩寨村有 200 多户贫困户，村民委员把大家召集到一起，对村民进行刻花、粘接定向培训，让贫困户掌握一技之长。"100 多个村民报名，其中 22 个学会了工艺。靠闲暇时做紫陶，村民每个月有 1 800～2 800 元的收入。"据建水县统计，2017 年全县有紫陶商户 1 028 户，从业人员人数在 2.2 万人以上，年产值达 17.25 亿元 | 商户＋手艺从业者 |

## 3.3.2　变量说明与描述性统计

在本次调研中共有 411 份样本（表 3-2）。在受访者中，40 岁以上的人数占 43.80%，其中 60 岁以上的人数占 12.90%，这意味着老年化十分突出。文化程度在小学及其以下的受访者，占比高达 40.15%；而文化程度为初中的人数占 59.37%，这意味着相关人员的文化水平整体不高。这些受访者的家庭人口数为 3～4 人的占 21.90%；而家庭人口超过 4 人的受访者占 67.64%，这表示，受访者的家庭人口数整体较多。这些受访者中，党员的比例为 8.27%。受访者的手工业从业年限在 2 年及以下的，可达到 18.25%；超过 41.36%的受访者，其从业年限达 4 年以上。从受访者家庭的人均年收入角度来看，有56.93%的受访者家庭人均年收入在 1 万元以下，而人均年收入超过 1 万元的家庭占 43.07%，其中人均年收入超过 3 万元的家庭占 7.30%，这意味着受访者家庭的人均年收入整体不高。从受访者家庭的收入结构角度来看，手工业收入占家庭收入的比例低于 20.0%的受访者占 5.35%，手工业收入占家庭收入的比例在 20.0%～40.0%的占 17.03%，超过一半的受访者家庭手工业收入占家庭总收入的比例超过 40.0%。

表 3－2 女性参与意愿随机样本数据

| 变量 | 范围 | 频数（份） | 比例（%） |
|---|---|---|---|
| 年龄 | 小于 30 岁 | 100 | 24.33 |
| | 30～40 岁 | 131 | 31.87 |
| | 40～60 岁 | 127 | 30.90 |
| | 大于 60 岁 | 53 | 12.90 |
| 文化程度 | 小学及以下 | 165 | 40.15 |
| | 初中 | 244 | 59.37 |
| | 高中及以上 | 41 | 9.98 |
| 家庭人口数量（人） | ≤2 | 43 | 10.46 |
| | 3～4 | 90 | 21.90 |
| | 4～6 | 98 | 23.84 |
| | ≥7 | 180 | 43.80 |
| 是否为党员 | 是 | 34 | 8.27 |
| | 否 | 377 | 91.72 |
| 是否为干部 | 是 | 53 | 12.90 |
| | 否 | 358 | 87.10 |
| 手工业从业年限（年） | ≤2 | 75 | 18.25 |
| | 2～4 | 166 | 40.39 |
| | 4～5 | 119 | 28.95 |
| | >6 | 51 | 12.41 |
| 人均收入（元） | ≤10 000 | 234 | 56.93 |
| | 10 000～20 000 | 101 | 24.57 |
| | 20 000～30 000 | 46 | 11.19 |
| | ≥30 000 | 30 | 7.30 |
| 手工业收入占比（%） | ≤20 | 22 | 5.35 |
| | 20～40 | 70 | 17.03 |
| | 40～60 | 171 | 41.61 |
| | >60 | 148 | 36.01 |

在计划行为理论中，行为态度、主观规范、知觉行为控制和行为意愿这几个变量都属于潜在型变量。二级变量与变量赋值是在参照相关文献与课题组调研后设计的。因此需要基于相关的量表，对它们进行相应的测量，测量借助 Likert 量表法进行，主要通过一组陈述来实现，这些陈述和受访者态度、主观规范、知觉行为控制以及行为意愿等具有显著关联性。该量表运用了正向赋值法，并在选

项中设置了相应的等级，分别为完全同意、同意、不一定、不同意、完全不同意，对应的数值为 5、4、3、2、1。表 3-3 给出了具体的描述性分析细节。

表 3-3　变量含义和描述性统计

| 一级潜变量及编码 | 二级潜变量 | 变量赋值及编码 | 均值 | 标准差 |
|---|---|---|---|---|
| 行为响应（BR） | 参与工作的积极程度 | 我每天积极工作，没有早退晚到的情况（BR1） | 3.51 | 1.087 |
| | | 在该项目中，我会尽可能很好地完成自己的工作（BR2） | 3.65 | 1.212 |
| | 工作完成度 | 只要是对该项目有利的事情，我都乐意去做（BR3） | 3.49 | 1.138 |
| 行为意愿（BI） | 参与扶贫项目意愿强烈程度 | 此项工作是我自己主动自愿参加的（BI1） | 3.54 | 1.059 |
| | | 我很高兴我能参与到这个项目中（BI2） | 3.78 | 1.017 |
| | | 在这个项目中，我所从事的工作很有意义（BI3） | 3.54 | 1.113 |
| 行为态度（AB） | 经济效益 | 提高居民收入（AB1） | 3.74 | 1.096 |
| | | 降低生产成本（AB2） | 3.36 | 1.277 |
| | 社会效益 | 促进非遗手工业发展（AB3） | 3.55 | 1.128 |
| | | 保护非物质文化遗产（AB4） | 3.72 | 1.123 |
| | | 提高区域文化知名度（AB5） | 3.67 | 1.335 |
| | | 提高村集体凝聚力（AB6） | 3.98 | 1.191 |
| 主观规范（SN） | 外界影响 | 参与行为受亲朋邻里影响（SN1） | 3.46 | 1.179 |
| | | 参与行为受基层政府影响（SN2） | 3.23 | 1.291 |
| | | 参与行为受区域性组织影响（SN3） | 4.00 | 1.238 |
| | 外界主张 | 亲朋邻里主张参与（SN4） | 3.55 | 1.162 |
| | | 基层政府主张参与（SN5） | 3.95 | 1.193 |
| | | 区域性组织主张参与（SN6） | 3.90 | 1.454 |
| | 外界行动 | 亲朋邻里正积极参与（SN7） | 3.37 | 1.086 |
| | | 基层政府正积极参与（SN8） | 3.87 | 1.263 |
| | | 区域性组织正积极参与（SN9） | 3.39 | 1.259 |
| 知觉行为控制（PBC） | 感知强度 | 难易程度的自信认知（PBC1） | 3.50 | 1.290 |
| | | 达成调整目标的自信认知（PBC2） | 3.60 | 1.233 |
| | | 信息的方式与渠道的认知（PBC3） | 3.77 | 1.343 |
| | | 专业知识与基本技能的认知（PBC4） | 3.79 | 1.240 |
| | 控制信念 | 时间成本认知（PBC5） | 3.82 | 1.157 |
| | | 资金成本认知（PBC6） | 3.90 | 1.440 |

（续）

| 一级潜变量及编码 | 二级潜变量 | 变量赋值及编码 | 均值 | 标准差 |
|---|---|---|---|---|
| 外部环境支持（OS） | 组织支持 | 基层政府和区域性组织支持农村发展项目（OS1） | 2.95 | 1.255 |
| | | 尊重女性参与者的参与意见（OS2） | 3.45 | 1.170 |
| | | 分享成功项目经验（OS3） | 3.51 | 1.283 |
| | | 提供设备及技术支持（OS4） | 3.48 | 1.252 |
| | | 提供相关培训（OS5） | 3.36 | 1.229 |

### 3.3.3 信度和效度检验

量表质量会对实证研究结果带来直接影响，为了确保本次研究的准确性，在进行数据分析之前，需要对信度和效度进行相应的检验。

（1）信度分析。信度分析是指对量表测量结果的一致性、可靠性和稳定性进行相应的检验。在本次研究中，量表隶属于定距尺度量表，所以能够应用 Cronbach's $\alpha$ 系数对其信度的高低进行检验。而这个系数越大，意味着检测的结果越稳定、越可靠，具有一致性，对应的量表质量也就越高。在本次研究中，相关变量的信度系数均超过了 0.8（表 3-4），这意味着量表具有较高的一致性，而且这些数据也具有较高的稳定性和可靠性。

表 3-4 信度检测结果

| 变 量 | 可靠性分析 | |
|---|---|---|
| | 项数 | Cronbach's $\alpha$ |
| 主观规范 | 0.921 | 9 |
| 知觉行为控制 | 0.840 | 6 |
| 行为态度 | 0.906 | 6 |
| 外部环境支持 | 0.865 | 5 |
| 行为意愿 | 0.856 | 3 |
| 行为响应 | 0.866 | 3 |

（2）效度检验。因子分析用于研究定量数据的设计合理性。效度检验是以诸多因子为基础，分析对应的变量的收敛效度以及不同因子之间的差异效度。在本研究中，结合因子分析涉及的荷载值对上述的收敛效度和差异效度进行分析（表 3-5）。结合本次的调查数据，所有的变量进入因子分析时，得到的 KMO 值为 0.864，高于 0.8。Bartlett 球体检验结果显示 $p < 0.01$ 这意味着，本次样本数据可以用来进行因子分析（表 3-6）。

表 3 - 5　各研究变量的效度指标

| KMO 和 Bartlett 检验 | 主观规范 | 知觉行为控制 | 行为态度 | 组织支持 | 行为响应 | 行为意愿 | 总体变量 |
|---|---|---|---|---|---|---|---|
| KMO 取样适切性量数 | 0.833 | 0.751 | 0.843 | 0.863 | 0.735 | 0.727 | 0.864 |
| 上次读取的卡方 | 2 844.233 | 1 096.129 | 1 850.527 | 1 048.609 | 596.887 | 559.194 | 8 846.192 |
| 自由度 | 36 | 15 | 15 | 10 | 3 | 3 | 496 |
| 显著性 | 0.000 | 0.000 | 0.000 | 0.000 | 0.000 | 0.000 | 0.000 |

表 3 - 6　各变量相关系数

| 变　　量 | 1 | 2 | 3 | 4 | 5 | 6 |
|---|---|---|---|---|---|---|
| 1 主观规范 | 1 | | | | | |
| 2 知觉行为控制 | 0.316** | 1 | | | | |
| 3 行为态度 | 0.263** | 0.291** | 1 | | | |
| 4 外部环境支持 | 0.282** | 0.293** | 0.299** | 1 | | |
| 5 行为意愿 | 0.360** | 0.355** | 0.329** | 0.306** | 1 | |
| 6 行为响应 | 0.279** | 0.270** | 0.273** | 0.452** | 0.334** | 1 |

注：** 表示数据在 $p<0.01$ 的条件下显著。

### 3.3.4　研究方法介绍

结构方程模型（SEM）属于多变量统计，它将因子和路径分析进行了整合，属于典型的验证性方法，它需要在理论基础上完成相关假设模型的构建。运用该模型进行分析时，需要样本数据能够满足多变量正态性，达到相关指标，具有线性关系的假定。在结构方程模型中，测量模型和结构模型属于典型的基本模型，前者包括潜在的变量和观测变量，可以折射出这两种变量之间的对应关系。相应的测量模型如公式（3-1）、（3-2）所示，相应的结构模型如公式（3-3）所示。

$$Y = \Lambda_y \eta + \delta \qquad (3-1)$$
$$X = \Lambda_x \xi + \varepsilon \qquad (3-2)$$
$$\psi = B\eta + \Gamma\xi + \zeta \qquad (3-3)$$

在以上公式中，$X$ 表示外源观测指标，$\Lambda_x$ 表示 $X$ 与潜在变量 $\xi$ 的关系，$\varepsilon$ 表示 $X$ 的测量误差。$Y$ 表示内生观测指标；$\Lambda_y$ 表示 $Y$ 与潜在变量 $\eta$ 的关系；$\delta$ 表示 $Y$ 的测量误差。$\eta$ 表示内生潜在变量，$B$ 表示内生潜在变量之间的关系。$\xi$ 表示外源潜在变量，$\Gamma$ 表示外源潜在变量对内生潜在变量的影响。$\zeta$ 表示模型内所包含的变量及变量间关系所未能解释的部分。$\psi$ 表示潜在变量之间的关系。

## 3.4　女性农村发展参与行为机理实证分析

### 3.4.1　模型拟合与适配度检验

通过上述的模型假设以及相应的测量指标设计，本研究根据探索性因子分析结果构建了行为响应、行为意愿、行为态度、主观规范以及外部环境支持五个一级潜在变量，二级潜在变量主要有经济效益、社会效益，外界的影响、主张和行动，控制信念以及感知强度。不同变量之间的因果关系借助单向箭头来表示（→），箭头右侧为果变量，左侧为因变量。如果变量之间具有相互关系，则用"↔"表示（图 3 − 2）。通常，分析 SEM 模型的拟合优度指标是否可以达到相应的标准，可以借助绝对、增值和精简这三种拟合优度指标加以衡量。借助该模型的执行结果，最终可以显示绝对的拟合优度指标，也就是 $X^2/\mathrm{d}f$，其大小为 2.144，此外，还有 GFI、AGFI、RMR，对应的值分别为 0.938、0.911 和 0.037（表 3 − 7）。增值拟合优度指标分别为 NFI 和 RFI，对应的值为 0.936 和 0.918；精简拟合优度可以用 PGFI、PNFI 表示，对应的值分别为 0.658、0.734。通过上述分析可知，这些变量都能够满足相应的阈值条件，这也意味着，该 SEM 模型有着较佳的拟合效果，其稳健性也能够得到很好的检验。

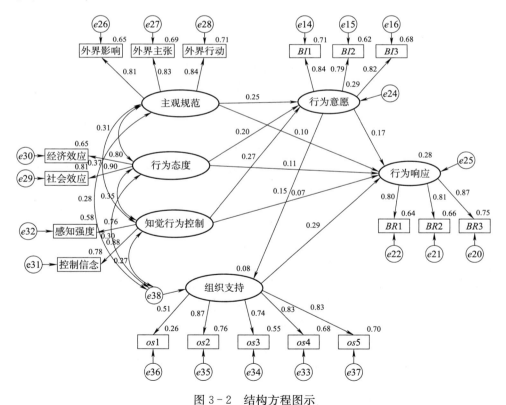

图 3 − 2　结构方程图示

表 3-7 模型适配度检验

| 统计检验指标类型 | 适拟合优度统计量 | 适拟合优度统计值 | 标准值 |
|---|---|---|---|
| 绝对拟合优度指标 | $X^2/df$ | 2.144 | <3.00 |
| | GFI | 0.938 | >0.80 |
| | AGFI | 0.911 | >0.80 |
| | RMR | 0.037 | <0.00 |
| 增值拟合优度指标 | NFI | 0.936 | >0.80 |
| | RFI | 0.918 | >0.80 |
| 精简拟合优度指标 | PGFI | 0.658 | >0.50 |
| | PNFI | 0.734 | >0.50 |

## 3.4.2 假设检验与结果分析

对以上的系统进行分析可以得到一级潜在变量之间的标准化路径系数以及它们的显著性（表 3-8）。这些变量对本研究的行为响应所产生的直接效应、间接效应和总效应如表 3-9 所示。

表 3-8 标准化路径系数及其显著性检验

| 路径 | Estimate | 标准化 Estimate | S. E. | C. R. | p | 假设检验 |
|---|---|---|---|---|---|---|
| 行为态度—行为意愿 | 0.193 *** | 0.202 | 0.056 | 3.453 | *** | H1 成立 |
| 行为态度—行为响应 | 0.118 | 0.112 | 0.063 | 1.883 | 0.060 | H2 不成立 |
| 主观规范—行为意愿 | 0.246 *** | 0.249 | 0.057 | 4.285 | *** | H3 成立 |
| 主观规范—行为响应 | 0.107 | 0.098 | 0.065 | 1.641 | 0.101 | H4 不成立 |
| 知觉行为控制—行为意愿 | 0.259 *** | 0.266 | 0.061 | 4.213 | *** | H5 成立 |
| 知觉行为控制—行为响应 | 0.075 | 0.069 | 0.067 | 1.111 | 0.267 | H6 不成立 |
| 行为意愿—行为响应 | 0.187 *** | 0.169 | 0.070 | 2.671 | 0.008 | H7～H10 成立 |
| 行为意愿—外部环境支持 | 0.179 ** | 0.154 | 0.074 | 2.427 | 0.015 | H11、H12 成立 |
| 外部环境支持—行为响应 | 0.274 *** | 0.288 | 0.055 | 4.975 | *** | |

注：***、** 分别表示数据在 $p<1.0\%$ 和 $p<5.0\%$ 的条件下显著，并意味着通过了检验；没有标注则意味着没有通过显著性检验。

表 3-9 不同变量对行为响应的直接、间接以及总效应等

| 效应类型 | 行为态度 | 主观规范 | 知觉行为控制 | 行为意愿 | 组织支持 |
|---|---|---|---|---|---|
| 直接效应 | | | | 0.169 | 0.288 |
| 间接效应 | 0.043 | 0.053 | 0.057 | 0.044 | |
| 总效应 | 0.155 | 0.151 | 0.126 | 0.214 | 0.288 |

结合以上两表（表 3-8 和表 3-9）可以发现，假设 H3-1、H3-3、H3-5、H3-7 得到证实，这也意味着女性的行为逻辑能够契合计划行为理论。女性在农村发展参与行为中的行为响应会受到行为态度、知觉行为控制、主观规范、行为意愿等相关要素的影响，其中行为态度主要涉及对女性农村发展参与所能够得到的社会、经济和生态效益的认知情况。主观规范则是女性受到外部环境的压力影响，进而思考或改变自身的行为。知觉行为控制是女性对参与该农村发展项目所涉及的自我效能感分析以及掌握该信息知识所涉及的控制信念，其行动逻辑为：认知→意愿→行为。

假设 H3-2、H3-4 与 H3-6 不成立，假设 H3-7～H3-10 被证实，这意味着女性农村发展参与行为中，对应的行为意愿在其行为态度、主观规范、知觉行为控制和行为响应之间具有显著的中介作用。行为意愿则是女性农村发展参与中最终形成行动逻辑的重要一环，也就是说，行为响应和行为意愿是女性农村发展参与的重要前提。女性对这种参与的认知，主要是基于行为意愿，会对行为响应带来间接影响。女性对这种参与如果有着良性认知，那么行为意愿就会提升，这能够折射出女性参与某农村发展项目时存在的谨慎态度。女性如果对农村发展参与持有较为积极的认知态度，其行为态度、主观规范、知觉行为控制等诸多指标的均值都相对较高，然而其行为响应积极性，也就是行为响应指标却不够高。行为态度、主观规范、知觉行为控制对行为响应的标准化总效应整体不高，对应的值分别为 0.112、0.098 和 0.069。

假设 H3-11 与 H3-12 被证实，这意味着外部环境（组织）支持对女性的农村发展参与中的行为响应带来直接影响。其中外部环境（组织）支持对行为响应的标准化总效应值为 0.288，它也是 BR 影响最为显著的因素。通常，外部环境（组织）支持不仅会促使女性的行为响应，它在行为意愿到行为响应之间发挥着一定的中介作用，进而让女性相应的意愿转换成最终的行动。女性在农村发展参与中，其行为有着双重行动逻辑效应，既有自发性，也有诱发性。女性不仅会结合自身的意愿，自主参与相关的农村发展项目，也就是行为意愿→行为响应，而且在外部因素作用下，外部环境（组织）支持也会对女性的参与带来直接影响，也就是外部环境支持→行为响应，会把女性自身的意愿转换成相应的行动，即行为意愿→外部环境→行为响应。这两种行动逻辑中，诱发性逻辑具有主导地位（0.169＜0.288＋0.154），这也意味着，女性在农村发展参与中，如果面对的项目十分复杂，那么女性的行动便会受到制约，政府等相关组织的支持对女性的农村发展参与发挥着极为重要的作用。

综上所述，女性在农村发展参与中，认知影响意愿，进而影响行为。女性所能够得到的社会、经济和生态效益的认知情况对行为态度有着显著的影响，外部的压力则导致女性明确自身的行为，影响主观规范。知觉行为控制则体现在女性在农村发展参与中涉及的自我效能感分析以及掌握信息知识时涉及的控制信念。女性的参与认知，主要是基于行为意愿，会对行为响应带来间接影响。而女性对这种参与如果有着良性认知，那么行为意愿就会提升，但是这并不会直接促使女性参与，这能够折射出女性在农村发展参与中存在着谨慎的态度。女性在参加农村发展项目时涉及的利益主体相对较多，项目非常复杂且存在一定的风险，因此女性需要深入分析和权衡，才能够最终决定是否参与其中。女性的农村发展参与既受自发因素的影响也受诱发因素的影响，在组织支持的影响下，女性能够将自身的意愿转化成响应的行动，从而对自身脱贫产生正向影响。

# 3.5　农村发展参与测量指标量表设计

根据本章实证研究结论可以看出，女性的认知水平对行为响应会产生比较明显的作用。女性的农村发展参与涉及的利益的主体相对较多，如果调整不科学，很容易产生相应的权属纠纷，农村发展参与的客观复杂性以及风险性会让女性的行动保持一定的谨慎性，而最终的行动，都是基于深入的分析和思考。

在本研究的初级阶段，将主要评价女性参与行为的指标归纳为认知参与和行为参与，其中认知参与包含效益认知（参照行为态度指标）、外界认知（参照主观规范指标）与自信认知（参照行为意愿指标），将行为参与分为参与意愿（参照行为意愿指标）和参与行为（参照行为响应指标）。影响女性参与行为的五个方面的指标及外部调节因素如表 3-10 所示。

表 3-10　影响女性农村发展参与指标解释性说明

| 一级指标 | 二级指标 | 指标解释 |
| --- | --- | --- |
| 认知参与 | 效益认知 | （参照行为态度指标测量）行为主体执行某个特定行为的喜欢程度。针对农村发展项目中女性参与的态度，可以借助预期社会和经济收益进行解释 |
| | 外界认知 | （参照主观规范指标测量）一些社会团体或组织能够对相应的个体特定行为带来显著影响，并能够折射出社会上的相关压力。对个体带来的影响就是所谓的主观规范 |
| | 自信认知 | （参照知觉行为控制指标测量）可以反映个体过去的经验以及预期的阻碍，它涵盖了控制信念以及感知强度，是一种重要的计划行为理论。前者主要指的是可以制约相关行为的诸多要素；而后者是个体的自我效能感信念 |
| 行为参与 | 参与意愿 | （参照行为意愿指标测量）是一种尽可能地去执行某种行为的倾向。从理论层面来看，在具体行动中，可以很好地折射出女性的参与意愿，也就是她们在参与该项目时，如果有更高的意愿，那么对应的积极性就会更高 |

（续）

| 一级指标 | 二级指标 | 指标解释 |
|---|---|---|
| 行为参与 | 参与行动 | （参照行为响应指标测量）一般而言行为响应即行为本身，是响应外部环境、认知与意愿影响，作出行为转变。农村发展项目中的农村女性的行为响应即女性参与手工工作的积极性与参与度 |
| 外部环境（调节因素） | 外部环境（组织）支持 | （参照指标测量）该指标来自人际行为理论中的外部影响因素，基层和区域性组织等相关社会力量，在对女性参与农村发展项目的积极性方面带来极为重要的影响 |

　　根据知情行理论可知，认知以情感为导向，情感以行为活动为导向，三者相互影响、相互渗透，互为前提、共同发展。认知与情感会增强主体自我效能感以及责任制意识，而效益与责任激励会增强主体参与动机；同时，个体参与相关活动有助于提升个体参与规划与发展的能力。就本书研究主体而言，行为参与比较容易显现出来，而情感参与主观意识比较强，认知参与比较抽象，这两者都不容易显现出来，也不便于观察。认知参与和情感参与是隐性的，它们以行为参与为基础，因此本研究认为情感参与和认知参与才是女性愿意融入农村发展的内在原因。同时，行为参与、认知参与以及情感参与之间既有独立性又相互制约、相互影响，在研究时为了保证单一性和准确性经常会只使用情感参与和认知参与中一个或者两个。

　　前文已经对认知参与与行为参与做了解释说明，而根据文献研究，本章将情感参与定义为参与主体在参与项目行为中表现出来的感情趋势，如果表现出来的情感能够促进参与行为，那么这种情感属于情感参与。研究者认为人们在农村发展参与中，前期的认知、参与的积极度均会影响农村发展参与的进程。根据参与内容和实际情况，本书设计出三大理论指标，分别为认知参与、情感参与和行为参与，最终整理出关于农村发展参与量表的具体指标（表3-11）。

表3-11　女性农村发展参与测量指标[①]

| 一级指标 | 二级指标 | 具体测量指标 |
|---|---|---|
| 认知参与 | 效益认知 | 家庭收支状况 |
| | 外界认知 | 对乡村医疗保险的认知<br>对外界帮扶的认知 |
| | 自信认知 | 对所参与帮扶项目的熟知度、争取度以及公平的认知 |
| 行为参与 | 参与意愿 | 农村发展项目参与意愿<br>求助对象意愿 |

　　① 本书从构思到书写周期比较长，数据来源主要集中于2019年对云南深度贫困地区的调研。巩固脱贫效果并实现乡村振兴是当下农村工作的重点与难点，扶贫参与者也是当下乡村振兴的重要参与者，扶贫过程更是农村发展过程的重要阶段。本研究中用以实证研究的指标源于笔者2019年对云南深度贫困地区的调研。

（续）

| 一级指标 | 二级指标 | 具体测量指标 |
|---|---|---|
| 行为参与 | 参与行动 | 农村发展项目的参与度<br>集体活动参与情况 |
| 情感参与 | （情感倾斜） | 贫困地区农村女性对扶贫措施、扶贫援助、帮扶金以及农村发展项目的感情趋势 |

# 3.6　本章小结

　　本章以计划行为理论为基础，利用结构方程模型分析女性参与行为的决策，得出结论：女性的行为逻辑与计划行为理论一致。女性在农村发展参与中的认知影响意愿，进而影响行为。知觉行为控制则体现在女性农村发展参与中涉及的自我效能感分析以及掌握信息知识时涉及的控制信念。因此，农村发展参与行为中女性的行为响应受到行为态度、行为意愿、主观规范、知觉行为控制的影响。行为响应和行为意愿是女性农村发展参与的重要前提，而女性对这种参与的认知主要基于行为意愿，会对行为响应带来间接影响。因此结合知情行理论得出农村发展参与的指标为：认知参与、情感参与与行为参与。外部环境（组织）支持对行为响应有着显著的影响，且能够在行为意愿和行为响应之间起积极的中介作用。女性在农村发展参与中，既受自发因素的影响也受诱发因素的影响，在外部环境（组织）支持的影响下，女性能够将自身的意愿转化成响应的行动。

"长期陷于贫困状态"指的是无力摆脱目前的匮乏处境，即使暂时脱离了贫困状态也很容易返贫，同时由于受到生活方式、行为规范、价值观念体系等"亚文化"的影响，贫困人群的后代极易陷于贫困，表现出明显的代际传递特征。根据第二章对于代际传递理论以及女性贫困与反贫困的文献综述的研究可知，贫困家庭女性的发展对一个家庭的贫困状况以及持续贫困状况会产生相应影响，基于此，本书将农村女性可持续发展能力建设作为探讨影响持续贫困的因素，为避免长期贫困、实现可持续发展有重要意义。

## 4.1 持续贫困与女性脱贫能力建设

### 4.1.1 问题提出

党的十九大报告指出，注重扶贫同扶志、扶智相结合。因此，建立以增强深度贫困人群能力为方向的"赋能"机制是解决贫困问题的基本手段。我国多年的扶贫工作显示，得益于经济社会发展和脱贫效应的逐步释放，"容易扶容易脱"的暂时性贫困或者结构性贫困对象已经逐渐摆脱了贫困，但是无论是经济社会发展还是脱贫效应主动释放的涓滴效应是有限的，那部分"不容易扶不容易脱"的持续性贫困或者慢性贫困对象就逐渐被沉淀、被固化、被困于收入和福利的底层。社会分层与代际传递的作用机理：典型的社会分层理论特别强调社会的封闭程度，而能够维持或者打破这个社会封闭系统取决于两个关键因素，即先赋性特征和获致性特征（图 4-1）。从先赋性特征来看，贫困地区农村女性已经失去了经济基础、社会资本、技能、教育等多方面平等的初始竞争条件，陷入贫困陷阱难以自拔。而从获致性特征来看，女性虽然缺少先天优势和禀赋，但是如果能够接受教育、培训，通过积极作为的获致过程实现自我能力的提升，则很有可能持续脱贫。而一旦这一代贫困户实现了脱贫，就会使其下一代直接受益，阻断持续贫困及贫困的代际传递。

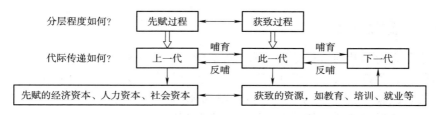

图 4-1　社会分层与代际传递互通示意

## 4.1.2　理论框架

根据第二章对相关文献的研究以及对 5 个村庄的调查研究发现，女性的个体能力不仅体现在家庭的维稳作用和处理邻里关系的恰当性上，个人与整个家庭的经济指标都能反映女性能力建设的重要性。经济方面，农村家庭的收入与种植面积息息相关，收入提升也是反映女性参与农村发展项目后能力提升情况的重要方面。在人力方面，女性参与政府扶贫工作的培训、家庭技能培训也会促进女性能力的提升。同时在家庭内以及社交方面的和谐也能反映女性在一个家庭中的作用和能力。本书课题组通过实际调研分析，运用二元散变量里的Logit 和 Probit 模型测量持续贫困的内生性原因，并对家庭女性的上述能力建设对家庭持续贫困的影响进行分析。

经济条件是指在一定意义上经济生存能力可以看作是各种能力的基础。因为只有从事某一项经济活动，才能获得基本的生活资料，维护生命和基本的生活需要。农户家庭生活水平的提升是农村发展项目的主要目的，也是农村发展对农户家庭带来的直接影响和判定农村发展项目成功与否的指标。

人力资本是指将人视为一种投资客体，人不断接受各种教育和再教育所获得的技能、知识等都是对人力资本的投资。一般认为，人力资本作为一种资源，可以帮助人们有效提升生活质量，改善当前生活状况。

社会网络指在某些边界线、地区或领域内发生作用的一切社会关系。在农村发展项目中，相对贫困地区作为一个特定性的区域，社群关系的处理能力直接表现为人们关系的和谐性。在相对贫困地区社群关系中，社群的目的较为统一，行为有所差异。

家庭角色一般是指在家庭中所担当的角色。女性在家庭中一般为持家者、伴侣、女主人、家庭内外的沟通者等。本研究所设定的家庭角色不仅仅包含女性家庭角色，也包含对所有家庭成员家庭角色的研究，主要包含家庭成员的关系组成、劳动力分布情况等。

## 4.2 数据来源与变量描述性统计

### 4.2.1 数据来源

本研究所涉及的数据是基于第三章案例地调查对象，设计新的问卷并调查获得的。这些数据具有随机性的特点，本次总共发出490份调研问卷，去除存在误答、漏答等不完整的问卷，最终收回435份有效问卷，问卷的有效率为88.8%。之后对该地区的女性居民运用多重分层抽样进行考察研究，把五年前家庭人均纯收入低于3000元的家庭当作研究的目标，去掉无效答卷后，剩余289份答卷，有效率达66.4%。考虑到研究对象持续贫困问题，因此两代人人均纯收入都要低于3000元，进行了第二次筛选，最终得到251份满意的答卷。

### 4.2.2 变量选择与说明

基于可行能力理论与可持续生计能力理论，本书将研究重点放在家庭女性对家庭持续贫困的影响上，并对重要影响因素进行测量。根据以往研究，女性能力指标主要包含女性的生活能力、经济能力以及个人创业能力等。本书结合贫困地区研究实际，认为女性赋予一个家庭管理能力、小范围的参与能力，也承担了家庭内部生态的建设和社群关系的维稳。基于女性可持续发展能力定义、代际传递影响因素实证研究以及农村发展参与与增能关系实证研究，本研究从经济、人力、社会和家庭4个方面构建女性能力建设测量指标。本研究问卷涵盖范围广，变量以及变量定义参照王志章等学者关于代际传递内生性原因的实证研究中所设计变量以及本研究课题组根据案例地调研与收集的材料整理后所得。本章基于文献研究以及调查问卷，将影响因素转换成外部环境、经济条件、人力资本、社会网络和家庭角色5个维度，并设计相应题项，以这5个维度为自变量。影响农村女性持续贫困并造成贫困代际传递的主要因素是本书重要的研究对象，所以因变量设定为是否持续贫困（表4-1）。

**表4-1 变量名及描述性统计**

| 维度 | 变量名 | 变量定义 | 均值 | 标准差 |
|------|--------|----------|------|--------|
| 因变量 | 是否持续贫困 | 1=是，0=否 | | |
| 外部环境 | 是否参与政府等互助组织 | 1=是，0=否 | 1.25 | 0.89 |
| | 相关产业是否接纳女性劳动力 | 1=是，0=否 | 2.45 | 1.13 |
| | 是否参与互助组织帮扶 | 1=是，0=否 | 3.03 | 1.45 |
| | 是否参与女性生产技能培训 | 1=是，0=否 | 0.89 | 0.56 |

（续）

| 维度 | 变量名 | 变量定义 | 均值 | 标准差 |
|------|--------|----------|------|--------|
| | 是否为贫困户 | 1＝是，0＝否 | 3.58 | 1.58 |
| | 家庭女性职业 | 1＝种植业从业者，2＝养殖业从业者，3＝外出打工人员，4＝第三产业服务人员，5＝乡镇企业工人，6＝其他 | 2.73 | 1.10 |
| 经济条件 | 收入来源 | 1＝农业种植收入，2＝农业养殖收入，3＝打工收入，4＝副业收入，5＝出租或转包土地收入，6＝子女或亲戚援助 | 1.47 | 0.49 |
| | 经济状况 | 1＝非常贫困，2＝较贫困，3＝一般，4＝较富裕，5＝非常富裕 | 2.13 | 1.20 |
| | 家庭支出 | 1＝非常低，2＝较低，3＝一般，4＝较高，5＝非常高 | 2.98 | 0.90 |
| | 家居和卫生设施条件 | 1＝非常差，2＝较差，3＝一般，4＝较好，5＝非常好 | 2.52 | 0.72 |
| | 女性受教育程度 | 1＝文盲或半文盲，2＝小学，3＝初中，4＝高中或中专，5＝大专及以上 | 0.98 | 1.16 |
| | 教育与技能支持程度 | 1＝完全不支持，2＝较不支持，3＝一般，4＝较支持，5＝完全支持 | 2.08 | 0.93 |
| 人力资本 | 是否能灵活就业 | 1＝是，0＝否 | 3.86 | 1.49 |
| | 是否有劳动能力 | 1＝有，0＝没有 | 2.39 | 1.27 |
| | 对子女教育投入水平 | 1＝非常低，2＝较低，3＝一般，4＝较高，5＝非常高 | 3.34 | 0.78 |
| | 是否有重大疾病或残疾 | 1＝有，0＝没有 | 0.14 | 0.45 |
| | 是否为户主 | 1＝是，0＝否 | 0.08 | 0.30 |
| | 亲朋走访度 | 1＝非常不融洽，2＝较不融洽，3＝一般，4＝较融洽，5＝非常融洽 | 4.15 | 1.06 |
| 社会网络 | 邻里互助度 | 1＝从未有，2＝几乎没有，3＝一般，4＝偶尔有，5＝经常有 | 3.85 | 1.43 |
| | 政治面貌 | 1＝群众，2＝中共党员，3＝其他 | 1.15 | 0.67 |
| | 村务参与度 | 1＝从不参与，2＝偶尔参与，3＝一般情况会参与，4＝经常参与 | 0.83 | 0.12 |
| | 家庭成员关系状况 | 1＝非常不融洽，2＝较不融洽，3＝一般，4＝较融洽，5＝非常融洽 | 4.18 | 0.89 |
| 家庭角色 | 生活态度 | 1＝非常差，2＝较差，3＝一般，4＝较好，5＝非常好 | 3.33 | 0.87 |

# 4.3 对影响贫困持续性因素的实证分析

## 4.3.1 影响贫困持续性因素的回归结果

依据前文的变量选项和状态设置，把所有的变量分别代入 Logit 模型和 Probit 模型里进行验证，利用 Stata 11.0 的统计系统进行计量解析，从而得到以下回归结果（表 4 - 2）。

表 4 - 2 影响贫困持续性因素的回归结果

| 维度 | 变量名 | Logit 模型检验结果 | | | | Probit 模型检验结果 | | | |
|---|---|---|---|---|---|---|---|---|---|
| | | 系数 | 标准差 | z 值 | p 值 | 系数 | 标准差 | z 值 | p 值 |
| 外部环境 | 参与政府等互助组织 | −0.697 4 | 0.073 1 | −3.683 4 | 0.000*** | −0.453 6 | 0.068 3 | −2.837 2 | 0.006*** |
| | 相关产业对女性劳动力接纳度 | −0.512 2 | 0.046 1 | −5.679 8 | 0.003*** | −0.417 1 | 0.070 5 | −5.787 2 | 0.003*** |
| | 互助组织帮扶 | −0.089 2 | 0.072 9 | −9.130 3 | 0.000*** | −0.109 4 | 0.085 1 | −8.345 8 | 0.000*** |
| | 女性生产技能培训 | −0.472 9 | 0.125 8 | −7.627 1 | 0.000*** | −0.296 8 | 0.108 8 | −7.824 7 | 0.000*** |
| 经济条件 | 是否为贫困户 | −0.362 8 | 0.057 8 | −2.048 6 | 0.003*** | −0.275 2 | 0.078 2 | −1.536 8 | 0.008** |
| | 家庭女性职业 | −0.152 3 | 0.044 1 | −2.852 7 | 0.000*** | −0.155 9 | 0.029 1 | −2.752 1 | 0.000*** |
| | 家庭收入来源 | −0.772 8 | 0.150 2 | −4.669 4 | 0.002*** | −0.327 6 | 0.072 4 | −5.267 4 | 0.001*** |
| | 家庭经济状况 | −0.649 2 | 0.072 8 | −11.100 2 | 0.004*** | −0.508 3 | 0.046 1 | −11.497 9 | 0.000*** |
| | 家庭支出情况 | −0.274 1 | 0.075 7 | −2.723 1 | 0.006*** | −0.210 4 | 0.048 6 | −2.752 2 | 0.000*** |
| | 家居和卫生设施条件 | −0.366 9 | 0.097 1 | −3.141 1 | 0.001*** | −0.228 9 | 0.060 9 | −2.434 1 | 0.032** |
| 人力资本 | 女性受教育程度 | −0.778 0 | 0.053 7 | −10.463 2 | 0.000*** | −0.491 6 | 0.045 7 | −10.820 6 | 0.001*** |
| | 教育与技能支持程度 | −0.650 1 | 0.087 5 | −9.659 1 | 0.000*** | −0.332 1 | 0.053 8 | −9.868 3 | 0.000*** |
| | 灵活就业 | 0.201 3 | 0.046 9 | 1.133 1 | 0.261 1 | 0.167 7 | 0.050 4 | 1.242 7 | 0.154 3 |
| | 有劳动能力 | −0.172 7 | 0.072 8 | −1.252 9 | 0.212 4 | −0.151 9 | 0.045 5 | −1.541 1 | 0.216 0 |
| | 对子女教育投入水平 | −0.468 9 | 0.094 6 | −4.432 7 | 0.004*** | −0.306 3 | 0.058 8 | −4.353 1 | 0.001*** |
| | 是否有重大疾病或残疾 | 0.311 2 | 0.313 1 | 1.828 1 | 0.103* | 0.117 9 | 0.222 3 | 1.658 6 | 0.009* |

（续）

| 维度 | 变量名 | Logit 模型检验结果 | | | | Probit 模型检验结果 | | | |
|---|---|---|---|---|---|---|---|---|---|
| | | 系数 | 标准差 | z 值 | p 值 | 系数 | 标准差 | z 值 | p 值 |
| 社会网络 | 是否为户主 | 3.323 9 | 0.482 7 | 8.267 3 | 0.000*** | 1.679 3 | 0.184 9 | 9.669 1 | 0.001*** |
| | 亲朋走访度 | −0.267 1 | 0.080 8 | −2.445 3 | 0.009* | −0.214 1 | 0.030 6 | −2.852 7 | 0.008*** |
| | 邻里互助度 | −0.261 1 | 0.091 4 | −1.857 7 | 0.032* | −0.072 4 | 0.055 5 | −1.708 6 | 0.102* |
| | 家庭成员政治面貌 | −0.191 1 | 0.209 4 | −2.553 1 | 0.001*** | −0.279 6 | 0.053 8 | −2.722 4 | 0.000*** |
| | 农村事务参与度 | −0.188 6 | 0.073 7 | −1.281 4 | 0.212 1 | −0.056 9 | 0.036 7 | −1.362 1 | 0.254 3 |
| 家庭角色 | 家庭成员关系状况 | −0.201 8 | 0.068 7 | −1.887 6 | 0.009*** | −0.138 8 | 0.056 7 | −2.634 5 | 0.011*** |
| | 生活态度 | 0.192 6 | 0.063 7 | 2.693 5 | 0.013*** | 0.211 4 | 0.052 8 | 2.663 9 | 0.021** |
| _cons | 9.741 1 | 0.823 6 | 13.346 1 | 0.000 0 | 5.108 9 | 0.304 6 | 13.682 3 | 0.000 0 | _cons |
| LR chi2 (18) | | | 943.750 0 | | | | 947.800 0 | | |
| Prob>chi2 | | | 0.000 0 | | | | 0.000 0 | | |
| Pseudo R2 | | | 0.375 2 | | | | 0.377 5 | | |

注：***表示数据在 $p<0.001$ 时显著；**表示数据在 $p<0.01$ 的条件下显著；*表示数据在 $p<0.05$ 的条件下显著。

以上研究表明，除外部环境对于女性的重视与支持外，家庭女性职业、家庭收入来源、家庭经济状况、家庭支出情况、女性受教育程度、对子女受教育投入水平、家庭成员政治面貌、家居和卫生设施条件等因素会对持续贫困产生显著的影响。

## 4.3.2　实证结果分析

**（1）外部环境对持续贫困的影响分析。**在外部环境这个维度中，利用模型分析得出持续贫困与外界环境有很大关系。受到政府组织对女性发展的重视度低、相关产业对女性劳动力接纳度低、女性贷款创业项目较少的负面影响较多。这说明除自身条件限制外，外界的传统思想以及政策倾斜少进一步使女性的发展受限，而这也间接加剧了贫困的代际传播。所以，在分析持续贫困的同时也不可以忽略外部环境的作用，因此在可持续发展的研究中要考虑外部影响，在给出政策建议的过程中要考虑当地现有的扶贫政策。

**（2）经济条件对持续贫困的影响分析。**在经济条件维度，利用模型分析得出持续贫困受到家庭收入来源、家庭女性职业、家居和卫生设施条件以及家庭开支情况的负面影响很大。这证明生产性开支是家庭支出的主要部分，家庭居住环境和卫生设施条件差以及家庭经济底子薄弱，在很大程度上影响贫困的持续性。显而易见，经济条件在切断持续贫困以及改变贫困代际传递方面起决定性作用。

（3）**人力资本对持续贫困的影响分析**。研究发现女性的受教育程度、对子女教育投入水平对农村贫困代际传播影响很大，这是由于母辈文化程度不高、知识水平低下，常常不重视对下一代的投资教育；"贫二代"在没有高技能水平、学历低下的状况下，在当今就业竞争激烈的市场中，很难得到母辈的帮助，更加难以"反哺"，以至于有的人自身难保导致后代贫穷。所以，笔者认为引起家庭贫困代际传递的至关重要的因素是人力资本。此外女性身体健康状况也从正面影响着贫困持续性，没有残疾和重大疾患的成员家庭其后代也受其益。

（4）**社会网络对持续贫困的影响分析**。社会网络这个维度中，由于受访者大多数都是普通劳动女性，村干部占比少，普通女性没有什么参加村务管理的经验，所以农村事务参与度对贫困代际传递影响不大。对持续贫困有着明显的负面影响的是家庭成员的政治面貌、邻里互助度以及亲朋走访度，事实证明要摆脱持续贫困问题，不仅要提高家庭的收入，关键是要寻求到可行方案来提升乡村贫困家庭的精神层次。

（5）**家庭角色对持续贫困的影响分析**。在家庭角色维度中，家庭持续贫困受到家庭成员对待生活的态度的正面影响，这是由于没有较高的文化水平，人们往往不能摆脱贫困带来的挫折和伤害，长期以来就形成消极的生活态度，子承父，一代代受到影响，导致贫困代际相承、贫困文化世袭。生活态度在主观上支配着贫困人口的行为，也会对家庭是否持续贫困造成重要影响。家庭成员的不良生活态度对持续贫困的负面影响显著，不良生活习惯对家庭居住环境、亲戚关系、邻里关系、家庭收支等产生间接或直接的影响，且产生的影响大小不一样、方向不相同。而家庭决策权的掌握情况则体现出女性在家庭中的地位，掌握家庭决策权程度低的家庭女性的思想对家庭财富积累以及下一代的思想在一定程度上产生负面影响。

# 4.4 女性可持续发展能力建设测量指标量表设计

根据前文研究发现，一个家庭的持续贫困也是由于女性能力建设受到极大限制所致，基于此，研究初步提出可持续发展能力建设的四个方面具体测量指标。

（1）**经济条件**。本章在对女性收入来源的调查中，发现农村种植、养殖收入在家庭收入中的占比较高。段伟等认为自然资本是指人们能够充分利用和挖掘以维持生产的土地、草地、林地等自然资源。本书选择家庭土地面积和土地块数作为指标的原因是如果贫困户的土地面积越大、拥有的土地面积块数越多，获取的农业资源就越多，由此带来的收入也越多，从而有效降低贫困发生概率。物质资本是指贫困户拥有的除了自然资本之外的形式，包括贫困户再生产过程中需要的农用机械、家庭拥有的耐用消费品等，贫困户在进行农业生产的过程中，离不开农业生产机械；家庭拥有的房间数量可以体现贫困户自身的居住条件，居住条件越好，贫困户越不容易陷入贫困。本研究基于自然与物质资本将经济条件分为耕地情况（土地与农用机械）、住宅情况、生活娱乐以及家庭收支四项进行测量。

（2）**人力资本**。在对人力资本进行研究时，采用定性和定量相结合的方式进行分析。本研究把人力资本概括为身体健康状况、获得的知识和能力情况等。贫困群体具有多少人力资本以及这些人力资本的质量如何将直接影响他们运用其他资本。本研究基于前人的研究，将四种因素作为农村女性的人力资本，分别是受教育程度、身体健康情况、家庭劳动能力和技能培训情况。

（3）**社会网络**。作为深嵌农村社区的个体和组织，以地缘、农村政治权力以及姓氏为基础的人际关系网络将会对合作社和农户带来非常大的影响。和西方国家不同，我国社会具有"差序格局"的特点，在居民人际关系网络中通常体现为以邻里关系和姓氏为基础的"私人圈子"。作为中国农村最重要和稳定的社会网络之一，这种"私人圈子"促进了农村内部信息共享，催生了人际间的信任。信任是集体行动的润滑剂，能够通过自我积累和强化来减少交易费用，提高自主合作意愿，同时研究发现农户基于农村政治权力的人际关系越稳固，合作社对其越青睐。本章借鉴前人研究成果，把与亲朋好友关系、与村干部关系和参与公共事务三种因素作为农村女性社会网络资本。

（4）**家庭角色**。对于女性来说，"社会角色"和"家庭角色"的协调转换和二者的矛盾和冲突都会对女性的社会活动、身心健康、事业发展以及家庭生活造成影响。研究发现，女性因为扮演着母亲的角色，需要在家庭中投入更多的时间和精力，特别是在孩子年幼的时候。但是，女性的家庭角色与工作之间的冲突却并不比男性高，家庭的支持缓解了这一效应。在我国，"男主外，女主内"的家庭劳动分工模式根深蒂固，尤其是在广大的农村地区，这样的家庭分工模式不容易被打破，家庭照顾的工作主要落在女性的身上。激进的女性主义指出，女性属于被压迫阶级，性别导致男女之间的不平等，要想消除这样的不平等，就必须打破性别分工。恩格斯曾指出："只有在废除了资本对男女双方的剥削并把私人的家务劳动变成公共的行业以后，男女的真正平等才能实现。"当女性用于家庭中的时间减少，男性开始自觉进入传统的家庭照顾劳动中，做的家务越来越多、越来越熟练、越来越深入。我国的性别平等在较大程度上有了进步，女性开始广泛地进入公共空间并参与社会劳动，冲击了男性主导的传统模式。女性参与农村发展事业其收入得到提升，随之女性的家庭地位得到提升，并且家庭中的夫妻关系、赡养关系以及亲子关系都会因为农村青壮年女性积极参与脱贫致富产业而产生巨大变化。本研究设定的家庭角色中不但包括女性家庭角色，而且包括女性所在家庭其他成员，本研究进一步将家庭角色的内涵衍生为家庭成员的关系组成、劳动力分布情况、家庭成员生活态度、承担家务所投入时间等。

## 4.5　本章小结

本章选用二元离散变量里面的 Logit 和 Probit 模型测量女性对家庭持续贫困的影响。测量结果显示除外部环境外，女性的经济条件、人力资本、社会网络以及家庭角色都会影响贫困的持续性，若贫困户已经失去了经济基础、社会资本、技能、教育等多方面平等的初始竞争条件，那么将会陷入贫困陷阱难以自拔。但是如果能够接受教育、培训，通过积极作为实现自我能力的提升，则很有可能脱贫。因此本研究将以上四个因素的具体指标作为农村女性可持续发展能力建设的测量指标，为下文提供参照。

# 5 农村发展参与对女性可持续发展能力建设的影响机制的理论模型

在研究女性主体性参与行为机理以及持续贫困内生性原因后，本章将女性主体农村发展参与对于女性增能的影响作为研究的重点，女性实现可持续发展的根本路径是实现自身发展能力的提升，从而带动家庭致富，抑制贫困代际传递。本章根据心理行为学等相关理论，基于前文指标整理，将研究内容设计为农村发展参与、外部环境、可持续发展能力三大量表指标，利用质性研究方法与文献分析方法等探索农村发展参与、外部环境、可持续发展能力建设三者之间的关系，并构建理论假设模型。

## 5.1 农村发展参与对女性可持续发展能力建设的影响机制构思研究

### 5.1.1 调研对象

本书课题组于2017—2019年数次进入云南贫困地区，并筛选出云南省贫困县中的楚雄市大姚县、大理州弥渡县、保山市龙陵县、文山州砚山县和丘北县、曲靖市罗平县，共六个县（表5-1）。

表5-1 六个县下设村发展情况与当地女性生计参与情况

| 调研案例地 | 当地发展 | 女性生计参与 |
|---|---|---|
| 楚雄市大姚县紫丘移民新村 | 异地搬迁移民新村，村内基础设施完善，当地人主要从事种植业或就业于加工厂（零工） | 女性参与杨梅种植，或就近在加工厂工作等 |
| 大理州弥渡县红岩镇丁家营村 | 农户主要以种植农作物为生（烤烟、大蒜等），另外本村七彩云花生物有限公司种植玫瑰并加工生产，公司吸纳千人女性工作者 | 女性参与种植，并且参与玫瑰产品生产加工 |

（续）

| 调研案例地 | 当地发展 | 女性生计参与 |
|---|---|---|
| 保山市龙陵县勐糯镇各村 | 各村特色是村小组妇联带头协助本地脱贫攻坚；村内农户以种植、养殖为主 | 以村官形式参与村镇管理；同时大批女性加入土地承包转让和农作物种植与管理 |
| 文山州砚山县白沙坡村及附近村 | 农户主要以种植玉米等为生，砚山县以白沙坡村为中心，带动周边乡镇的女性 1 000 余人发展刺绣产业，年均地方产值达千余万元 | 女性参与种植与刺绣的生产、加工、销售 |
| 文山州丘北县普者黑附近村 | 农户以种养为生，普者黑旅游地吸纳了一定数量女性劳动者 | 参与家庭养殖与当地旅游相关行业 |
| 曲靖市罗平县八大河村、布衣村等 | 刺绣发展成为刺绣产业合作社，统一收购和外销，形成了"绣品厂＋协会＋会员"的运作模式，带动千人以上女性 | 女性参与刺绣生产、加工、销售 |

本章采用质性研究方法，深度访谈倾听 15 位云南农村女性参与扶贫项目的经历。她们是在脱贫攻坚大环境下主动或被动接受了环境的安排，走出家门，参与各行业，展现自身的能力。在接受调研时她们中有的人家庭还处于贫困线，有的人虽所在地域还未致富但是通过多方努力自身已经在致富的路上，有的人所处地域已经致富。本研究希望通过与被访者的第一线交流寻求其因何致贫，如何消除相对贫困，并且通过探索农村女性在乡村振兴大环境下的农村发展参与方式与行为规律，找出这个过程中其自身的蜕变与能力提升的影响因素。探讨其认知、行为、情感与能力的改变，由此来探寻农村女性如何通过增强自身内生动力带领家庭增收致富，并且希望以此为整个农村增收致富提供更好的科学建议。

## 5.1.2　调研内容

对案例地农村女性进行访谈交流，每次时间为 1～2 个小时，另外还通过 QQ、微信、电话以及邮箱的方式补充了解相关信息。虽然农村女性很少有"发声"机会，但是笔者发现大部分被访者在接受访谈时，若给予其随和的交流环境，她们乐意以聊天的形式跟笔者分享她们的故事。个别老人最初会拘谨，后来彼此慢慢熟悉起来，她们逐渐信任笔者，敞开心扉分享个人故事。表 5－2 是六个县下设村中最有代表性的 15 位女性被访者的基本情况。

表 5-2　六个县下设村中最有代表性的 15 位女性被访者的基本情况

| 农村发展参与 | 受访对象编号 | 农村发展参与方式 | 年龄 | 婚姻状况/子女数 |
|---|---|---|---|---|
| 政治参与 | ZZCY1 | 镇妇联干部 | 36 | 已婚/1 |
| | ZZCY2 | 村妇联干部 | 32 | 已婚/2 |
| | ZZCY3 | 村妇联干部 | 30 | 已婚/1 |
| 事业参与 | SYCY1 | 刺绣合作社带头人 | 44 | 已婚/2 |
| | SYCY2 | 刺绣合作社带头人 | 44 | 已婚/1 |
| | SYCY3 | 乡镇餐饮住宿业连锁店创始人 | 58 | 已婚/2 |
| 外出务工 | WCWG1 | 苏州工厂打工 | 24 | 已婚/1 |
| | WCWG2 | 宁波工厂夫妻打工 | 36 | 已婚/2 |
| | WCWG3 | 县里刺绣加工厂 | 26 | 已婚/1 |
| | WCWG4 | 省会加工厂打工 | 21 | 未婚/0 |
| 农村劳作 | NCLZ1 | 家庭农作物种植 | 53 | 已婚/3 |
| | NCLZ2 | 土地被承包＋受雇管理土地农作物 | 43 | 已婚/2 |
| | NCLZ3 | 土地被承包＋受雇管理土地农作物 | 37 | 已婚/2 |
| | NCLZ4 | 务农＋乡村旅游业零工 | 34 | 已婚/2 |
| | NCLZ5 | 务农＋村刺绣加工零工 | 26 | 已婚/1 |

本书还原了对以上 15 位女性的深入调研内容，以下为调研内容分析。

**（1）农村发展参与：认知参与、情感参与与行为参与的体现。**

"我们镇今年要摘帽……之前的医保早就落实了，产业扶贫、易地搬迁、兜底保障……基本每天走访贫困户……现在就在消除贫困，我们组织女性在村子上轮流打扫，说服那些住房极为破败的人家配合我们修缮房屋。"（ZZCY1）

"农户有困难就会来找我们，扶贫资金也是按家庭情况发放，遇到重大疾病除了医保还有其他方式的帮扶，但是有限。尽量给他们工作挣钱的机会，所以这两年发展产业较好。"（ZZCY2）

"像我们村每个月都会有美丽妈妈评选，就是学校活动、村委组织，这些女性在家除了照顾家庭还要干农活，挺不容易的。"（ZZCY3）

以上女性干部学历较高，政治觉悟比较高，同时拥有女性特有的人际优势，因此在农村发展参与中从认知、情感以及行动上能积极理解贫困群体并积极帮扶女性贫困群体。

"我们就是创造就业和技能培训的机会吧，她们很愿意过来学习……她们也想增加收入，想过好日子还要靠自己。我们每年都有一百多户摘帽。"（SYCY1）

"我觉得就是要有进取精神和责任心，也要勤劳，不能光靠政府，政府给了我们这个平台（合作社），我们这边有上千人，旁边那个村也有上千人，免费培训做点东西卖卖，大家一起干更有劲儿。"（SYCY2）

"每年除了医保，政府给予我们贷款支持，生活还可以，但是也要靠自己。其他人家也会有相应的获取补助的机会，但是有限，要排队。"（SYCY3）

贫困地区女性事业带头人一般具有女性的热心和同情心，自己率先脱离贫困，自主性比较强，在对贫困的认知以及脱贫的认知与情感上是高于一般女性的，因此其行为倾向为一方面是积极响应政策，另一方面更愿意主动带动贫困地区女性脱贫。

"……我们这边鼓励种烤烟，没有申请政府的补贴补助，但是收成不好时偶尔也会有一点，主要是自己挣钱。"（WCWG1）

"我们家情况不好，想申请残疾人补助也想贷款创业，但是都没批下来，有关系的人会有更多机会吧。我们主要靠自己。"（WCWG2）

"刺绣这几年很多人做，有合作社，政府也支持鼓励我们去干，我家情况还行，我们就想趁年轻自己多挣些钱，坐等是等不来好日子的。"（WCWG3）

"以前我爸爸建厂子都是靠自己，要是有贷款的机会也会申请的，我自己就不需要了吧，还小呢。"（WCWG4）

在外出务工人员中，群体年龄偏年轻，思想认知比较独立开放，情感上更愿意通过自身努力走出贫困，在摆脱贫困的行动上比较积极。

"……医疗保险都有，现在有承包了，儿子在外面挣辛苦钱，日子还过得去，政府给不了太多钱。"（NCLZ1）

"我家原来是建档立卡的，太穷了，现在政府给予帮助，加上这两年土地被承包了，我们自己种一点，有时间帮他们管理会多一点。"（NCLZ2）

"以前自己种地很累，挣钱不如现在被承包出去多，我们现在全家人都在这里干活，比以前轻松多了。"（NCLZ3）

"我感觉我们都是苦过来的人，政府给的很有限，现在发展旅游了，我们还是要靠自己的手艺挣钱，有手有脚的，比不干好。"（NCLZ4）

"……从原来打工的地方回来了……做做刺绣，我的感觉是现在打零工靠做这个收入是有限的，最好去厂子里集中时间做……"（NCLZ5）

留在农村劳作的广大贫困女性年纪偏大一点的占比较高，这些女性对环境的认知与情感是比较固化的，其参与行为更多需要外界环境的鼓励与支持。而年纪较轻的女性思想认知比较先进，对家庭重视，会愿意为家庭而就地努力。

**（2）农村发展参与对农村女性可持续发展能力建设的影响。**

"在工作岗位见到更多优秀又有文化的同事……好好提升自己，结婚后直到考了个文凭才生孩子……我觉得自己要提升……现在脱贫攻坚我主要负责整个镇的女性工作……得到省妇联表扬，周边女性都来学习，女性能顶半边天，我另一半也支持我的工作，希望可以做得更好。"（ZZCY1）（经济条件、人力资本、家庭角色）

"我之前是我们镇学校的老师，被选举当上村妇联干部，现在的工作收入倒是没有太大改观，但是离家比较近，要不是现在脱贫攻坚任务重经常加班，可以有更多时间照顾孩子，丈夫在外地工作，现在离家近，周围都是熟人，感觉很踏实。"（ZZCY2）（人力资本、社会网络、家庭角色）

"……我现在在村子里当妇联干部，感觉虽然忙了点但是很有成就感，老公嘛就在我们地上（被承包种植农作物）做管理干部，孩子在镇上上幼儿园，我们有自己的车子，都是我爸送去上学。"（ZZCY3）（经济条件、人力资本、社会网络、家庭角色）

从女性干部的描述中可以看出，女性干部的学历普遍较高，拥有一项专业技能，而在选择岗位过程中一方面可以将自己的知识转化在实践之中，另一方面也可以兼顾家庭。对于村干部女性而言，经济提升能够满足其更高的消费需求，因此这样的女性的社会网络与人际关系较一般女性更加理性与实际。

"我很小跟着姥姥学习刺绣，后来跟我老公一起开了个小刺绣店，后来被评为非遗传承人……在政府的帮助下成立合作社，我负责产，我老公负责销，我在村子里培训这些女性，按买方要求做刺绣品，按件规格开工资，我老公负责往上海等地方销售，现在周边好几个村子以及外县的女性也来学习，我们帮助上千人脱贫了，以前家里老人帮忙照顾孩子……"（SYCY1）（经济条件、人力资本、社会网络、家庭角色）

"我学习刺绣很久了，后来我们村子支持成立了合作社，周围村子的女性都被带动起来加工刺绣，虽然都是农民，还要种地，但是在不忙的时候学习刺绣，增长技能，大家的收入提升很多。我们刺绣水准也一年比一年好，现在我们脱贫了，我们希望继续拓展我们的销售渠道，带领几千个姐妹脱贫致富。"（SYCY2）（经济条件、人力资本、社会网络）

"……在政策帮助下我们加工当地特色食品，既能在店里吃也可以带走。那个时候我就看准时机建了宾馆，宾馆二楼还可以办婚宴，现在饮食住宿一条龙……我女儿嫁到县城……儿子现在帮我们打理生意，政府很支持我们，有相关培训、资金、贷款等都会给我们通知，我们经常去县里边参展，接受培训。"（SYCY3）（经济条件、人力资本、社会网络、家庭角色）

女性带头人或者女性创业者对自我要求比较高，认为收入要通过自己努力付出才会获得，比一般贫困女性更加重视个人技能提升，因而人力资本提升较多。她们相比女性干部而言也比较重视周边社会网络的联系，尤其是在发展事业时比较维护社会关系。但是对家庭付出较少，主要是因为没有太多的时间去照顾家庭。

"我从中学毕业就开始去外省打工，江浙地区发达嘛，就业机会多，工资也高，后来结婚了，在家里看小孩，老公也在外打工，公公婆婆在家里种植农作物……等孩子大一点再去打工，政府也鼓励我们外出打工，现在觉得有了孩子更需要经济好一点。"（WCWG1）（经济条件、家庭角色）

"……之前我和老公在宁波打工，大儿子在那边上学成绩很好的……一年收入十几万元，现在存了一点钱回来开饭店……是公公年纪大身体不好，小叔子精神不好，我老公就觉得必须回来照顾他们，现在在这边开饭馆生意一般，想贷款，政府那边虽然有低保，但贷款要排队，我还是喜欢在外面打工……"（WCWG2）（经济条件、家庭角色）

"我们这边县里刺绣厂比较大也比较多……我就来这边刺绣厂做加工了，孩子在家里老人带着，我现在手工做得很好，收入比较好，所以家里人很支持，我周末就回去带孩子……"（WCWG3）（经济条件、人力资本）

"我初中毕业就出来打工了……但是我现在希望开一个蛋糕房，做自己喜欢的事，打工只是暂时的，我爸爸现在希望我回家相亲结婚，在县城里开一个蛋糕房。"（WCWG4）（人力资本、家庭角色）

外出务工的女性以提升家庭收入为主，比较年轻，因此在经济收入方面以及人力资本方面自我要求也稍微高于一般女性，家庭事务方面更多依靠家人的照料。

"我现在嘛就是在家里和老伴一起种植烤烟，儿子在外地，我们帮他带孩子，两个呢，要做饭洗衣服。我们家几十亩地，承包出去三分之二，自己种植三分之一，忙的时候种烤烟，收入也还可以……"（NCLZ1）（经济条件、家庭角色）

"……现在政府给予帮助，加上这两年土地被承包了，承包企业是种植甘蔗的，我们土地多，承包费一年就比之前我们自己种地收入高很多……多余时间帮他们管理甘蔗也有额外收入，现在已经摘帽了，我家准备建新房子，扶贫政策好啊。"（NCLZ2）（经济条件）

"我家土地被承包种火龙果了，他们还在这里建了一个饭馆，我们忙完自己的活就过来帮他们管理火龙果，现在收入比以前好多了，我爸爸妈妈也在饭馆里做工，现在我们轮流接送孩子上下学，学校就在附近。"（NCLZ3）（经济条件、家庭角色）

"我们这边发展了旅游业后各家各户有开饭馆的、有开旅馆的，我有驾驶证，所以家里不忙的时候我会去车站或者路边拉客人……现在收入已经提高很多了，家里孩子都挺好的。"（NCLZ4）（经济条件、家庭角色）

"我们村里刺绣合作社很出名……女性就是农忙的时候首先做家里的活，晚上或者冬季整体回来做刺绣赚点额外的收入……现在我们这边合作社能活动的女性都去学习，自己每天能挣 20～30 元。"（NCLZ5）（经济条件、家庭角色）

农村务工的女性其重心是放在家庭经济的基本维持以及家庭的照顾方面。这部分女性年龄偏大，基本能维持家庭的正常运转，而这样的家庭基本有外出劳务或不能长期留在家中的其他成员，因此家庭经济有了其他保障后，她们对家庭的付出就偏多。

### 5.1.3　调研结论

在调研中我们发现 15 位被访者基于乡村发展环境及自身情况选择不同的农村发展参与模式。行为是意愿与行动的结合，对扶贫的认知因人而异，不同岗位的女性的认知视角以及认知深度是有差异的，政治参与中的女性因为比较了解本地政策，也更全面深入地参与到整个扶贫攻坚战场，因此对扶贫政策中的各个主体的情况比较了解，对乡村发展政策的惠顾方向是比较认可的，感情上也是比较正向与积极的。参与农村发展事务的女性不仅自己已经脱贫致富，还为本地区其他女性创造了更多就业机会，成为乡村发展的助力者，她们基于自身的女性特点，更关注效益与社会网络关系，对扶贫政策也非常了解，无论认知上还是情感上，对农村发展项目都是认可的。而外出务工以及农村劳作中的女性，她们主要关注自己家庭的生计问题，对政策大多一知半解，而比较关注的点也仅限于扶贫中的补助问题、具体帮扶措施的落实问题以及帮扶项目中的受益问题。

在对农村发展参与的受益感受的访谈中，这部分女性重点关注的问题集中在家庭经济、自身技能提升。在与周边的社会网络以及家庭内部成员的关系与生活态度上，她们认为在当下的环境中，参与农村发展事务的原因因人而异：有人更多因为家庭经济困难；有人认为不仅提升家庭经济条件，自身价值也得到了提升；有人是出于对家庭生活的照顾；有人出于周边的人际网络的相互成就。

本书第三、四章确定了研究对象的指标，在本次质性研究中，基于调研所涉及的问题以及贫困地区的乡土人情，本书课题组设计了相应的问题假设，进一步确定了指标。

## 5.2　农村发展参与对可持续发展能力建设的影响机制理论框架

随着乡村振兴的深入推进，调动落后地区居民参与，增强其内生动力越来越受到重视，"赋能农民"已经成为落后地区发展的根本动力。落后地区农村发展参与者（尤其是当地女性贫困者）的参与行为与参与意愿、行为态度、知觉行为控制及主观规范有密切关系。落后地区女性对可持续发展的情感与认知越积极，其农村发展参与度越高；其参与乡村发展项目的行为意向度越高，其参与行为越明显。因此，在促进女性农村发展参与方面，既需要推进产业振兴观念、增强政府服务意识，又应培养农村精英意识、增强认同、完善利益需求机制。

增能理论的基本假设是：个人的失能或消权状态是由外部社会环境的排挤和压迫造成的，外部社会环境中的间接、直接障碍限制个人能力的发挥，但是这种障碍并非不可逾越，因为弱势群体可以是积极的主体，他们并不是无能力，且在适当的协助之下，他们完全可以提升自己的权利和能力。农村女性主体性角色缺失与农村发展参与的行动缺位，构成循环往复的闭环，严重影响和制约农村社区治理的效能。农村女性的农村发展参与正是其发挥主观能动性的表现。农村女性主体性的确立、扩展与呈现，需要具备支撑女性参与行为得以进行的能力，即其在实现可持续发展中所需的经济条件、人力资本、社会网络以及家庭角色。

女性可以通过经济参与、政治参与和文化参与等来提升自我价值、助推乡村振兴，从而找寻、构建、彰显其主体性和存在感，从"局内的局外人"的"她者生存"状态，向"作为主体的局内人"的"主体存在"的生活方式转变，最终实现一定程度上的性别秩序重构。同时，研究女性在工作—家庭平衡、个人理想与生活策略、生计模式、社会交往和生活方式等方面的转变，在乡村振兴战略和流动的主体性情境下，作为个体的女性面临机遇和困境的双重可能性。农村女性的职业角色与家庭角色、社会身份与性别身份之间，是否会发生比以往更为复杂和更加强烈的矛盾和冲突；乡村的传统性别秩序和父权制是否会发生改变；农村女性的生活方式是否发生转变，其主体性是否得以建构，其参与农村社区发展的能力是否会得到提升，是本研究探讨的问题。而以"扶贫、扶智、扶志"三位一体增强外源动力、激发内生动力构建的稳定的可持续发展机制，可以充分发挥区域企业与产业优势，吸纳更多贫困女性就业增收，多措并举促进就业，激活贫困村"造血"功能。构建政府、市场和社会协同推进，社会各方面力量踊跃参与的社会扶贫新常态，有利于培育女性群体的可持续致富能力。而脱贫攻坚的最终成效，也是要看贫困地区和脱贫对象是否具备内生发展动力。

基于此，以可持续发展能力的提升为基础和切入点，以增强女性认知参与、情感参与及行为参与为动力，以脱贫攻坚新进展为背景，本书提供了可行的思路和路径，图 5-1 为本书的理论模型。

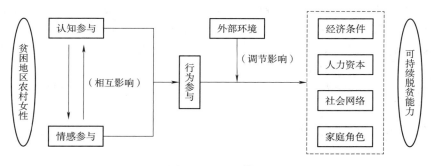

图 5-1　理论模型

# 5.3　农村发展参与对女性可持续发展能力建设的影响机制假设

## 5.3.1　农村发展参与指标的相互影响假设

认知、情感和行为三者之间不是独立或分散的关系，它们之间高度相关，其中任一部分的改变都可能引起其他部分的变化。已有研究表明，在行为影响意向的因果链中，个体自我信念才是导致意向改变的关键变量，个体认知在行为与意向关系中起重要的中介作用：行为相当自然地引发一些思想，这些思想支持与行为相一致的意向。在参与行为发展过程中，认知、情感和行为相互影响，同时认知构成情感的基础，认知间接影响行为，情感直接影响行为，认知、情感和行为形成逐级递进的关系。在农村发展参与指标中，积极的情感和认知均会对行为造成积极的影响，根据以往学者研究，结合本研究实际情况，提出以下假设：

H5-1：女性在农村发展参与中，认知参与程度越高，行为参与越积极。

H5-2：女性在农村发展参与中，情感参与程度越高，行为参与越积极。

## 5.3.2　农村发展参与对可持续发展能力建设的影响假设

Reinder 等人的研究结果显示，在农村发展参与实现过程中，认知、扶贫认同与责任是转化为未来参与意愿的关键变量，在以往农村女性行为和未来农村女性参与中起重要的联结作用。认知是基于客观条件固有观念以及自身需求所产生的某种情感与行为的前提。然而这种客观的认识要最终转化为个体深层次的稳定的价值理念，需要在农村发展参与过程中引导女性通过审慎思考现有经历与自我价值信念之间的关系，内化认识，强化积极自我信念。在此基础上农村女性一旦意识到自己的角色和责任，则对其提升家庭经济水平、人力资本、社会网络关系强度以及家庭角色地位起助推作用。在农村发展参与对可持续发展能力建设的影响中，认知参与程度的高低会直接影响可持续发展能力的提升。基于此，提出以下假设：

H5－3：女性在农村发展参与中，认知参与程度越高，可持续发展能力提升越明显。

H5－3a：女性在农村发展参与中，认知参与程度越高，经济条件提升越明显。

H5－3b：女性在农村发展参与中，认知参与程度越高，人力资本提升越明显。

H5－3c：女性在农村发展参与中，认知参与程度越高，社会网络关系强度提升越明显。

H5－3d：女性在农村发展参与中，认知参与程度越高，家庭角色地位提升越明显。

贫困地区农村女性农村发展参与自被提及就已经慢慢成为新时期的新的复杂社会问题，而理性看待女性农村发展参与的同时，协调各参与因素，需要一种新的哲学思维，包括女性的情感、认知、主体地位、参与方式等。在不同影响因素越来越多的情况下，情感对人的行动也包含着积极与消极双重作用。积极的情感能明显地提高人的活动积极性，驱使人行动，产生"增力"的作用。在情感参与对可持续发展能力建设的影响中，情感参与程度的高低会直接影响可持续发展能力的增长变化。基于此，提出以下假设：

H5－4：女性在农村发展参与中，情感参与程度越高，可持续发展能力提升越明显。

H5－4a：女性在农村发展参与中，情感参与程度越高，经济条件提升越明显。

H5－4b：女性在农村发展参与中，情感参与程度越高，人力资本提升越明显。

H5－4c：女性在农村发展参与中，情感参与程度越高，社会网络关系强度提升越明显。

H5－4d：女性在农村发展参与中，情感参与程度越高，家庭角色地位提升越明显。

从可行能力的视角来看，农村发展参与不仅仅是要保障贫困地区女性的基本生活需求，提高收入水平，更重要的是要以具体行动为出发点培养她们"脱贫致富"的可行能力。农村女性在农村发展参与过程中会提升农业以及其他相关技能，其农村发展参与行为同时也促进她们参与乡村生产建设，提升她们的经济水平，也使得农村女性人力资本以及社会网络关系逐步增强，促进家庭关系以及家庭态度的转变，改善贫困代际传递。在农村发展参与对可持续发展能力建设的影响中，参与程度的高低会直接影响可持续发展能力的增长变化。基于此，提出以下假设：

H5-5：女性在农村发展参与中，行为参与程度越高，可持续发展能力提升越明显。

H5-5a：女性在农村发展参与中，行为参与程度越高，经济条件提升越明显。

H5-5b：女性在农村发展参与中，行为参与程度越高，人力资本提升越明显。

H5-5c：女性在农村发展参与中，行为参与程度越高，社会网络关系强度提升越明显。

H5-5d：女性在农村发展参与中，行为参与程度越高，家庭角色地位提升越明显。

H5-6：女性在农村发展参与中，行为参与在情感参与和认知参与对可持续发展能力建设的影响起中介作用。

### 5.3.3 外部环境的影响假设

通过第三章和第四章对女性农村发展参与行为机理的研究、持续贫困与能力关系的研究以及访谈结果可知，组织支持以及外部的政策环境对农村女性的行为选择具有重要的影响，因此本书在研究农村发展参与对可持续发展能力的影响过程中将这一外部环境因素纳入重点考虑范围。在农村发展参与、外部环境及可持续发展能力的关系研究中，外部环境的调节作用也非常值得探究。在不同的实证研究中发现，不同的案例得出的行为参与对可持续发展能力建设的影响程度往往不同，这表明可持续发展能力建设会受到外部环境因素的影响。基于此，提出以下假设：

H5-7：女性在农村发展参与中，外部环境会正向调节行为参与对可持续发展能力建设的影响。

H5-7a：女性在农村发展参与中，外部环境会正向调节行为参与对经济条件的影响。

H5-7b：女性在农村发展参与中，外部环境会正向调节行为参与对人力资本的影响。

H5-7c：女性在农村发展参与中，外部环境会正向调节行为参与对社会网络关系强度的影响。

H5-7d：女性在农村发展参与中，外部环境会正向调节行为参与对家庭角色地位的影响。

# 5.4 本章小结

  本章通过文献分析及质性研究，利用深度访谈的方式对 15 位云南农村女性农村发展参与的认知、情感、行为以及自身能力发展过程进行了归纳总结，进一步确定了女性的农村发展参与、可持续发展能力建设以及外部环境指标，并得出以下假设：

  H5－1：女性在农村发展参与中，认知参与程度越高，行为参与越积极。H5－2：女性在农村发展参与中，情感参与程度越高，行为参与越积极。H5－3：女性在农村发展参与中，认知参与程度越高，可持续发展能力提升越明显。H5－4：女性在农村发展参与中，情感参与程度越高，可持续发展能力提升越明显。H5－5：女性在农村发展参与中，行为参与程度越高，可持续发展能力提升越明显。H5－6：女性在农村发展参与中，行为参与在情感参与和认知参与对可持续发展能力建设的影响中起中介作用。H5－7：女性在农村发展参与中，外部环境会正向调节行为参与对可持续发展能力建设的影响。

# 6 农村发展参与对云南农村女性可持续发展能力建设的影响机制实证研究

## 6.1 调研地点简介及问卷发放

　　根据本研究最初的设定，研究女性农村发展参与情况，为了增加本研究的普适性，在前文第三、四章案例地基础上扩大研究范围，获得了各县、乡、村女性参与产业发展的相关统计数据。问卷调查基于前文的女性基层妇联干部、创业者、打工者、合作社带头人的基本访谈情况，寻找辐射周边村镇的农户家庭，并从中筛选模型所需样本，因此本章增加了新的案例地。课题组经过筛选最终在云南省相对贫困地区中选择了 10 个地州（市）、12 个县，调查涉及 30 个自然村，样本规模为 843 户。之后对 843 份问卷结果进行筛选，选择户主为女性，或者女性劳动力占该家庭整体劳动力人口 50% 以上的受访者作为本次研究的主体。根据筛选条件，最终筛选出 702 份符合本次研究的问卷。同时为保证问卷整体有效性及数据完整性，再次对问卷结果进行整理，剔除出现回答空缺、问卷完整度较差的数据，最终筛选出有效问卷 679 份，有效率为 80.55%。

## 6.2 调查问卷内容及题项编码

### 6.2.1 农村发展参与指标题项

　　本研究结合调查实际，设计出认知参与、情感参与以及行为参与三大指标量表，最终整理出关于农村发展参与量表的题项设计，具体指标如表 6-1 所示。

表 6-1　农村发展参与指标题项编码表

| 维度 | 二级维度 | 题项编号 | 题　目 | 赋　值 |
|------|---------|---------|--------|--------|
| 认知参与 | 效益认知 | RZCY1 | 家庭生活水平是否改善 | 是=1，否=0 |

（续）

| 维度 | 二级维度 | 题项编号 | 题　目 | 赋　值 |
|---|---|---|---|---|
| 认知参与 | 效益认知 | RZCY2 | 医疗援助帮助度 | 负面影响很大＝1，有负面影响＝2，没有帮助＝3，帮助一般＝4，帮助非常大＝5 |
| | | RZCY3 | 收入提升容易度 | 难度较大＝1，难度较低＝2，可以实现＝3，较容易实现＝4，容易实现＝5 |
| | | RZCY4 | 家庭收支影响 | 没有影响＝1，轻微影响＝2，中度影响＝3，较大影响＝4，极大影响＝5 |
| | 自信认知 | RZCY5 | 帮扶项目是否了解 | 是＝1，否＝0 |
| | | RZCY6 | 帮扶项目是否争取 | 是＝1，否＝0 |
| | | RZCY7 | 帮扶项目公平度 | 非常差＝1，较差＝2，一般＝3，较好＝4，非常好＝5 |
| | 外界认知 | RZCY8 | 农村发展项目发起者 | 政府＝1，企业＝2，个人＝3，非政府组织＝4 |
| | | RZCY9 | 对家庭帮助的扶贫工作 | Likert5级量表，多选数量，表示倾斜对象差异性 |
| | | RZCY10 | 外部资金获取难易度 | 难度很大＝1，难度较大＝2，有一定难度＝3，没有难度＝4 |
| 行为参与 | 参与意愿 | XWCY1 | 农村发展项目参与意愿 | 是＝1，否＝0 |
| | | XWCY2 | 求助对象倾斜度 | Likert5级量表，多选数量，表示倾斜对象差异性 |
| | 参与行为 | XWCY3 | 贫困援助项目参与度 | Likert5级量表，参与项目越多，得分越高 |
| | | XWCY4 | 集体活动参与度 | Likert5级量表，参与项目越多，得分越高 |
| 情感参与 | | QGCY1 | 是否获得现金援助 | 是＝1，否＝0 |
| | | QGCY2 | 现金援助获取难易度 | 难度较大＝1，难度较低＝2，可以实现＝3，较容易实现＝4，容易实现＝5 |
| | | QGCY3 | 帮扶措施落实度 | 很少＝1，较少＝2，一般＝3，较多＝4，很多＝5 |
| | | QGCY4 | 帮扶项目熟悉度 | Likert5级量表，不熟悉原因选择越多，得分越低 |

## 6.2.2　外部环境指标题项

根据一般环境定义，主要将环境分为外部环境和内部环境。外部环境通常存在于个体外部，是影响个体参与活动及其发展的各种客观因素与力量的总和，不会受到个体的影响而发生短期变化。根据本研究所需和《云南省贫困地区农户情况和扶贫现状调查问卷》问卷题项设计，整理得到关于外部环境的题项（表6-2）。

表6-2 外部环境量表题项编码表

| 维度 | 题项编号 | 题目 | 赋值 |
|---|---|---|---|
| 外部环境 | WBHJ1 | 是否参与政府帮扶或互助组织 | 是＝1，否＝0 |
| | WBHJ2 | 是否与企业存在长期合作关系 | 是＝1，否＝0 |
| | WBHJ3 | 互助组织帮扶程度 | 负面影响很大＝1，有负面影响＝2，没有帮助＝3，帮助一般＝4，帮助非常大＝5 |
| | WBHJ4 | 生产技能培训的发起者 | Likert5级量表，发起者越多，得分越高 |

## 6.2.3 可持续发展能力建设指标题项

可持续生计分析框架着眼于生计资本的获得性，其政策建议强调资本和权利的外部给予；而可行能力分析框架着眼于解决贫困的长期性问题，政策建议强调权利、机会和能力的赋予。在可持续稳固脱贫方面，阿玛蒂亚·森的可行能力对其他三个分析框架具有较强的兼容性，因而在选取相应的分析框架方面，本书依据阿玛蒂亚·森的可行能力、可持续生计能力框架以及关于农户能力研究的文献，结合第四章中代际传递影响因素研究以及可持续发展要求，将农村贫困地区女性可持续发展能力建设指标确定为：经济条件、人力资本、社会网络以及家庭角色（表6-3）。

表6-3 可持续发展能力建设题项编码表

| 纬度 | 二级维度 | 题项编号 | 题目 | 赋值 |
|---|---|---|---|---|
| 经济条件 | 耕地情况 | JJWD1 | 耕地面积（亩①） | 1～5亩＝1，2～10亩＝2，11～15亩＝3，16～20亩＝4，21亩以上＝5 |
| | | JJWD2 | 是否拥有农用电器 | 是＝1，否＝0 |
| | | JJWD3 | 耕地主要地形 | Likert5级量表，地形复杂程度越高，得分越高 |
| | 住宅情况 | JJWD4 | 住宅面积 | 1～100平方米＝1，101～200平方米＝2，201～300平方米＝3，301～500平方米＝4，500平方米以上＝5 |
| | | JJWD5 | 住宅配套情况 | Likert5级量表，配套越多，得分越高 |
| | 生活娱乐 | JJWD6 | 家用电器数量 | Likert5级量表，配套越多，得分越高 |
| | | JJWD7 | 观看电视时间 | 0.5～1小时＝1，1.1～2小时＝2，2.1～3小时＝3，3.1～4小时＝4，4小时以上＝5 |
| | | JJWD8 | 交通便利程度 | 非常便利＝5，比较便利＝4，一般＝3，较为不便＝2，非常不便＝1 |

---

① 亩为非法定计量单位，1亩＝1/15公顷。——编者注

（续）

| 纬度 | 二级维度 | 题项编号 | 题　目 | 赋　　值 |
|---|---|---|---|---|
| 经济条件 | 收支状况 | JJWD9 | 收入指标增长情况 | 有增长=1，无增长/降低=0 |
| | | JJWD10 | 生活改善状况 | 改善很多=5，有改善=4，没改善或无意见=3，生活状况下降=2，下降很多=1 |
| | | JJWD11 | 家庭副业 | Likert5级量表，副业越多，得分越高（无副业=1，4种以上副业=5） |
| | | JJWD12 | 主要支付项目 | Likert5级量表，支出越多，得分越高 |
| 人力资本 | 劳动力资本 | RLZB1 | 是否外出务工 | 是=1，否=0 |
| | | RLZB2 | 初中学历人员数量 | 0人=1，1～2人=2，3～4人=3，4～5人=4，5人以上=5 |
| | | RLZB3 | 是否出现重大疾病 | 是=1，否=0 |
| | | RLZB4 | 医疗花费金额 | ＜3 000元=1，3 000～10 000元=2，10 000～20 000元=3，＞20 000元=4 |
| | 技能资本 | RLZB5 | 是否参加过生产技能培训 | 是=1，否=0 |
| | | RLZB6 | 生产技能培训帮扶程度 | 负面影响很大=1，有负面影响=2，没有帮助=3，帮助一般=4，帮助非常大=5 |
| 社会网络 | | SHWN1 | 少数民族人数 | 0人=1，1～2人=2，3～4人=3，4～5人=4，5人以上=5 |
| | | SHWN2 | 是否参加宗教活动 | 是=1，否=0 |
| | | SHWN3 | 家中有无村干部 | 是=1，否=0 |
| | | SHWN4 | 邻里关系熟悉度 | 很了解=5，比较了解=4，一般=3，不太了解=2，完全不了解=1 |
| 家庭角色 | 家庭成员关系 | JTJS1 | 家庭关系紧密度 | 不足一年=1，一年以上三年以下=2，三年以上五年以下=3，五年以上=4 |
| | | JTJS2 | 外出务工人员数量 | Likert5级量表，人数越多，得分越高（0人=1，1人=2，2人=3，3人=4，3人以上=5） |
| | | JTJS3 | 务工时长（成员交流） | Likert5级量表，总时长越高，得分越高（0个月=1，6个月=2，12个月=3，18个月=4，18个月以上=5） |
| | 成员生活态度 | JTJS4 | 务工是否有经济帮助 | 是=1，否=0 |
| | | JTJS5 | 外出务工地（承担家庭责任） | 邻村=1，县城=2，省会=3，省外=4 |
| | | JTJS6 | 家务人员数量 | Likert5级量表，人数越多，得分越高（1～2=1，3～4=2，5～6=3，7～8=4，8以上=5） |

# 6.3 家庭人口特征的描述性统计分析

在进行数据分析之前先对女性参与者的家庭情况进行调查整理。以往学者们认为不同年龄、性别、学历等背景因素会影响模型结果。为进一步论证和保证本次研究的完整性，对所涉及的背景因素指标也进行整理和汇总，最终得到的背景因素描述性统计结果如表 6-4 所示。根据背景因素调查结果可知，以女性为主要劳动力的家庭中，人员基数较低，平均每个家庭人数在 1.46 人左右，这些家庭的平均受教育程度在初中及以下的居多，表明这些家庭的学历程度不高。同时在农村中，劳动力的强弱、数量的大小会直接影响家庭的总收入情况。根据调研可知，本研究受访者家庭年收入普遍在 40 000 元及以下（表 6-4）。

表 6-4  背景因素描述性统计分析

| 类　　别 | 指　　标 | 样本量（个） | 比例（%） |
|---|---|---|---|
| 女性劳动力数量 | 1 人 | 276 | 40.648 |
| | 2 人 | 271 | 39.912 |
| | 3 人 | 121 | 17.82 |
| | 4 人及以上 | 11 | 1.62 |
| 家庭劳动力数量 | 2 人以下 | 331 | 48.748 |
| | 2~5 人 | 311 | 45.803 |
| | 5 人以上 | 37 | 5.449 |
| 家庭人口数 | 4 人以下 | 141 | 20.766 |
| | 4~6 人 | 412 | 60.677 |
| | 6 人以上 | 126 | 18.557 |
| 女性劳动力年龄 | 18 岁及以下 | 162 | 23.859 |
| | 19~40 岁 | 117 | 17.231 |
| | 41~50 岁 | 140 | 20.619 |
| | 51~60 岁 | 117 | 17.231 |
| | 60 岁以上 | 143 | 21.06 |
| 家庭年收入 | 4 万元及以下 | 644 | 94.845 |
| | 4~6 万元 | 25 | 3.682 |
| | 7~9 万元 | 4 | 0.589 |
| | 10~12 万元 | 5 | 0.736 |
| | 12 万元以上 | 1 | 0.147 |
| 平均受教育程度 | 未接受文化教程 | 95 | 13.991 |

（续）

| 类　　别 | 指　　标 | 样本量（个） | 比例（％） |
|---|---|---|---|
| 平均受教育程度 | 小学 | 304 | 44.772 |
| | 初中 | 229 | 33.726 |
| | 高中或中专 | 46 | 6.775 |
| | 大专或高职 | 4 | 0.589 |
| | 本科或以上 | 1 | 0.147 |
| 是否参与农村发展项目 | 是 | 549 | 80.854 |
| | 否 | 130 | 19.146 |

# 6.4　量表信度、效度检验

为了保证研究所选择量表及测量题项的合理性，研究将对量表进行整体信度检验和因子分析。

（1）信度检验。信度（Reliability），主要是反映用某一测量量表对同一受试对象进行重复测试时，所得到测试结果的一致性与稳定性。常用信度分析包含 Cronbach's $\alpha$ 系数、折半信度等。本研究采用 Cronbach's $\alpha$ 系数作为检验各测量量表的信度指标之一。对于 Cronbach's $\alpha$ 系数的可接受阈值，一般认为大于 0.7 为可接受范围，结合本研究及专业判定，本研究各个量表的阈值标准也设定为 0.7，同时也对每个量表下的二级维度一并进行测量，保证最终数据的可信度。

（2）探索性因子分析。为保证量表结构效度符合要求，本研究采用探索性因子分析（Exploratory Factor Analysis，EFA）进行数据分析。探索性因子分析是从具有复杂关系的变量中提炼少数几个核心变量用以确定多元因子本质结构的一种变量数据降维分析技术。研究者可通过探索性因子分析得到因子载荷值分布，来判断变量结构效度的优劣。研究之初，结合专家学者论点，主要考量指标有 KMO（Kaisex-Meyer-Olkin）测度与 Bartlett 球体检验。最终研究选择 KMO 阈值标准在 0.7 以上，Bartlett 球体检验显著性水平 $p$ 值应小于 0.05。最终按照特征值大于 1、累计解释方差最低大于 50% 的原则进行拟合和抽取因子。

（3）验证性因子分析。验证性因子分析与探索性因子分析不同，本研究经过大量的调研和查阅，结合以往学者研究，在探索性因子分析之后，确定好了架构模型，利用 AMOS 软件测量模型的稳定性。在结果验证中，需保证每个因子的 $AVE$ 值大于 0.5，并且 $CR$ 值大于 0.7，才能有效说明研究的量表具有良好的聚合效度，同时一般还要求每个测量项对应的因子载荷系数（factor loading）值大于 0.7。

## 6.4.1 初始量表信度检验

为研究量表的信度结果，对量表进行整理后得到量表信度结果。本研究使用 SPSS24.0 软件分别对不同量表进行信度测验。检验结果如表 6-5 所示，参与指标量表总体信度达到 0.715，大于阈值标准 0.7，表明该量表信度结果较好，满足信度检验标准。同时根据参与指标量表下二级维度的信度结果可知，各个二级维度信度结果值也在 0.7 以上。无论从二级维度的信度值来看，还是从整体参与指标量表的信度值结果来看，均表明信度检验通过。根据可持续发展能力量表的信度结果可知，该量表信度结果值为 0.722，大于 0.7 的阈值标准，二级维度中信度结果值也均明显大于 0.7 的阈值标准，表明无论从整体信度结果来看还是从二级维度的信度检验结果来看，该量表信度结果都符合要求。同理可知，外部环境量表对应的 Cronbach's α 系数为 0.758，表明外部环境量表结果值也符合信度要求。

**表 6-5　量表信度检验结果**（初始）

| 量　　表 | 二级维度 | Cronbach's α 系数 | 项数（个） | 总量表信度 |
|---|---|---|---|---|
| 参与指标 | 参与认知 | 0.733 | 11 | 0.715 |
| | 参与行为 | 0.742 | 4 | |
| | 情感参与 | 0.739 | 4 | |
| 可持续发展能力建设 | 经济条件 | 0.748 | 13 | 0.722 |
| | 人力资本 | 0.741 | 6 | |
| | 社会网络 | 0.727 | 4 | |
| | 家庭角色 | 0.74 | 6 | |
| 外部环境 | | 0.758 | 4 | 0.758 |

## 6.4.2 初始量表效度检验

### 6.4.2.1 参与指标量表效度分析

**（1）认知参与效度分析。** 根据认知参与探索性因子分析结果，*KMO* 值为 0.712，符合大于 0.7 的阈值标准，同时 Bartlett 球形检验结果对应的 *p* 值明显小于 0.01，表明认知参与适合进行探索性因子分析。根据因子分析结果，大多数题项载荷系数大于 0.5。提取出 3 个因子，累积解释方差比为 71.23%，大于 50% 的门槛标准，表明该量表具有较好的结构效度。研究发现，虽然 *KMO* 值刚好大于 0.7，但题项 10（RZCY10）的载荷系数明显较低，且独立成为一个因子，不符合预期设定。根据统计学原理，研究认为需要进一步删除题项 RZCY10 进行二次探索性因子分析。具体分析结果如表 6-6 所示。

表 6-6　认知参与探索性因子分析结果（初始）

| 题项 | 因子 1 | 因子 2 | 因子 3 | 因子 4 | KMO 值 | Bartlett 检验卡方值 | 特征值 | 解释方差比（%） |
|------|--------|--------|--------|--------|--------|----------|--------|------------|
| RZCY1 | 0.528 | | | | | | | |
| RZCY2 | 0.555 | | | | | | 2.643 | 24.028 |
| RZCY3 | 0.634 | | | | | | | |
| RZCY4 | 0.663 | | | | | | | |
| RZCY5 | | | 0.564 | | | | | |
| RZCY6 | | | 0.621 | | 0.712 | 2 490.899*** | 2.471 | 22.466 |
| RZCY7 | | | 0.605 | | | | | |
| RZCY8 | | 0.787 | | | | | | |
| RZCY9 | | 0.768 | | | | | 1.824 | 16.581 |
| RZCY11 | | 0.709 | | | | | | |
| RZCY10 | | | | 0.29 | | | 0.897 | 8.155 |

注：***表示数据在 $p < 0.001$ 的条件下的显著。

　　第二次因子分析结果如表 6-7 所示。KMO 值为 0.773，明显大于第一次 KMO 值结果，同时根据累积解释方差比可知，第二次累积解释方差比达到 67.883%，也符合统计学要求，表明删除题项是必要的。根据最终结果可将认知参与影响因素分为 3 个因子。因子 1 包含题项 RZCY4、RZCY5、RZCY6、RZCY7，因子 2 包含题项 RZCY8、RZCY9、RZCY11，因子 3 包含题项 RZCY1、RZCY2、RZCY3，结合题项内容和前文研究，将其分别命名为：效益认知、自信认知、外界认知。

表 6-7　认知参与探索性因子分析结果（二次）

| 题项 | 因子 1 | 因子 2 | 因子 3 | KMO 值 | Bartlett 检验卡方值 | 特征值 | 解释方差比（%） |
|------|--------|--------|--------|--------|----------|--------|------------|
| RZCY1 | 0.546 | | | | | | |
| RZCY2 | 0.755 | | | | | 2.636 | 23.061 |
| RZCY3 | 0.634 | | | | | | |
| RZCY4 | 0.598 | | | 0.773 | 2 401.507*** | | |
| RZCY5 | | | 0.59 | | | | |
| RZCY6 | | | 0.633 | | | 2.326 | 26.615 |
| RZCY7 | | | 0.558 | | | | |

（续）

| 题项 | 因子 1 | 因子 2 | 因子 3 | KMO 值 | Bartlett 检验卡方值 | 特征值 | 解释方差比 （%） |
|------|--------|--------|--------|--------|--------------------|--------|------------------|
| RZCY8 | | 0.726 | | | | | |
| RZCY9 | | 0.718 | | 0.773 | 2 401.507 *** | 1.821 | 18.207 |
| RZCY11 | | 0.675 | | | | | |

注：*** 表示数据在 $p<0.001$ 的条件下显著。

**（2）行为参与效度分析。** 根据行为参与探索性因子分析结果可知，KMO 值为 0.740，符合大于 0.7 的阈值标准，同时 Bartlett 球形检验结果对应 $p$ 值明显小于 0.01，表明行为参与适合进行探索性因子分析。最终根据因子分析结果可知，各个题项载荷系数均在 0.5 以上。提取出特征值为 2.771 的 1 个因子，累积解释方差比为 69.281%，大于 50% 的门槛标准，最终表明该量表具有较好的结构效度，具体分析结果如表 6-8 所示。

表 6-8 行为参与探索性因子分析结果

| 题项 | 因子 1 | KMO 值 | Bartlett 检验卡方值 | 特征值 | 解释方差比（%） |
|------|--------|--------|--------------------|--------|----------------|
| XWCY1 | 0.737 | | | | |
| XWCY2 | 0.597 | 0.74 | 1 357.981 *** | 2.771 | 69.281 |
| XWCY3 | 0.696 | | | | |
| XWCY4 | 0.767 | | | | |

注：*** 表示数据在 $p<0.001$ 的条件下显著。

**（3）情感参与效度分析。** 根据情感参与探索性因子分析结果可知，KMO 值为 0.733，符合大于 0.7 的阈值标准，同时 Bartlett 球形检验结果对应 $p$ 值明显小于 0.01，表明情感参与适合进行探索性因子分析，最终根据因子分析结果可知，各个题项载荷系数均在 0.5 以上。提取出特征值为 2.283 的 1 个因子，累积解释方差比为 57.75%，大于 50% 的门槛标准，最终表明该量表具有较好的结构效度，具体分析结果如表 6-9 所示。

表 6-9 情感参与探索性因子分析结果

| 题项 | 因子 1 | KMO 值 | Bartlett 检验卡方值 | 特征值 | 解释方差比（%） |
|------|--------|--------|--------------------|--------|----------------|
| ZZZC1 | 0.754 | | | | |
| ZZZC2 | 0.73 | 0.733 | 716.024 *** | 2.283 | 57.075 |
| ZZZC3 | 0.502 | | | | |
| ZZZC4 | 0.615 | | | | |

注：*** 表示数据在 $p<0.001$ 的条件下显著。

## 6.4.2.2 可持续发展能力建设量表效度分析

**（1）经济条件效度分析。** 从经济条件探索性因子分析结果来看，$KMO$ 值为 0.741，符合大于 0.7 的阈值标准，同时 Bartlett 球形检验结果对应 $p$ 值明显小于 0.01，表明经济条件适合进行探索性因子分析，最终根据因子分析结果可知，各个题项载荷系数均在 0.5 以上。提取出 5 个特征值大于 1 的因子，累积解释方差比为 72.655%，大于 50% 的门槛标准，最终表明该量表具有较好的结构效度。研究发现，虽然 $KMO$ 值刚好大于 0.7，但题项 5（JJWD10）的载荷系数明显较低。根据统计学原理，研究认为需要进一步删除题项 JJWD10 进行二次探索性因子分析，具体分析结果如表 6 - 10 所示。

表 6 - 10　经济条件探索性因子分析结果（初始）

| 题项 | 因子 1 | 因子 2 | 因子 3 | 因子 4 | 因子 5 | $KMO$ 值 | Bartlett 检验卡方值 | 特征值 | 解释方差比（%） |
|---|---|---|---|---|---|---|---|---|---|
| JJWD1 | | | 0.706 | | | | | | |
| JJWD2 | | | 0.532 | | | | | 1.795 | 11.756 |
| JJWD3 | | | 0.518 | | | | | | |
| JJWD4 | | | | 0.674 | | | | 1.753 | 12.9 |
| JJWD5 | | | | 0.529 | | | | | |
| JJWD6 | 0.517 | | | | | | | | |
| JJWD7 | 0.527 | | | | | 0.741 | 1 020.648＊＊ | 2.592 | 21.322 |
| JJWD8 | 0.615 | | | | | | | | |
| JJWD9 | | 0.602 | | | | | | | |
| JJWD11 | | 0.589 | | | | | | 2.019 | 18.741 |
| JJWD12 | | 0.603 | | | | | | | |
| JJWD13 | | 0.498 | | | | | | | |
| JJWD10 | | | | | 0.27 | | | 1.031 | 7.936 |

注：＊＊＊表示数据在 $p<0.001$ 的条件下显著。

第二次因子分析结果如表 6 - 11 所示，$KMO$ 值为 0.762，明显大于第一次 $KMO$ 值，同时根据累积解释方差比可知，第二次累积解释方差比达到 70.401%，也符合统计学要求，表明删除题项是必要的。最终根据结果来看，经济条件效度分析主要分为 4 个因子，因子 1 包含题项 JJWD6、JJWD7、JJWD8，因子 2 包含题项 JJWD9、JJWD11、JJWD12、JJWD13，因子 3 包含题项 JJWD1、JJWD2、JJWD3，因子 4 包含题项 JJWD4、JJWD5，结合题项内容和前人研究，4 个因子分别命名为：生活娱乐、收支状况、耕地情况、住宅情况。

表6-11　经济条件探索性因子分析结果（二次）

| 题项 | 因子1 | 因子2 | 因子3 | 因子4 | *KMO*值 | Bartlett 检验卡方值 | 特征值 | 解释方差比（%） |
|---|---|---|---|---|---|---|---|---|
| JJWD1 | | | 0.513 | | | | | |
| JJWD2 | | | 0.622 | | | | 1.799 | 12.168 |
| JJWD3 | | | 0.574 | | | | | |
| JJWD4 | | | | 0.506 | | | 1.73 | 15.346 |
| JJWD5 | | | | 0.521 | | | | |
| JJWD6 | | 0.503 | | | | | | |
| JJWD7 | | 0.669 | | | 0.762 | 950.865** | 2.509 | 23.125 |
| JJWD8 | | 0.548 | | | | | | |
| JJWD9 | 0.501 | | | | | | | |
| JJWD11 | 0.531 | | | | | | 2.585 | 19.762 |
| JJWD12 | 0.623 | | | | | | | |
| JJWD13 | 0.617 | | | | | | | |

注：＊＊＊表示数据在 $p<0.001$ 的条件下显著。

**(2) 人力资本效度分析。**根据人力资本探索性因子分析结果可知（表6-12），*KMO*值为0.764，符合大于0.7的阈值标准，同时Bartlett球形检验结果对应 $p$ 值明显小于0.01，表明人力资本适合进行探索性因子分析。最终根据因子分析结果可知，各个题项载荷系数均在0.5以上。提取出2个因子，累积解释方差比为56.808%，大于50%的门槛标准，最终表明该量表具有较好的结构效度。根据结果来看，因子1包含JTJS3、JTJS4、JTJS5、JTJS6 4个题项，因子2包含JTJS1、JTJS2 2个题项。结合题项内容和前人研究，2个因子分别命名为：劳动力资本、技能资本。

表6-12　人力资本探索性因子分析结果

| 题项 | 因子1 | 因子2 | *KMO*值 | Bartlett 检验卡方值 | 特征值 | 解释方差比（%） |
|---|---|---|---|---|---|---|
| RLZB1 | 0.543 | | | | | |
| RLZB2 | 0.546 | | | | 2.079 | 34.65 |
| RLZB3 | 0.585 | | 0.764 | 516.961*** | | |
| RLZB4 | 0.771 | | | | | |
| RLZB5 | | 0.504 | | | 1.329 | 22.158 |
| RLZB6 | | 0.611 | | | | |

注：＊＊＊表示数据在 $p<0.001$ 的条件下显著。

**(3) 社会网络效度分析。**根据社会网络探索性因子分析结果可知，*KMO* 值为 0.753，符合大于 0.7 的阈值标准，同时 Bartlett 球形检验结果对应 *p* 值明显小于 0.01，表明社会网络适合进行探索性因子分析。最终根据因子分析结果可知，SHWN3 题项载荷系数为 0.321，明显低于 0.5。同时累积解释方差比为 37.436%，小于 50% 的门槛标准，明显不符合研究设计。根据统计学原理，研究认为需要进一步删除题项 JJWD10 进行二次探索性因子分析，具体分析结果如表 6-13 所示。

表 6-13　社会网络探索性因子分析结果（初始）

| 题项 | 因子 1 | *KMO* 值 | Bartlett 检验卡方值 | 特征值 | 解释方差比（%） |
|---|---|---|---|---|---|
| SHWN1 | 0.752 | | | | |
| SHWN2 | 0.521 | 0.753 | 132.709*** | 1.498 | 37.436 |
| SHWN3 | 0.321 | | | | |
| SHWN4 | 0.748 | | | | |

注：***表示数据在 *p*<0.001 的条件下显著。

第二次因子分析结果如表 6-14 所示，*KMO* 值为 0.847，明显大于第一次 *KMO* 值结果，同时根据累积解释方差比可知，第二次累积解释方差比达到 62.202%，也符合统计学要求，表明删除题项是必要的。

表 6-14　社会网络探索性因子分析结果（二次）

| 题项 | 因子 1 | *KMO* 值 | Bartlett 检验卡方值 | 特征值 | 解释方差比（%） |
|---|---|---|---|---|---|
| SHWN1 | 0.761 | | | | |
| SHWN2 | 0.514 | 0.847 | 118.913*** | 1.462 | 62.202 |
| SHWN4 | 0.588 | | | | |

注：***表示数据在 *p*<0.001 的条件下显著。

**(4) 家庭角色效度分析。**根据家庭角色探索性因子分析结果可知（表 6-15），*KMO* 值为 0.792，符合大于 0.7 的阈值标准，同时 Bartlett 球形检验结果对应 *p* 值明显小于 0.01，表明家庭角色适合进行探索性因子分析。最终根据因子分析结果可知，各个题项载荷系数均在 0.5 以上。提取出 2 个特征值大于 1 的因子，累积解释方差比为 66.382%，大于 50% 的门槛标准，最终表明该量表具有较好的结构效度。最终根据结果来看，因子 1 包含 JTJS3、JTJS4、JTJS5、JTJS6 4 个题项，因子 2 包含 JTJS1、JTJS2 2 个题项。结合题项内容和前文研究，2 个因子分别命名为：成员生活态度、家庭成员关系。

表 6 - 15 家庭角色探索性因子分析结果

| 题项 | 因子 1 | 因子 2 | KMO 值 | Bartlett 检验卡方值 | 特征值 | 解释方差比（%） |
|---|---|---|---|---|---|---|
| JTJS1 | | 0.539 | | | 1.681 | 28.018 |
| JTJS2 | | 0.540 | | | | |
| JTJS3 | 0.603 | | 0.792 | 1 515.353 *** | | |
| JTJS4 | 0.690 | | | | 2.302 | 38.364 |
| JTJS5 | 0.613 | | | | | |
| JTJS6 | 0.543 | | | | | |

注： *** 表示数据在 $p < 0.001$ 的条件下显著。

#### 6.4.2.3 外部环境量表效度分析

根据外部环境探索性因子分析结果可知，KMO 值为 0.777，符合大于 0.7 的阈值标准，同时 Bartlett 球形检验结果对应 $p$ 值明显小于 0.01，表明外部环境适合进行探索性因子分析。最终根据因子分析结果可知，各个题项载荷系数均在 0.5 以上。提取出特征值为 2.509 的 1 个因子，累积解释方差比为 62.718%，大于 50% 的门槛标准，最终表明该量表具有较好的结构效度，具体分析结果如表 6 - 16 所示。

表 6 - 16 外部环境探索性因子分析结果

| 题项 | 因子 1 | KMO 值 | Bartlett 检验卡方值 | 特征值 | 解释方差比（%） |
|---|---|---|---|---|---|
| WBHJ1 | 0.588 | | | | |
| WBHJ2 | 0.656 | 0.777 | 1 052.059 *** | 2.509 | 62.718 |
| WBHJ3 | 0.559 | | | | |
| WBHJ4 | 0.537 | | | | |

注： *** 表示数据在 $p < 0.001$ 的条件下显著。

## 6.4.3 修订量表信度、效度检验

根据初始量表信度、效度检验结果可知，对某些题项进行修订和整理，最终整体量表保留了个题项。本研究进一步对确定后的正式量表进行二次信度、效度检验，前期研究已经进行探索性因子分析，本次信度检验仍然采用 Cronbach's α 检验方法确定信度，而效度用 AMOS 结构方程模型验证，以获得较好的收敛效度和区分效度检验结果。

#### 6.4.3.1 修订量表信度检验

从正式量表的信度检验结果来看（表 6 - 17），经济条件信度结果值从 0.748 提升到 0.787，社会网络信度值从 0.727 提升到 0.804，可持续发展能力建设量表整体信度值从 0.722 提升到 0.812，而参与指标量表的信度值也从

最初的 0.715 提升到 0.724，研究再次证明删除的题项是值得且有效的。

表 6-17　量表信度检验结果

| 量　表 | 二级维度 | Cronbach's α 系数 | 项数 | 总量表信度 |
|---|---|---|---|---|
| 参与指标 | 参与认知 | 0.778 | 10 | 0.724 |
| | 参与行为 | 0.742 | 4 | |
| | 情感参与 | 0.739 | 4 | |
| 可持续发展能力建设指标 | 经济条件 | 0.787 | 12 | 0.812 |
| | 人力资本 | 0.741 | 6 | |
| | 社会网络 | 0.804 | 3 | |
| | 家庭角色 | 0.74 | 6 | |
| 外部环境 | | 0.758 | 4 | 0.758 |

### 6.4.3.2　修订量表效度检验

对确定后的外部环境量表进行验证性因子分析，采用 AMOS24.0 软件进行模型验证。为保证量表效度结果，结合专家及学者建议，整理得到如表 6-18 所示的模型适配度指标。

表 6-18　参与指标验证性因子的拟合指标判断

| 参考指标 | $X^2/df$ | GFI | NFI | CFI | IFI | RMSEA |
|---|---|---|---|---|---|---|
| 判定标准 | <3.00 | >0.90 | >0.90 | >0.90 | >0.90 | <0.08 |

（1）参与指标量表验证性因子分析。对确定后的参与指标量表进行验证性因子分析，参与题项为确定后的题项，合计 18 个。模型拟合指标结果如表 6-19 所示，参与认知、参与行为以及情感参与 3 个维度模型拟合指标均通过模型要求。

表 6-19　参与指标验证性因子的拟合指标判断

| 量表名称 | $X^2/df$ | GFI | NFI | CFI | IFI | RMSEA | 判断结果 |
|---|---|---|---|---|---|---|---|
| 参与认知 | 1.738 | 0.919 | 0.933 | 0.943 | 0.943 | 0.043 | 通过 |
| 参与行为 | 2.025 | 0.902 | 0.917 | 0.914 | 0.935 | 0.056 | 通过 |
| 情感参与 | 2.735 | 0.909 | 0.905 | 0.949 | 0.958 | 0.061 | 通过 |

验证性因子分析结果如表 6-20 所示，参与认知、参与行为、情感参与 3 个维度的 AVE 值分别为 0.526、0.514、0.503，均大于 0.5 的门槛标准。同时对应 CR 值均大于 0.8；每个题项在其相应潜变量上的标准化回归系数都在 0.4 以上，且这些标准化估计均在 $p<0.01$ 的条件下显著，表明本研究具有较好的收敛效度。

表 6 - 20 参与指标验证性因子分析结果

| 路 径 | 标准化回归系数 | S. E. | C. R. | p | CR | AVE |
|---|---|---|---|---|---|---|
| RZCY1—效益认知 | 0.444 | | | | | |
| RZCY2—效益认知 | 0.603 | 0.359 | 8.321 | ＊＊＊ | | |
| RZCY3—效益认知 | 0.763 | 0.48 | 8.744 | ＊＊＊ | | |
| RZCY4—效益认知 | 0.921 | 0.555 | 8.756 | ＊＊＊ | | |
| RZCY5—自信认知 | 0.675 | | | | 0.895 | 0.526 |
| RZCY6—自信认知 | 0.916 | 0.029 | 15.674 | ＊＊＊ | | |
| RZCY7—自信认知 | 0.703 | 0.061 | 15.762 | ＊＊＊ | | |
| RZCY8—外界认知 | 0.872 | | | | | |
| RZCY9—外界认知 | 0.842 | 0.058 | 21.359 | ＊＊＊ | | |
| RZCY10—外界认知 | 0.716 | 0.054 | 19.231 | ＊＊＊ | | |
| XWCY1—参与意愿 | 0.671 | | | | | |
| XWCY2—参与意愿 | 0.724 | 0.134 | 23.453 | ＊＊＊ | 0.914 | 0.514 |
| XWCY3—参与行为 | 0.717 | 0.135 | 23.47 | ＊＊＊ | | |
| XWCY4—参与行为 | 0.606 | 0.023 | 18.217 | ＊＊＊ | | |
| QGCY1—情感参与 | 0.622 | | | | | |
| QGCY2—情感参与 | 0.858 | 0.109 | 26.793 | ＊＊＊ | 0.878 | 0.503 |
| QGCY3—情感参与 | 0.526 | 0.044 | 6.116 | ＊＊＊ | | |
| QGCY4—情感参与 | 0.558 | 0.083 | 15.836 | ＊＊＊ | | |

注：＊＊＊表示数据在 $p < 0.001$ 的条件下显著。

**（2）可持续发展能力建设量表验证性因子分析。** 对确定后的可持续发展能力量表进行验证性因子分析，参与题项为确定后的题项合计 31 个。模型拟合指标结果如表 6 - 21 所示，经济条件、人力资本、社会网络、家庭角色 4 个模型拟合指标均通过模型要求。

表 6 - 21 可持续发展能力建设验证性因子的拟合指标判断

| 名称 | $X^2/\mathrm{d}f$ | GFI | NFI | CFI | IFI | RMSEA | 判断结果 |
|---|---|---|---|---|---|---|---|
| 经济条件 | 1.947 | 0.989 | 0.986 | 0.987 | 0.987 | 0.074 | 通过 |
| 人力资本 | 1.9424 | 0.908 | 0.947 | 0.948 | 0.948 | 0.068 | 通过 |
| 社会网络 | 2.776 | 0.903 | 0.904 | 0.905 | 0.905 | 0.076 | 通过 |
| 家庭角色 | 1.439 | 0.994 | 0.986 | 0.998 | 0.998 | 0.025 | 通过 |

验证性因子分析结果如表 6 - 22 所示，经济条件、人力资本、社会网络、家庭角色的 AVE 值分别为 0.543、0.518、0.521、0.509，均大于 0.5，同时

对应 CR 值均大于 0.8；每个题项在相应潜变量上的标准化回归系数大于 0.4，且这些标准化估计均在 $p<0.01$ 的条件下统计显著，表明本研究具有较好的收敛效度。

表 6-22 能力建设指标验证性因子分析结果

| 路　　径 | 标准化回归系数 | S. E. | C. R. | p | CR | AVE |
|---|---|---|---|---|---|---|
| JJWD9—收支状况 | 0.55 | | | | | |
| JJWD10—收支状况 | 0.566 | 0.084 | 11.854 | *** | | |
| JJWD11—收支状况 | 0.821 | 0.495 | 14.679 | *** | | |
| JJWD12—收支状况 | 0.866 | 0.592 | 14.73 | *** | | |
| JJWD6—生活娱乐 | 0.857 | | | | | |
| JJWD7—生活娱乐 | 0.89 | 0.02 | 29.889 | *** | 0.906 | 0.543 |
| JJWD8—生活娱乐 | 0.859 | 0.051 | 28.822 | *** | | |
| JJWD1—耕地情况 | 0.794 | | | | | |
| JJWD2—耕地情况 | 0.524 | 0.027 | 7.34 | *** | | |
| JJWD3—耕地情况 | 0.473 | 0.07 | 7.126 | *** | | |
| JJWD4—住宅情况 | 0.545 | | | | | |
| JJWD5—住宅情况 | 0.63 | 0.826 | 7.189 | *** | | |
| RLZB1—劳动力资本 | 0.844 | | | | | |
| RLZB2—劳动力资本 | 0.732 | 0.696 | 6.588 | *** | | |
| RLZB3—劳动力资本 | 0.865 | 0.411 | 6.487 | *** | 0.916 | 0.518 |
| RLZB4—劳动力资本 | 0.701 | 0.241 | 7.465 | *** | | |
| RLZB5—技能资本 | 0.76 | | | | | |
| RLZB6—技能资本 | 0.644 | 0.236 | 9.015 | *** | | |
| SHWN1—社会网络 | 0.745 | | | | | |
| SHWN2—社会网络 | 0.428 | 0.075 | 3.681 | *** | 0.907 | 0.521 |
| SHWN4—社会网络 | 0.503 | 0.019 | 3.499 | *** | | |
| JTJS1—家庭成员关系 | 0.525 | | | | | |
| JTJS2—家庭成员关系 | 0.678 | | | | | |
| JTJS3—家庭成员关系 | 0.637 | 0.142 | 23.133 | *** | | |
| JTJS4—成员生活态度 | 0.545 | 0.018 | 14.131 | *** | 0.888 | 0.509 |
| JTJS5—成员生活态度 | 0.703 | 0.117 | 5.081 | *** | | |
| JTJS6—成员生活态度 | 0.682 | 0.571 | 5.1 | *** | | |

注：＊＊＊表示数据在 $p<0.001$ 的条件下显著。

**（3）外部环境量表验证性因子分析。** 对确定后的外部环境量表进行验证性因子分析，主要参与题项为最后确定的外部环境量表题项。量表拟合情况如

表 6-23 所示，可知用于评估模型各项指标值均能达到门槛值要求，表明本研究外部环境量表模型拟合指标通过检验。

**表 6-23   外部环境量表验证性因子的拟合指标判断**

| 名称 | $X^2/\mathrm{d}f$ | GFI | NFI | CFI | IFI | RMSEA | 判断结果 |
|---|---|---|---|---|---|---|---|
| 适配的标准或临界值 | <3.00 | >0.90 | >0.90 | >0.90 | >0.90 | <0.08 | |
| 外部环境 | 2.736 | 0.957 | 0.936 | 0.938 | 0.938 | 0.062 | 通过 |

数据来源：本研究整理。

验证性因子分析结果如表 6-24 所示，可以看出来问卷外部环境的 AVE 值超过 0.5，量表的组合信度 CR 大于 0.8。每个题项在其相应潜变量上的标准化回归系数都在 0.4 以上，且这些标准化估计均在 $p<0.01$ 的条件下统计显著，表明本研究具有较好的收敛效度。

**表 6-24   外部环境验证性因子分析结果**

| 路　　径 | 标准化回归系数 | S. E. | C. R. | p | CR | AVE |
|---|---|---|---|---|---|---|
| WBHJ1—外部环境 | 0.516 | | | | | |
| WBHJ2—外部环境 | 0.552 | 0.061 | 12.94 | *** | 0.817 | 0.532 |
| WBHJ3—外部环境 | 0.418 | 0.171 | 18.055 | *** | | |
| WBHJ4—外部环境 | 0.501 | 0.144 | 17.91 | *** | | |

数据来源：本研究整理。

# 6.5   实证分析及假设检验

## 6.5.1   相关性分析与区别效度

本章研究涉及的问卷调查的案例地规模扩大、样本量扩大，根据统计学原理，在对变量进行分析之前进行相关分析。根据 $p≤0.05$，判定数据是否具有显著性，同时根据皮尔逊相关性结果判定正负强弱相关关系，各研究变量间的相关系数矩阵如表 6-25 所示。由该表数据结果可知，背景因素 6 大指标仅部分与本次研究变量存在一定的相关性，但整体相关性表现为弱度相关，同时从平均方差抽取量（AVE）的平方根与变量之间的相关性系数结果值对比来看，明显大于其对应的变量间的相关系数，表明确定后的量表结果具有较好的区别效度。

同时根据表 6-25 可知，参与指标与可持续发展能力建设各个维度结果均表现为正相关。调节变量（外部环境）与所研究的某些变量存在一定的相关性，初步验证了本书提出的假设关系，但相关关系只是表明两个变量间存在一定的相关性，并不能反映它们之间的因果关系，需要借助回归分析方法进行进一步检验。

表 6-25 各研究变量相关系数矩阵

| 变量 | 指标 | 女性劳动力数量 1 | 家庭劳动力数量 2 | 家庭人口数 3 | 女性劳动力年龄 4 | 家庭年收入 5 | 受教育程度 6 | 参与认知 7 | 参与行为 8 | 情感参与 9 | 经济条件 10 | 人力资本 11 | 社会网络 12 | 家庭角色 13 | 外部环境 14 |
|---|---|---|---|---|---|---|---|---|---|---|---|---|---|---|---|
| 背景因素 | 1 | 0.082 | | | | | | | | | | | | | |
| | 2 | 0.080 | 1 | | | | | | | | | | | | |
| | 3 | 0.401** | 0.216** | 1 | | | | | | | | | | | |
| | 4 | 0.103** | 0.036** | 0.612 | 1 | | | | | | | | | | |
| | 5 | 0.216 | 0.051** | 0.241** | 0.055* | 1 | | | | | | | | | |
| | 6 | 0.193** | 0.042** | 0.026** | 0.001 | 0.147** | 1 | | | | | | | | |
| 参与指标 | 7 | 0.183** | 0.031** | 0.213 | 0.476 | 0.324 | 0.188** | 0.725 | | | | | | | |
| | 8 | 0.268** | 0.213* | 0.652 | 0.268 | 0.623 | 0.012** | 0.287** | 0.717 | | | | | | |
| | 9 | 0.042 | 0.075 | 0.329** | 0.179 | 0.216 | 0.230** | 0.384** | 0.357** | 0.709 | | | | | |
| 可持续发展能力建设 | 10 | 0.024 | 0.412 | 0.257* | 0.376 | 0.398 | 0.331** | 0.642*** | 0.155** | 0.488* | 0.737 | | | | |
| | 11 | 0.561 | 0.190** | 0.339 | 0.697 | 0.451 | 0.489 | 0.311*** | 0.515*** | 0.458*** | 0.199*** | 0.720 | | | |
| | 12 | 0.045 | 0.005** | 0.417 | 0.394 | 0.181** | 0.432 | 0.163*** | 0.208*** | 0.136*** | 0.271*** | 0.430*** | 0.722 | | |
| | 13 | 0.241 | 0.322 | 0.325** | 0.363 | 0.47 | 0.643 | 0.322*** | 0.331*** | 0.156*** | 0.106*** | 0.606*** | 0.234*** | 0.713 | |
| 外部环境 | 14 | 0.035 | 0.519 | 0.002** | 0.249 | 0.397 | 0.279 | 0.311*** | 0.156 | 0.325 | 0.015* | 0.209*** | 0.017*** | 0.462 | 0.729 |

注：** 表示数据在 $p<0.01$ 的条件下显著；* 表示数据在 $p<0.05$ 的条件下显著；对角线上为 AVE 的平方根。

## 6.5.2　参与前后指标差异性分析

在前期假设检验中，是否参与乡村发展项目会造成不同家庭的个体性差异化。本研究采用统计学原理，使用独立样本 T 检验进行比较，同时结合前期因子分析过程，采用回归法算出每个维度最终得分情况，结果如表 6 - 26 所示。数据研究表明，在参与农村发展项目与不参与农村发展项目的家庭中，整体数据表现差异在经济条件、人力资本、社会网络、家庭角色、认知参与、行为参与、情感参与与外部环境上。根据数据分析结果可知，未参与农村发展项目的家庭经济条件差异性明显高于参与农村发展项目的家庭，在人力资本和家庭角色上也是类似情况，表明参与乡村发展项目的家庭获得较均衡的发展机会，差异性不高，未参与乡村发展项目的家庭自身禀赋不同，差异性较大。根据认知参与、行为参与、情感参与的数据分析结果可知，参与农村发展项目的家庭明显表现出较高的结果，表明参与农村发展项目的家庭对于乡村发展有了更多自己的理解，表现出较大的差异性，而未参与乡村发展项目的家庭对项目不了解，多表现出试探、排斥、疑惑等态度，差异性不大。结合本研究实际，在后期研究中筛选出参与乡村发展项目的家庭作为研究主体，用以考量指标之间的作用变化和影响。

表 6 - 26　是否参与乡村发展项目的差异性分析

| 维　　度 | 参　　与 | 未参与 | t | p |
|---|---|---|---|---|
| 经济条件 | 0.071±1.994 | 0.353±1.999 | −4.061 | 0.000 |
| 人力资本 | 0.305±1.325 | 0.236±1.452 | −3.109 | 0.000 |
| 社会网络 | 0.511±0.901 | 0.554±1.258 | 1.959 | 0.104 |
| 家庭角色 | 0.098±1.323 | 0.493±1.726 | −6.104 | 0.000 |
| 认知参与 | 0.128±1.742 | 0.042±1.681 | 4.956 | 0.000 |
| 行为参与 | 0.108±0.829 | 0.043±1.494 | 6.508 | 0.000 |
| 情感参与 | 0.209±0.992 | 0.044±1.041 | 3.510 | 0.011 |
| 外部环境 | 0.251±0.981 | 0.254±1.056 | 0.980 | 0.323 |

注：若 $p \leqslant 0.05$，表明数据在参与和未参与之间存在显著性差异。

## 6.5.3　直接作用影响研究

### 6.5.3.1　认知参与、情感参与对行为参与的影响

本研究根据统计学原理，采用多元线性回归方程模型验证认知参与、情感参与对行为参与的假设。首先，将家庭劳动力数量、家庭人口数、女性劳动力年龄、家庭年收入、受教育程度 5 大背景因素放入模型中，验证对行为参与的

影响。其次,在模型 1 的基础上,加入认知参与、情感参与变量,构建模型 2。模型分析结果如表 6-27 所示。

由表 6-27 可知,家庭劳动力数量($\beta=0.022$,$p<0.01$)与行为参与关系显著,说明如果家庭劳动力充足,更容易使充足的劳动力参与到扶贫组织中。受教育程度($\beta=0.035$,$p<0.05$)与行为参与关系显著,意味着学历越高,人们越愿意参与乡村发展项目。由模型 2 可知,当把认知参与、情感参与 2 个变量纳入模型后,认知参与对行为参与影响作用显著($\beta=0.205$,$p<0.001$),情感参与对行为参与影响作用也显著($\beta=0.312$,$p<0.001$)。模型 1 调整后的 $R^2$ 为 0.508,说明该模型对行为参与具有较强的解释力,结合模型 F 检验结果值可知,该模型 $p$ 值明显低于 0.001,具有统计学意义。最终,根据模型结果得出,认知参与、情感参与均会正向影响行为参与,假设 H5-1、H5-2 成立。

表 6-27　认知参与、情感参与对行为参与的回归分析结果

| 变　　量 | 模型 1 | 模型 2 |
|---|---|---|
| 家庭劳动力数量 | 0.022 (3.567) ** | 0.017 (2.449) * |
| 女性劳动力年龄 | −0.026 (−0.674) | −0.028 (−0.739) |
| 家庭年收入 | −0.146 (−3.813) | −0.209 (−3.761) ** |
| 家庭人口数 | 0.001 (0.005) | −0.003 (−0.071) |
| 受教育程度 | 0.035 (2.405) * | 0.034 (2.702) * |
| 认知参与 | | 0.205 (5.135) *** |
| 情感参与 | | 0.312 (6.291) *** |
| $R^2$ | 0.222 | 0.508 |
| $Adj\ R^2$ | 0.175 | 0.491 |
| $F$ | 9.121 * | 46.467 *** |

注:*** 表示数据在 $p<0.001$ 的条件下显著;** 表示数据在 $p<0.01$ 的条件下显著;* 表示数据在 $p<0.05$ 的条件下显著。

### 6.5.3.2　行为参与与可持续发展能力建设

根据前期分析结果可知,可持续发展能力主要分为 4 个维度,分别为经济条件、人力资本、社会网络、家庭角色。基于此,本次研究将分别建立 4 个模型,分别研究行为参与对经济条件、人力资本、社会网络及家庭角色的作用机理。模型结果如表 6-28 所示。

由表 6-28 可以看出,行为参与($\beta=0.137$,$p<0.001$)与行为经济条件显著,说明行为参与程度越高,越容易提升家庭经济水平。行为参与($\beta=0.251$,$p<0.001$)与人力资本关系显著,说明行为参与程度越高,越容易带

来人力资本的提升。行为参与（$\beta=0.194$，$p<0.001$）与社会网络关系显著，说明行为参与程度越高，越容易提升人们的社会关系强度。行为参与（$\beta=0.217$，$p<0.001$）与家庭角色关系显著，说明行为参与程度越高，越容易提升人们的家庭角色地位。最终，根据模型结果笔者得出，行为参与程度越高越能提升可持续发展能力，假设 H5-5、H5-5a、H5-5b、H5-5c、H5-5d 成立。

**表 6-28　行为参与对可持续发展能力建设的回归分析结果**

| 变量 | 模型 3 经济条件 | 模型 4 人力资本 | 模型 5 社会网络 | 模型 6 家庭角色 |
|---|---|---|---|---|
| 家庭劳动力数量 | 0.01 (3.268)＊＊ | 0.013 (2.749)＊ | 0.071 (2.972)＊ | 0.049 (3.356)＊＊ |
| 女性劳动力年龄 | 0.046 (1.181) | −0.037 (−0.952) | 0.036 (1.026) | −0.007 (−0.178) |
| 家庭年收入 | −0.001 (−0.985) | −0.008 (−0.201) | 0.022 (0.627) | 0 (−0.007) |
| 家庭人口数 | 0.035 (0.904) | −0.012 (−0.317) | −0.006 (−0.177) | −0.012 (−0.332) |
| 受教育程度 | 0.044 (2.148) | 0.036 (2.917)＊ | 0.035 (3.756)＊＊ | 0.076 (3.073)＊＊ |
| 行为参与 | 0.137 (6.332)＊＊＊ | 0.251 (8.311)＊＊＊ | 0.194 (11.052)＊＊＊ | 0.217 (8.612)＊＊＊ |
| $R^2$ | 0.472 | 0.551 | 0.319 | 0.547 |
| $Adj\,R^2$ | 0.415 | 0.523 | 0.296 | 0.527 |
| $F$ | 35.645＊＊＊ | 36.486＊＊＊ | 22.050＊＊＊ | 41.873＊＊＊ |

注：＊＊＊表示数据在 $p<0.001$ 的条件下显著；＊＊表示数据在 $p<0.01$ 的条件下显著；＊表示数据在 $p<0.05$ 的条件下显著。

## 6.5.4　外部环境的调节作用影响研究

前期，笔者将可持续发展能力建设分为经济条件、人力资本、社会网络和家庭角色 4 个维度。外部环境调节作用检验采用多元线性回归方程，检验交互项调节效应的存在和方向。回归方程如下：

$$方程 1：y=a+bx+cm+e$$
$$方程 2：y=a+bx+cm+c'mx+e$$

在上述方程中，$m$ 为调节变量，$mx$ 为调节效应，调节效应是否显著即是分析 $c'$ 是否显著达到统计学意义上的临界水平。

### 6.5.4.1　外部环境在行为参与与经济条件之间的调节作用检验

为检验外部环境行为参与与经济条件之间的调节作用，首先将背景因素、自变量（行为参与）以及调节变量（外部环境）加入模型中，分析其对经济条件的影响。其次，将外部环境—行为参与作为交互项放入模型中，检验是否存在调节效应，具体分析结果如表 6-29 所示。由该表数据可知，外部环境—行为参与的回归系数显著（$\beta=0.046$，$p<0.01$），并且与模型 7 相比，模型 8 的

$R^2$ 显著性有所增强，同时两个模型的 $F$ 值均显著，表明外部环境作为调节变量的调节效应显著。根据交互项系数可知，调节方向为正向调节，也就是说，好的外部环境会正向调节行为参与对经济条件的影响。因此，H5-7a假设成立。

表6-29　外部环境在行为参与与经济条件之间的调节回归检验

| 变　　量 | 模型 7 | 模型 8 |
| --- | --- | --- |
| 家庭劳动力数量 | 0.01 (2.561) * | 0.001 (3.287) ** |
| 女性劳动力年龄 | 0.045 (1.156) | 0.045 (1.171) |
| 家庭年收入 | −0.001 (−0.789) | −0.002 (−0.058) |
| 家庭人口数 | 0.035 (0.906) | −0.039 (−1.016) |
| 受教育程度 | 0.045 (1.157) | 0.048 (1.226) |
| 行为参与 | 0.016 (7.408) *** | 0.102 (3.405) ** |
| 外部环境 | 0.029 (2.748) * | 0.032 (2.783) * |
| 外部环境—行为参与 | | 0.046 (3.361) ** |
| $R^2$ | 0.369 | 0.451 |
| $Adj R^2$ | 0.337 | 0.438 |
| $F$ | 37.681 *** | 35.443 *** |

注：***表示数据在 $p<0.001$ 的条件下显著；**表示数据在 $p<0.01$ 的条件下显著；*表示数据在 $p<0.05$ 的条件下显著。

#### 6.5.4.2　外部环境在行为参与与人力资本之间的调节作用检验

为检验外部环境行为参与与人力资本之间的调节作用，首先将背景因素、自变量（行为参与）以及调节变量（外部环境）加入模型中，分析其对人力资本的影响。其次，将外部环境—行为参与作为交互项放入模型中，检验是否存在调节效应（表6-30）。由该表数据可知，外部环境—行为参与的回归系数显著（$\beta=0.011$，$p<0.05$），并且与模型9相比，模型10的 $R^2$ 显著性有所增强，同时两个模型的 $F$ 值均显著，表明外部环境作为调节变量的调节效应显著。根据交互项系数可知，调节方向为正向调节，也就是说，好的外部环境会正向调节行为参与对人力资本的影响。因此，H5-7b假设成立。

表6-30　外部环境在行为参与与人力资本之间的调节回归检验

| 变　　量 | 模型 9 | 模型 10 |
| --- | --- | --- |
| 家庭劳动力数量 | 0.014 (3.365) ** | 0.014 (4.357) *** |
| 女性劳动力年龄 | −0.035 (−0.907) | −0.035 (−0.91) |
| 家庭年收入 | −0.008 (−0.2) | −0.007 (−0.183) |
| 家庭人口数 | −0.012 (−0.322) | −0.014 (−0.352) |

（续）

| 变　　量 | 模型 9 | 模型 10 |
|---|---|---|
| 受教育程度 | −0.036（−0.936） | −0.037（−0.953） |
| 行为参与 | 0.057（3.458）** | 0.053（7.272）*** |
| 外部环境 | 0.056（1.458） | 0.057（3.466）** |
| 外部环境—行为参与 | | 0.011（2.774）* |
| $R^2$ | 0.511 | 0.565 |
| $Adj\,R^2$ | 0.489 | 0.54 |
| $F$ | 44.520*** | 41.751*** |

注：***表示数据在 $p<0.001$ 的条件下显著；**表示数据在 $p<0.01$ 的条件下显著；*表示数据在 $p<0.05$ 的条件下显著。

### 6.5.4.3 外部环境在行为参与与社会网络之间的调节作用检验

为检验外部环境行为参与与社会网络之间的调节作用，首先将背景因素、自变量（行为参与）以及调节变量（外部环境）加入模型中，分析其对社会网络的影响。其次，将外部环境—行为参与作为交互项放入模型中，检验是否存在调节效应（表6-31）。由该表数据可知，外部环境—行为参与的回归系数不显著（$\beta=0.086$，$p>0.05$），表明外部环境作为调节变量的调节效应不显著，也就是说，外部环境对行为参与与社会网络之间的关系影响不显著。因此，H5-7c 假设不成立。

表6-31　外部环境在行为参与与社会网络之间的调节回归检验

| 变　　量 | 模型 11 | 模型 12 |
|---|---|---|
| 家庭劳动力数量 | 0.07（2.988）* | 0.068（2.930）* |
| 女性劳动力年龄 | 0.035（0.981） | 0.036（1.021） |
| 家庭年收入 | −0.022（0.626） | −0.018（−0.491） |
| 家庭人口数 | −0.006（−0.173） | −0.004（−0.102） |
| 受教育程度 | 0.036（1.016） | 0.042（1.187） |
| 行为参与 | 0.389（10.851）*** | 0.119（10.995）*** |
| 外部环境 | 0.05（3.41）** | 0.053（7.497）** |
| 外部环境—行为参与 | | 0.086（2.263） |
| $R^2$ | 0.382 | 0.389 |
| $Adj\,R^2$ | 0.369 | 0.372 |

（续）

| 变　量 | 模型 11 | 模型 12 |
|---|---|---|
| $F$ | 37.681 *** | 37.443 *** |

注：*** 表示数据在 $p < 0.001$ 的条件下显著；** 表示数据在 $p < 0.01$ 的条件下显著；* 表示数据在 $p < 0.05$ 的条件下显著。

### 6.5.4.4 外部环境在行为参与与家庭角色之间的调节作用检验

为检验外部环境行为参与与家庭角色之间的调节作用，首先将背景因素、自变量（行为参与）以及调节变量（外部环境）加入模型中，分析其对家庭角色的影响。其次，将外部环境—行为参与作为交互项放入模型中，检验是否存在调节效应（表 6-32）。由该表数据可知，外部环境—行为参与的回归系数不显著（$\beta = -0.015$，$p > 0.05$），表明外部环境作为调节变量的调节效应不显著，也就是说，外部环境对行为参与与家庭角色之间的关系影响不显著。因此，H5-7d 假设不成立。

表 6-32　外部环境在行为参与与家庭角色之间的调节回归检验

| 变　量 | 模型 13 | 模型 14 |
|---|---|---|
| 家庭劳动力数量 | 0.049 (4.354) ** | 0.05 (3.364) ** |
| 女性劳动力年龄 | −0.007 (−0.182) | −0.006 (−0.175) |
| 家庭年收入 | 0 (−0.007) | −0.001 (−0.03) |
| 家庭人口数 | −0.012 (−0.331) | −0.01 (−0.281) |
| 受教育程度 | −0.076 (−2.07) | −0.075 (−2.033) |
| 行为参与 | 0.316 (8.545) *** | 0.122 (8.147) *** |
| 外部环境 | 0.004 (3.108) ** | 0.005 (3.123) * |
| 外部环境—行为参与 | | −0.015 (1.391) |
| $R^2$ | 0.365 | 0.371 |
| $Adj\ R^2$ | 0.344 | 0.359 |
| $F$ | 31.681 *** | 33.443 *** |

注：*** 表示数据在 $p < 0.001$ 的条件下显著；** 表示数据在 $p < 0.01$ 的条件下显著；* 表示数据在 $p < 0.05$ 的条件下显著。

## 6.6　结构方程模型检验

为了进一步研究参与指标对可持续发展能力建设的影响机制，本研究进一步使用结构方程模型对其做路径检验分析。本书在层次回归分析中详细探讨了控制变量和调节变量的影响作用，因而在此不将其引入结构方程中，以保持模型的简约性。此外，考虑到本书变量测量题项较多，本研究采用主成分分析法，把每个维度下的因子作为题项来源，取组合项值作为3级因子。根据本书设计的理论模型，利用AMOS统计软件，构建认知参与、情感参与→行为参与→可持续发展能力（建设）初始结构方程模型（图6-1）。

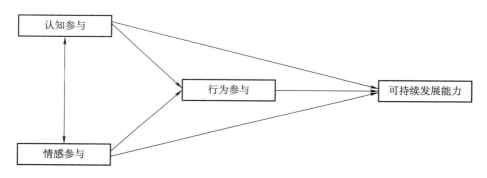

图6-1　初始结构方程模型

## 6.6.1　农村发展参与对经济条件影响模型

根据可持续发展能力建设指标分类进行农村发展参与指标与经济条件模型构建，导入样本数据进行模型运算，模型运行后结果如图6-2所示。根据"Model Fit Summary"拟合结果可知，模型的各项拟合指标（$X^2/DF=2.598$、$GFI=0.879$、$RMSEA=0.073$、$NFI=0.902$、$IFI=0.908$、$CFI=0.908$）表现出较好的拟合度。

根据模型路径结果表6-33可知，经济条件—情感参与路径系数不显著，其余路径系数均显著。结合统计学原理和前期回归结果可知，最终研究认为情感参与对经济条件无显著性的直接影响（$\beta=0.022$，$p=0.215>0.05$）。同时根据其他路径系数对比可知，认知参与和情感参与对行为参与均存在显著的路径影响，系数结果分别为$\beta=0.276$，$p<0.001$和$\beta=0.215$，$p<0.001$。同时根据行为参与和认知参与对经济条件的路径结果可知，系数分别为$\beta=0.257$，$p<0.001$和$\beta=0.158$，$p<0.001$，表明均存在显著性影响关系。结合理论和前期回归结果可知，行为参与在认知参与和经济条件之间起部分中介作用。

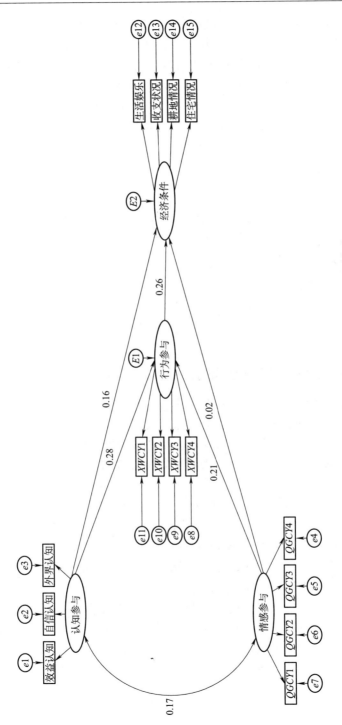

图6-2 参与指标与经济条件结构方程模型

表 6 - 33　参与指标与经济条件模型路径拟合结果

| 路　　径 | 标准化系数 | S. E. | C. R. | p |
|---|---|---|---|---|
| 行为参与—认知参与 | 0.276 | 0.046 | 7.013 | *** |
| 行为参与—情感参与 | 0.215 | 0.051 | 6.595 | *** |
| 经济条件—行为参与 | 0.257 | 0.058 | 4.325 | *** |
| 经济条件—情感参与 | 0.022 | 0.163 | 1.012 | 0.215 |
| 经济条件—认知参与 | 0.158 | 0.049 | 3.765 | *** |

注：*** 表示数据在 $p<0.001$ 的条件下显著；** 表示数据在 $p<0.01$ 的条件下显著；* 表示数据在 $p<0.05$ 的条件下显著。$X^2=397.48$、$DF=153$、$GFI=0.879$、$RMSEA=0.073$、$NFI=0.902$、$IFI=0.908$、$CFI=0.908$。

## 6.6.2　农村发展参与对人力资本影响模型

根据可持续发展能力建设指标分类再进行农村发展参与指标与人力资本模型构建，导入样本数据进行模型运算，模型运行后结果如图 6 - 3 所示。根据"Model Fit Summary"拟合结果可知，模型的各项拟合指标（$X^2/DF=1.771$、$GFI=0.901$、$RMSEA=0.053$、$NFI=0.908$、$IFI=0.921$、$CFI=0.921$）表现出较好的拟合度。

根据模型路径结果表 6 - 34 可知，人力资本—情感参与路径系数不显著，其余路径系数均显著。根据路径系数对比可知，认知参与和情感参与对行为参与均存在显著的路径影响，系数结果分别为 $\beta=0.212$，$p<0.001$ 和 $\beta=0.184$，$p<0.001$。同时根据行为参与、认知参与对人力资本的路径结果来看，系数分别为 $\beta=0.173$，$p<0.001$ 和 $\beta=0.279$，$p<0.001$，表明均存在显著性影响关系。结合理论和前期回归结果可知，行为参与在认知参与和人力资本之间起部分中介作用。

表 6 - 34　参与指标与人力资本模型路径拟合结果

| 路　　径 | 标准化系数 | S. E. | C. R. | p |
|---|---|---|---|---|
| 行为参与—认知参与 | 0.212 | 0.062 | 3.751 | *** |
| 行为参与—情感参与 | 0.184 | 0.081 | 6.335 | *** |
| 人力资本—行为参与 | 0.173 | 0.076 | 5.678 | *** |
| 人力资本—情感参与 | 0.133 | 0.056 | 2.056 | 0.06 |
| 人力资本—认知参与 | 0.279 | 0.068 | 3.688 | *** |

注：*** 表示数据在 $p<0.001$ 的条件下显著；** 表示数据在 $p<0.01$ 的条件下显著；* 表示数据在 $p<0.05$ 的条件下显著。$X^2=132.814$、$DF=75$、$GFI=0.901$、$RMSEA=0.053$、$NFI=0.908$、$IFI=0.921$、$CFI=0.921$。

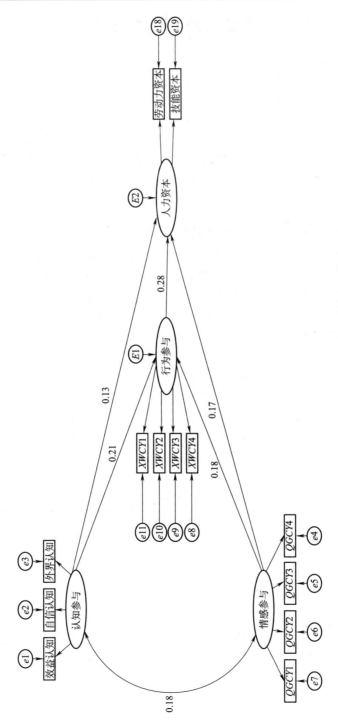

图 6-3　参与指标与人力资本结构方程模型

## 6.6.3　农村发展参与对社会网络影响模型

根据可持续发展能力建设指标分类再进行农村发展参与指标与社会网络模型构建，导入样本数据进行模型运算，模型运行后结果如图 6-4 所示。根据 "Model Fit Summary" 拟合结果可知，模型的各项拟合指标（$X^2/DF = 3.180$、$GFI = 0.887$、$RMSEA = 0.074$、$NFI = 0.896$、$IFI = 0.901$、$CFI = 0.901$）表现出较好的拟合度。

根据模型路径结果表 6-35 可知，社会网络—情感参与路径系数不显著，其余路径系数均显著。结合统计学原理和前期回归结果，最终研究认为情感参与对社会网络无显著性的直接影响（$\beta = 0.053$，$p = 0.076 > 0.05$）。根据其他路径系数对比可知，认知参与和情感参与对行为参与均存在显著的路径影响，系数结果分别为 $\beta = 0.202$，$p < 0.001$ 和 $\beta = 0.189$，$p < 0.001$。根据行为参与和认知参与对社会网络的路径结果，系数分别为 $\beta = 0.418$，$p < 0.001$ 和 $\beta = 0.184$，$p < 0.01$，表明均存在显著性影响关系。结合理论和前期回归结果可知，行为参与在认知参与和社会网络之间起到了部分中介作用。

表 6-35　参与指标与社会网络模型路径拟合结果

| 路　　径 | 标准化系数 | S. E. | C. R. | p |
|---|---|---|---|---|
| 行为参与—认知参与 | 0.202 | 0.091 | 4.521 | *** |
| 行为参与—情感参与 | 0.189 | 0.089 | 3.554 | *** |
| 社会网络—行为参与 | 0.418 | 0.077 | 5.227 | *** |
| 社会网络—情感参与 | 0.053 | 0.322 | 1.977 | 0.076 |
| 社会网络—认知参与 | 0.184 | 0.077 | 2.936 | 0.001 ** |

注：*** 表示数据在 $p < 0.001$ 的条件下显著；** 表示数据在 $p < 0.01$ 的条件下显著；* 表示数据在 $p < 0.05$ 的条件下显著。$X^2 = 305.280$、$DF = 96$、$GFI = 0.887$、$RMSEA = 0.074$、$NFI = 0.896$、$IFI = 0.901$、$CFI = 0.901$。

## 6.6.4　农村发展参与对家庭角色影响模型

根据可持续发展能力建设指标分类再进行农村发展参与指标与家庭角色模型构建，导入样本数据进行模型运算，模型运行后结果如图 6-5 所示。根据 "Model Fit Summary" 拟合结果，模型的各项拟合指标（$X^2/DF = 2.754$、$X^2 = 261.643$、$DF = 95$、$GFI = 0.894$、$RMSEA = 0.069$、$NFI = 0.899$、$IFI = 0.907$、$CFI = 0.907$）表现出较好的拟合度。

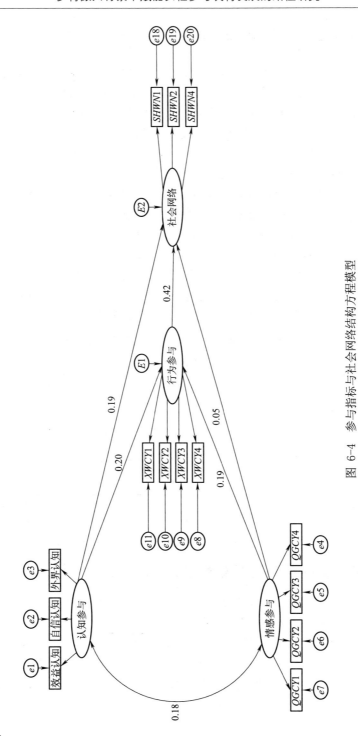

图 6-4　参与指标与社会网络结构方程模型

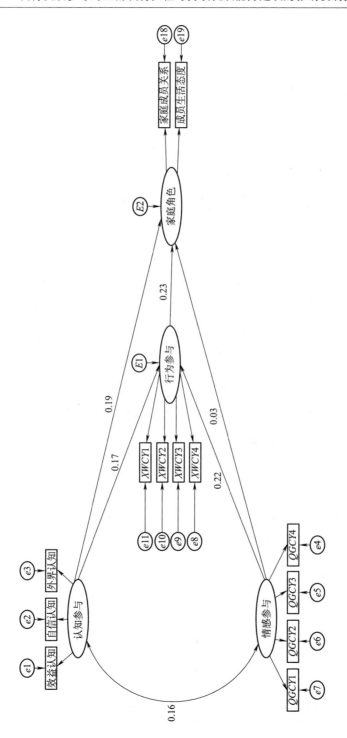

图 6-5　参与指标与家庭角色结构方程模型

根据模型路径结果表 6-36 可知，家庭角色—情感参与路径系数不显著，其余路径系数均显著。结合统计学原理和前期回归结果，最终研究认为情感参与对家庭角色无显著性的直接影响（$\beta=0.134$，$p=0.197>0.05$）。根据其他路径系数对比可知，认知参与和情感参与对行为参与均存在显著的路径影响，系数结果分别为 $\beta=0.162$，$p<0.01$ 和 $\beta=0.221$，$p<0.001$。根据行为参与和认知参与对家庭角色的路径结果，系数分别 $\beta=0.230$，$p=<0.001$ 和 $\beta=0.187$，$p<0.01$，表明均存在显著性影响关系。结合理论和前期回归结果来看，行为参与在认知参与和家庭角色之间起到了部分中介作用。

**表 6-36　参与指标与家庭角色模型路径拟合结果**

| 路　　径 | 标准化系数 | S. E. | C. R. | p |
|---|---|---|---|---|
| 行为参与—认知参与 | 0.162 | 0.052 | 2.013 | 0.007* |
| 行为参与—情感参与 | 0.221 | 0.076 | 5.665 | *** |
| 家庭角色—行为参与 | 0.230 | 0.083 | 4.428 | *** |
| 家庭角色—情感参与 | 0.134 | 0.241 | 1.235 | 0.197 |
| 家庭角色—认知参与 | 0.187 | 0.066 | 2.984 | 0.001* |

注：*** 表示数据在 $p<0.001$ 的条件下显著；** 表示数据在 $p<0.01$ 的条件下显著；* 表示数据在 $p<0.05$ 的条件下显著。$X^2=261.643$、$DF=95$、$GFI=0.894$、$RMSEA=0.069$、$NFI=0.899$、$IFI=0.907$、$CFI=0.907$。

## 6.7　农村发展参与对云南农村女性可持续发展能力建设的影响机制实证研究结果分析

基于在第 5 章提出的农村发展参与对农村女性可持续发展能力建设的影响机制的假设，本章首先运用探索性因子分析、验证性因子分析方法对所构建模型中各变量的初始测量题项进行效度与信度检验，并根据指标要求进行了调整和修订，形成具有较高拟合度的测量模型。其次，对研究模型进行结构方程模型检验。最后，本研究进一步对研究假设成立的情况进行整理和说明（表 6-37）。

**表 6-37　假设检验结果汇总**

| 假设编号 | 假设内容 | 验证结果 |
|---|---|---|
| H5-1 | 女性在农村发展参与中，认知参与程度越高，行为参与越积极 | 成立 |
| H5-2 | 女性在农村发展参与中，情感参与程度越高，行为参与越积极 | 成立 |
| H5-3 | 女性在农村发展参与中，认知参与程度越高，可持续发展能力提升越明显 | 成立 |
| H5-3a | 女性在农村发展参与中，认知参与程度越高，经济条件提升越明显 | 成立 |
| H5-3b | 女性在农村发展参与中，认知参与程度越高，人力资本提升越明显 | 成立 |

（续）

| 假设编号 | 假设内容 | 验证结果 |
|---|---|---|
| H5-3c | 女性在农村发展参与中，认知参与程度越高，社会网络关系强度提升越明显 | 成立 |
| H5-3d | 女性在农村发展参与中，认知参与程度越高，家庭角色地位提升越明显 | 成立 |
| H5-4 | 女性在农村发展参与中，情感参与程度越高，可持续发展能力提升越明显 | 不成立 |
| H5-4a | 女性在农村发展参与中，情感参与程度越高，经济条件提升越明显 | 不成立 |
| H5-4b | 女性在农村发展参与中，情感参与程度越高，人力资本提升越明显 | 成立 |
| H5-4c | 女性在农村发展参与中，情感参与程度越高，社会网络关系强度提升越明显 | 不成立 |
| H5-4d | 女性在农村发展参与中，情感参与程度越高，家庭角色地位提升越明显 | 不成立 |
| H5-5 | 女性在农村发展参与中，行为参与程度越高，可持续发展能力提升越明显 | 成立 |
| H5-5a | 女性在农村发展参与中，行为参与程度越高，经济条件提升越明显 | 成立 |
| H5-5b | 女性在农村发展参与中，行为参与程度越高，人力资本提升越明显 | 成立 |
| H5-5c | 女性在农村发展参与中，行为参与程度越高，社会网络关系强度提升越明显 | 成立 |
| H5-5d | 女性在农村发展参与中，行为参与程度越高，家庭角色地位提升越明显 | 成立 |
| H5-6 | 女性在农村发展参与中，行为参与在情感参与和认知参与对可持续发展能力建设之间起到中介作用 | 成立 |
| H5-7 | 女性在农村发展参与中，外部环境会正向调节行为参与对可持续发展能力建设的影响 | 部分成立 |
| H5-7a | 女性在农村发展参与中，外部环境会正向调节行为参与对经济条件的影响 | 成立 |
| H5-7b | 女性在农村发展参与中，外部环境会正向调节行为参与对人力资本的影响 | 成立 |
| H5-7c | 女性在农村发展参与中，外部环境会正向调节行为参与对社会网络的影响 | 不成立 |
| H5-7d | 女性在农村发展参与中，外部环境会正向调节行为参与对家庭角色的影响 | 不成立 |

## 6.7.1 女性主体性构建的影响分析

通过背景因素对可持续发展能力的影响分析可知，以女性为主体的研究对象中，家庭劳动力数量、受教育程度均对可持续发展能力具有正向的影响作用，说明女性主体在参与乡村发展活动中，受到了家庭劳动力数量、受教育程度的直接影响。表明在乡村发展工作中，对劳动力较弱的家庭或者受教育程度低的家庭开展有效帮扶是一项较为紧迫的工作。

农村女性主体在社区参与中需要从"缺位"到"归位"，"增能"的理论与现实逻辑在于：参与不足导致对公共事务"无感"，正是这种"无感"与能力缺失的交互作用，促使主体性缺失。一般可采取讲授、座谈会、阅读相关书籍等方式进行理论知识的传授，在实践层面往往以社区民生项目和公益活动为依托，指导居民运用专业技巧和方法在参与行动中发挥能动性。专业技能的掌握与运用促进了居民参与，使居民在项目运作实践中建构主体性，激发了居民参与社区治理的积极性、主动性与创造性。由此可见，女性主体参与的核心在于建构参与农村社区事务的主体性，通过培育居民权利意识，激发权利观念，提升主体能力，促进居民能动性的发挥。

## 6.7.2　女性农村发展参与影响分析

（1）**认知参与影响。** 认知参与对可持续发展能力下的经济条件、人力资本、社会网络、家庭角色均具有显著性的正影响，表明在女性为主体的贫困家庭中，认知参与程度越高，其可持续发展能力越强。由此可见，女性对乡村发展的认知程度将会对后期有效脱贫起直接的显著性作用。模型中认知参与维度包含效益认知、自信认知以及外界认知，通过对调研问卷进行数据分析可知，家庭收入提升、家庭收支平衡、家庭医疗得到帮扶、家庭生活水平提升、对于帮扶项目熟悉、对帮扶认知较高以及对于帮扶项目熟悉度较高，会促使女性倾向于更多地参与到社区发展中，从而对女性家庭经济条件、人力资本、社会网络以及家庭角色都产生正向影响。调研中发现，女性对参与农村发展项目时自我角色的认知往往体现出女性合理安排工作、家庭事务的重要性，更重要的是体现出一种考虑他人感受的倾向，往往注重角色适度调整的农村女性，更加注重家庭关系融洽，注重与他人的和谐关系。在访谈中笔者也发现，采取角色适度调整的女性往往更加注重社会责任，热心于公益事业等。通过在生活中和工作中的自我调节，女性可以找到更加合适的角色定位，使得工作和生活更加和谐，从而提升工作满意度和生活满意度。

（2）**情感参与影响。** 在对情感参与对可持续发展能力的影响分析中，回归分析结果验证其只对人力资本具有显著影响，行为参与的中介作用对可持续发展能力产生影响。这表明情感参与对女性有效增收致富起到了显著的间接作用。致富先强心，弱势群体往往呈现出自卑、敏感、焦虑、抑郁等心理亚健康状态，而又因认知水平有限无就医意识，极可能发展成不可逆转的严重精神问题，心理情绪疏导成为扶志的重要前提。需要建立心理情绪疏导机制，重树相对贫困家庭对美好生活的信心。调研中发现对于相对贫困而言，女性的反应比较实际，主要关注扶贫组织对其以及家庭的资金帮扶以及项目的直接收益。一般当地依托产业带动，联合生产互助组织以及农村合作社，带动当地农民主动参与到乡村发展项目中，以此来获得收益。因此在研究中发现，情感参与仅对女性人力资本有正向影响，或许得益于感知到仅有的生活补助无法满足长久脱贫，最好的方式是增加自身赚钱能力。因此，情感参与对经济条件、社会网络以及家庭角色没有直接正向作用。

（3）**行为参与影响。** 研究对行为参与对可持续发展能力的模型验证结果表明，行为参与对可持续发展能力中的经济条件、人力资本、社会网络以及家庭角色均具有显著的正影响。在以为女性为扶贫主体的家庭中，其参与度越高，后期可持续发展能力也越高。整体来看，参与指标下的情感参与、认知参与和行为参与均对可持续发展能力产生积极的正向影响。前文研究得出，行为参与维度分为参与意愿与参与行为两个方面，一般而言，云南农村女性在有主动参与扶贫项目的意愿的情况下会积极主动参与集体活动，参加扶贫项目。当行为发生之时，扶贫效果显现，也就是农村发展参与行为程度越高，其对女性的经济条件、人力资本、社会网络以及家庭角色影响越大，而认知参与与情感参与通过行为也会产生相应的正向影响。在决定对一个工作的投入程度时，有许多女性不会选择全力以赴，她们更愿意用部分时间来经营工作，例如外出打工会选择离家较近的地方，工作形式尽量选择零工，从而兼顾家庭生活。似乎家庭对于女性来说更多的是一种束缚与障碍，但是事实上，家庭变化也带来积极的影响，有子女或长辈需要照顾既可能限制女性发展自己的事业，也可能会刺激她去寻求更大的发展来为家人提供更好的条件。同样，需要照顾的人的离开或减少也会让女性对事业的期待产生变化，她们可能能有更多的时间和精力，也有可能有些女性会将此作为缩短工作时间的契机，因为她们不再需要更多的收入。在农村扶贫的过程中，政府占据了主导角色，而村民的角色处于缺位状态，这会严重影响扶贫政策的实施效果。盈利能力强、获取扶贫信息和贷款容易以及有政府帮扶的项目则会促进农村女性群体参与其中。

## 6.7.3 外部环境的影响分析

外部环境在农村发展参与对可持续发展能力建设的影响中起到了正向调节作用。从外部环境的分析结果来看，外部环境在农村发展参与与经济条件、人力资本中起正向的调节作用，对社会网络、家庭角色调节作用不明显。这说明，在扶贫工作中，好的外部环境如良好的宣传氛围，政府、互助组织以及企业的帮扶等，这些外部环境所带来的影响，都将正向作用在帮扶主体上，影响女性可持续发展能力建设。在研究中发现，在整个乡村发展过程中，女性主体的参与度受外部环境的影响较大，参与度高会增加其可持续发展能力，而外部环境的调节作用会大大增加其参与度。女性自身特点造成其易受周边环境影响，她们富有同情心和同理心，当周边充满支持与鼓励时，她们十分愿意加入这样的环境中，发挥其自身的能力，同时也使自身能力得到提高。而社会网络与家庭角色主要涉及自身参政情况、邻里关系、家庭成员关系以及家庭人员生活态度，这几个方面是比较固化的，不太容易被外在政策环境改变。在调研中发现，女性社会网络与家庭角色受家庭环境影响较大，受当地传统风俗影响较大。

本章依据实证结果，结合相关研究探讨农村发展参与对云南农村女性可持续发展能力建设的影响机制。本章通过实证分析研究得出：女性可持续发展能力建设的影响因素是农村发展参与中的认知参与、情感参与、行为参与以及外部环境支持，因此在参与农村发展项目过程中女性可持续发展能力的提升是多个方面作用的结果，既需要提升参与主体的内生动力，也需要外源动力的支持。文献研究表明，教育是提升技能与认知的重要过程，对阻断贫困代际传递意义重大，结合扶贫政策提出"扶智"是具有科学性和可行性的。"扶志"的提出则是针对被动脱贫人群，其脱贫又返贫的概率极大，因此提出主动脱贫。研究发现，对贫困女性而言这种转变的过程需要综合情感与认知以及外部环境的推力，因此提升内生动力需要"扶志"和"扶智"，外源动力强是相关帮扶力量对贫困地区的支持力度与效果的体现（图6-6）。

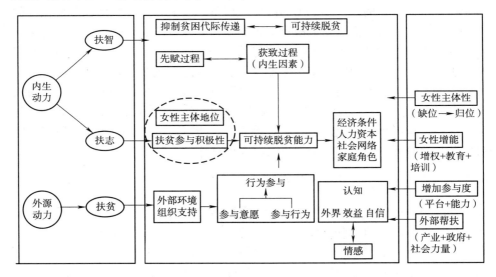

图6-6　农村发展参与对农村女性可持续发展能力建设影响机制

# 6.8　本章小结

本章整理了以女性为扶贫主体的量表结果，探索出农村发展参与、可持续发展能力和外部环境3个维度的指标量表。对农村发展参与指标的分析得出农村发展参与指标包含认知参与、情感参与以及行为参与3个方面。对可持续发展能力建设的分析得出农村发展参与指标包含经济条件、人力资本、社会网络以及家庭角色4个方面。SEM结构方程模型也表明，以女性为扶贫主体的扶贫工作中，认知参与、情感参与与行为参与均会影响可持续发展能力建设。认知参与也会影响行为参与，表明以女性为主体的农村发展事务中，加强女性的认知有助于工作的开展。认知参与、情感参与也会通过行为参与影响可持续发展能力。外部环境直接影响农村发展参与对可持续发展能力建设的作用，根据数据分析结合可知，外部环境在农村发展参与对可持续发展能力建设的作用中起正向的调节作用，表明外部环境越好，农村发展参与对可持续发展能力建设的作用越显著。进一步说明，外部环境的提升有助于扶贫主体快速提升发展能力。

# 7 内外环境交互作用下的女性可持续发展能力协调机制研究

前文的研究中考虑了政策等因素对可持续发展能力的影响，但是在研究中发现参与主体性对女性的参与度以及能力的影响是隐性的，但又不可或缺。为了区别外部政策等相关影响因素，本章将女性个人因素称作内部环境，主要分为个体禀赋、个体与群体协调度两个方面。根据乡村发展中女性参与情况（"行政参与""打工参与""创业参与"等类别），进一步对农村发展中的女性主体性参与的形成和发展过程进行深入探讨，设计问卷，在案例地收集问卷数据。

将上述研究结果及理论体系应用于我国农村女性的可持续发展能力研究中，提出激励女性参与的措施，促进贫困地区经济社会健康持续发展，为今后政府制定可持续减贫和乡村振兴政策提供决策依据。进而可以推动我国农村女性能力提升，促进性别平等、机会平等，调动女性内生动力，创造更多社会价值。

## 7.1 模型设计及研究假设

### 7.1.1 模型设计

考虑到个体与环境的异质性，本书将环境因素进一步细分为内部环境（个体禀赋、个体与群体协调度）与外部环境（政策、社会力量、金融环境、企业合作），及其对能力指标系统的交互作用。在前文得出的个体参与对可持续发展能力的影响机制的基础上继续挖掘，进一步探讨能力指标系统内部关系以及环境等异质性及其复杂化对女性可持续发展能力的影响，由线到面、由浅入深地探讨脱贫能力异质性具体的影响因素。女性持续发展的能力结构和外部环境的协调，决定了可持续发展能力的水平。借助协同机理使参与能力、经济能力、人力资本、社会网络和家庭幸福感动态整合、交互协同，驱动能力系统协同的形成和有效运行，不断提升和拓展农村女性可持续发展能力。

本研究认为乡村发展过程中，女性参与者受内外部环境的交互作用，对可持续发展能力有一定的影响，同时，人力资本、社会网络、经济条件、家庭角色4个层次的发展变化也具有因果关系（图7-1）。

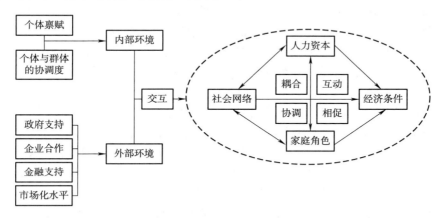

图7-1　内外部环境交互作用下的女性可持续发展能力指标协调机制

## 7.1.2　研究假设

参与能力、经济能力、人力资本、社会网络和家庭幸福感是贫困女性持续脱贫能力的构成要素，农村女性可持续发展能力的形成过程是内部要素的协同运动过程，它们之间互为前提、相互作用、相互协作。女性持续脱贫的能力结构和外部环境的协调，决定了可持续脱贫能力的水平。借助协同机理使参与能力、经济能力、人力资本、社会网络和家庭幸福感动态整合、交互协同，驱动能力系统协同的形成和有效运行，不断提升和拓展农村女性可持续发展能力。本章从问卷数据中四个能力指标系统之间的协同互动与因果关系出发，考虑个体与环境异质性，将环境因素进一步细分为内部环境与外部环境及其对能力系统的交互作用，采用结构方程模型（Amos）进行实证验证。

### 7.1.2.1　内外部环境对可持续发展能力的影响作用假设

内部环境构成一个家庭的基本氛围，是家庭内部完整性、协调性、发展性的基础。对于落后区域而言，被帮扶的主体以家庭为单位，他们具有整体性和特殊性。对于乡村发展主体而言，外部环境包含政府的政策支撑、企业的专项帮扶、银行的扶贫贷款、当地市场的市场化支持等，这些都是乡村发展主体所面临的外部环境综合体现。基于此，本研究提出以下假设。

H7-1：内部环境对可持续发展能力具有显著的积极影响。

H7-1a：内部环境对女性主体的经济条件发展具有显著的积极影响。

H7-1b：内部环境对女性主体的人力资本发展具有显著的积极影响。

H7-1c：内部环境对女性主体的社会网络关系强度提升具有显著的积极影响。

H7-1d：内部环境对女性主体的家庭角色地位提升具有显著的积极影响。

H7-2：外部环境对可持续发展能力具有显著的积极影响。

H7-2a：外部环境对女性主体的经济条件发展具有显著的积极影响。

H7-2b：外部环境对女性主体的人力资本发展具有显著的积极影响。

H7-2c：外部环境对女性主体的社会网络关系强度提升具有显著的积极影响。

H7-2d：外部环境对女性主体的家庭角色地位提升具有显著的积极影响。

内外部环境的发展变化中，两者存在相互的影响作用。外部环境的发展会提升内部环境的发展，同时内部环境的变化也会反馈到外部环境中。这种内外部具有一定协调性的变化称作交互作用，这种交互作用在一定程度上也会提升女性主体可持续发展能力。基于本研究提出以下假设。

H7-3：内外部环境交互作用对可持续发展能力具有显著的积极影响。

H7-3a：内外部环境交互作用对女性主体的经济条件发展具有显著的积极影响。

H7-3b：内外部环境交互作用对女性主体的人力资本发展具有显著的积极影响。

H7-3c：内外部环境交互作用对女性主体的社会网络关系强度提升具有显著的积极影响。

H7-3d：内外部环境交互作用对女性主体的家庭角色地位提升具有显著的积极影响。

### 7.1.2.2 可持续发展能力指标的相互影响作用假设

可持续发展能力是个人在追求个人生活和家庭经济发展的过程中，既能实现经济增长、确保家庭的和谐，又能使家庭在未来一定时期内具有一定的抗风险能力。可持续发展能力不仅包含个人的能力发展、家庭的经济发展，也包含家庭成员生活资料和资本的完善，更包含与外界的接触和协同发展。前文得出可持续发展能力的内部指标包含经济条件、人力资本、社会网络、家庭角色四个维度，这四个维度之间存在一定的相互协调关系。基于此，本研究提出以下假设。

H7-4：人力资本与社会网络之间存在双向影响。

H7-5：人力资本与家庭角色之间存在双向影响。

H7-6：人力资本对经济条件具有单向积极影响。

H7-7：社会网络与家庭角色之间存在双向影响。

H7－8：社会网络对经济条件具有单向积极影响。

H7－9：家庭角色对经济条件具有单向积极影响。

## 7.2 内外环境交互作用下的女性可持续发展能力指标协调机制研究实证分析

本研究期望分析得出内外部环境如何对可持续发展能力产生影响，故在本次研究中仅筛选出参与过农村发展项目的女性进行研究。本次数据筛选步骤为：首先对843份问卷结果进行筛选，选择户主为女性作为备选项，进一步选择女性劳动力占该家庭整体劳动力人口50％以上的受访户作为本次研究主体。最终确定参与过农村发展项目的女性作为本次有效问卷数据，整理其相应指标，并获得有效结果。

最终筛选出679份符合本次研究目的的问卷。同时为保证问卷整体有效及数据完整，再次对问卷结果进行盘点，剔除出现回答空缺、问卷完整度较差的数据。最终筛选出有效问卷549份，问卷有效率为65.12％。

### 7.2.1 家庭人口特征的描述性统计分析

本研究不仅对女性参与者的相关指标进行统计分析，也对被研究者家庭情况进行调查整理。以往学者们认为，年龄、性别、学历等背景因素不同，会影响模型结果的差异性。基于此，为进一步论证和保证本研究的完整性，本书对所涉及的背景因素指标也进行了整理和汇总。最终整理得到的背景因素如表7－1所示。根据背景因素调查结果可知，这些家庭的平均受教育程度在初中及以下的居多，表明这些家庭的学历不高。本次调研的家庭年收入普遍在40 000元及以下。

**表7－1 背景因素描述性统计分析**

| 类　　别 | 指标 | 样本量（个） | 比例（％） |
|---|---|---|---|
| 女性劳动力数量 | 1人 | 276 | 40.648 |
| | 2人 | 271 | 39.912 |
| | 3人 | 121 | 17.82 |
| | 4人及以上 | 11 | 1.62 |
| 家庭劳动力数量 | 2人以下 | 331 | 48.748 |
| | 2～5人 | 311 | 45.803 |
| | 5人以上 | 37 | 5.449 |

（续）

| 类　别 | 指标 | 样本量（个） | 比例（%） |
|---|---|---|---|
| | 4 人以下 | 141 | 20.766 |
| 家庭人口数 | 4～6 人 | 412 | 60.677 |
| | 6 人以上 | 126 | 18.557 |
| | 18 岁及以下 | 162 | 23.859 |
| | 19～40 岁 | 117 | 17.231 |
| 女性劳动力年龄 | 41～50 岁 | 140 | 20.619 |
| | 51～60 岁 | 117 | 17.231 |
| | 60 岁以上 | 143 | 21.06 |
| | 4 万元及以下 | 644 | 94.845 |
| | 4 万～6 万元 | 25 | 3.682 |
| 家庭年收入 | 7 万～9 万元 | 4 | 0.589 |
| | 10 万～12 万元 | 5 | 0.736 |
| | 12 万元以上 | 1 | 0.147 |
| | 未接受文化教程 | 95 | 13.991 |
| | 小学 | 304 | 44.772 |
| 平均受教育程度 | 初中 | 229 | 33.726 |
| | 高中或中专 | 46 | 6.775 |
| | 大专或高职 | 4 | 0.589 |
| | 本科或以上 | 1 | 0.147 |

资料来源：本研究整理。

## 7.2.2　量表设计

根据本次研究设定，结合《云南省连片贫困地区农户情况和扶贫现状调查问卷》相关整理，参考相关学者的研究，筛选出本研究题项范畴，通过对《云南省连片贫困地区农户情况和扶贫现状调查问卷》的梳理，最终确定了内部环境、外部环境、可持续发展能力三大指标体系，并以此开展三者之间的交互作用关系研究。

### 7.2.2.1　内部环境量表设计

结合本研究实际，根据以往学者研究，将内部环境分为个人、个体与群体协调度两个维度进行研究。个体维度主要研究个体禀赋，主要影响因素有个人的家庭地位（是否为户主并不能完全体现个人的家庭地位，为便于统计与测量，本书以此作为题项）、受教育水平、是否有重大疾病等。个体与群体协调度主要影响因素是个体参与社会实践（农村发展项目）的情况（表 7 - 2）。

表 7-2 内部环境题项编码

| 维度 | 题项编号 | 题 目 | 赋 值 |
|---|---|---|---|
| 个体禀赋 | GTBF1 | 您家庭的户主是 | 1＝男性，2＝女性 |
| | GTBF2 | 受教育程度 | 1＝文盲，2＝小学，3＝初中，4＝高中或中专，5＝大专或高职，6＝本科或以上 |
| | GTBF3 | 有无罹患重大疾病的家庭成员 | 0＝无，1＝有 |
| | GTBF4 | 是否出现重大疾病 | 是＝1，否＝0 |
| 个体与群体协调度 | GTXT1 | 村干部的工作是否需要改进 | 很有必要＝1，比较必要＝2，保持现状＝3，不太必要＝4，完全没必要＝5 |
| | GTXT2 | 提高收入的信心 | 难度较大＝1，难度较低＝2，可以实现＝3，较容易实现＝4，很容易实现＝5 |
| | GTXT3 | 收入不变影响程度 | 没有影响＝1，轻微＝2，中度＝3，较大＝4，极大＝5 |
| | GTXT4 | 未参与原因数量 | 4个及以上＝1，3个＝2，2个＝3，1个＝4，无＝5 |
| | GTXT5 | 项目实施过程公平性 | 非常差＝1，较差＝2，一般＝3，较好＝4，非常好＝5 |
| | GTXT6 | 参加村里活动次数 | 0个＝1，1-2个＝2，3-4个＝3，4-5个＝4，5个以上＝5 |

资料来源：本研究整理。

### 7.2.2.2 外部环境量表设计

多数研究人员将外部环境定义为：个人所处的政治、经济、群体关系等的自然或者人为的因素。结合本研究实际，根据以往学者研究，将外部环境分为政府支持、企业合作、金融支持、市场化水平四个部分（表7-3）。

表 7-3 外内部环境题项编码

| 维度 | 题项编号 | 题 目 | 赋 值 |
|---|---|---|---|
| 政府支持 | ZFZZ1 | 是否参与贫困援助项目 | 是＝1，否＝0 |
| | ZFZZ2 | 改善家庭的生活水平程度 | 负面影响很大＝1，有负面影响＝2，没有帮助＝3，帮助一般＝4，帮助非常大＝5 |
| | ZFZZ3 | 扶贫工作家庭帮助项目数 | 0个＝1，1-2个＝2，3-4个＝3，4-5个＝4，5个以上＝5 |
| | ZFZZ4 | 是否特定需求扶助 | 是＝1，否＝0 |
| | ZFZZ5 | 扶助接触最多 | 县级政府工作人员＝4，乡镇政府工作人员＝3，村干部＝2，志愿者＝1 |
| | ZFZZ6 | 重大困难时求助对象 | 县政府＝6，乡镇府＝5，村干部＝4，志愿者＝3，邻居＝2，亲戚＝1 |

（续）

| 维度 | 题项编号 | 题　目 | 赋　值 |
|---|---|---|---|
| 企业合作 | QYHZ1 | 生产互助组织效果 | 负面影响很大＝1，有负面影响＝2，没有帮助＝3，有一定帮助＝4，帮助很大＝5 |
| | QYHZ2 | 生产技能培训发起者 | 农技推广站＝4，企业＝2，上级政府＝3，其他组织＝1 |
| | QYHZ3 | 培训帮助情况 | 帮助很大＝5，有一定帮助＝4，没有帮助＝3，有负面影响＝2，负面影响很大＝1 |
| 金融支持 | JRZC1 | 资金获取渠道 | 信用社＝4，银行小额贷款＝3，向有联系的企业借贷＝2，向熟识的人借贷＝1 |
| | JRZC2 | 资金获取难度 | 难度很大＝4，难度较大＝3，有一定难度＝2，没有难度＝1 |
| | JRZC3 | 获得现金援助机会 | 很少＝5，较少＝4，一般＝3，较多＝2，很多＝1 |
| | JRZC4 | 扶贫活动提供者 | 小微金融机构＝6，健康护理机构＝5，技术培训机构＝4，设施维护建设机构＝3，资源开发机构＝2，小微企业＝1 |
| 市场化水平 | SCSP1 | 种植业收入占比 | 20％～40％＝4，40％～60％＝3，60％～80％＝2，80％以上＝1 |
| | SCSP2 | 免除农业税影响 | 很有帮助＝4，较有帮助＝3，帮助不大＝2，有负面影响＝1 |
| | SCSP3 | 从事行业 | 养殖业＝8，食品加工经营业＝7，批发零售业＝6，房屋建造＝5，农用具制造业＝4，休闲农业产业＝3，外出打工＝2，其他＝1 |
| | SCSP4 | 农产品销售渠道 | 本村售卖＝6，上门收购＝5，企业收购＝4，县城售卖＝3，收购站＝2，其他＝1 |
| | SCSP5 | 销售信息的渠道 | 其他农户＝6，村干部＝5，电视＝4，网络＝3，广播＝2，其他＝1 |

资料来源：本研究整理。

### 7.2.2.3　可持续发展能力量表设计

结合内外部环境变量，本书设计的可持续发展能力量表包含经济条件、人力资本、社会网络和家庭角色（表7-4）。

**表7-4　可持续发展能力题项编码**

| 维度 | 题项编号 | 题　目 | 赋　值 |
|---|---|---|---|
| 经济条件 | JJWD1 | 耕地面积 | 1～5亩＝1，2～10亩＝2，11～15亩＝3，16～20亩＝4，21亩以上＝5 |
| | JJWD2 | 是否拥有农机具 | 是＝1，否＝0 |
| | JJWD3 | 耕地主要地形 | Likert5级量表，地形复杂程度越高，得分越高 |

（续）

| 维度 | 题项编号 | 题目 | 赋值 |
|---|---|---|---|
| 经济条件 | JJWD4 | 住宅面积 | 1～100平方米=1，101～200平方米=2，201～300平方米=3，301～500平方米=4，500平方米以上=5 |
| | JJWD5 | 住宅配套情况 | Likert5级量表，配套越多，得分越高 |
| | JJWD6 | 家用电器数量 | Likert5级量表，配套越多，得分越高 |
| | JJWD7 | 观看电视时间 | 0.5～1小时=1，1.1～2小时=2，2.1～3小时=3，3.1～4小时=4，4小时以上=5 |
| | JJWD8 | 交通便利程度 | 非常便利=5，比较便利=4，一般=3，较为不便=2，非常不便=1 |
| | JJWD9 | 收入指标增长情况 | 有增长=1，无增长或降低=0 |
| | JJWD10 | 生活改善状况 | 改善很多=5，有改善=4，没改善或无意见=3，生活状况下降=2，下降很多=1 |
| | JJWD11 | 家庭副业 | Likert5级量表，副业越多，得分越高（无副业=1，4种以上副业=5） |
| | JJWD12 | 主要支付项目 | Likert5级量表，支出越多，得分越高 |
| 人力资本 | RLZB1 | 是否外出务工 | 是=1，否=0 |
| | RLZB2 | 初中学历人员数量 | 0人=1，1～2人=2，3～4人=3，4～5人=4，5人以上=5 |
| | RLZB3 | 是否出现重大疾病 | 是=1，否=0 |
| | RLZB4 | 医疗花费金额 | <3 000元=1，3 000～10 000元=2，10 000～20 000元=3，>20 000=4 |
| | RLZB5 | 是否参加过生产技能培训 | 是=1，否=0 |
| | RLZB6 | 生产技能培训帮扶程度 | 负面影响很大=1，有负面影响=2，没有帮助=3，帮助一般=4，帮助非常大=5 |
| 社会网络 | SHWN1 | 少数民族亲友数量 | 0人=1，1～2人=2，3～4人=3，4～5人=4，5人以上=5 |
| | SHWN2 | 是否参加宗教活动 | 是=1，否=0 |
| | SHWN3 | 邻里关系熟悉度 | 很了解=5，比较了解=4，一般=3，不太了解=2，完全不了解=1 |
| 家庭角色 | JTJS1 | 家庭关系紧密度 | 不足一年=1，一年以上三年以下=2，三年以上五年以下=3，五年以上=4 |
| | JTJS2 | 劳动力数量 | Likert5级量表，人数越多，得分越高（1～2=1，3～4=2，5～6=3，7～8=4，8以上=5） |
| | JTJS3 | 外出务工人员数量 | Likert5级量表，人数越多，得分越高（0人=1，1人=2，2人=3，3人=4，3人以上=5） |

（续）

| 维度 | 题项编号 | 题　　目 | 赋　　值 |
|------|----------|----------|----------|
| 家庭角色 | JTJS4 | 务工时长 | Likert5 级量表，总时长越高，得分越高（0＝1，6个月＝2，12 个月＝3，18 个月＝4，18 个月以上＝5） |
| | JTJS5 | 务工是否有经济帮助 | 是＝1，否＝0 |
| | JTJS6 | 外出务工地 | 邻村＝1，县城＝2，省会＝3，省外＝4 |

资料来源：本研究整理。

## 7.2.3　量表信度、效度检验

为了保证研究所选择量表及测量题项的合理性，研究将通过探索性因子分析和验证性因子分析对量表进行测试。

**（1）信度检验。** 信度（Reliability），主要是反映用某一测量量表对同一受试对象进行重复测试时，得到的测试结果的一致性与稳定性。常用信度分析指标包含 Cronbach's α 系数、折半信度等。本研究采用 Cronbach's α 系数作为检验各测量量表的信度指标之一。对于 Cronbach's α 系数的可接受阈值，一般认为大于 0.7 为可接受范围，本研究各个量表的阈值标准也设定为 0.7，同时也将针对每个量表下的二级指标一并进行测量，保证最终数据的信度。

**（2）探索性因子分析。** 为保证量表结构效度符合要求，本研究采用探索性因子分析（Exploratory Factor Analysis，EFA）进行检测。探索性因子分析是从具有复杂关系的变量中提炼少数几个核心变量用以确定多元因子本质结构的一种变量数据降维分析技术。研究者可通过探索性因子分析得到的因子载荷值分布情况来判断变量结构效度的优劣，主要考量方法有 KMO（Kaisex - Meyer - Olkin）测度与 Bartlett 球体检验。最终研究选择 KMO 阈值标准在 0.7 以上，Bartlett 球体检验显著性水平 $p$ 值应小于 0.05，按照特征值大于 1、累计解释方差比例最低大于 50% 的原则进行拟合和抽取因子。

**（3）验证性因子分析。** 验证性因子分析与探索性因子分析不同，研究者经过大量的调研和查阅文献，在探索性因子分析之后，确定研究模型，利用 AMOS 软件测量模型的稳定性。在结果验证中，需保证每个因子的 AVE 值大于 0.5，并且 CR 值大于 0.7，才能有效说明研究量表具有良好的聚合效度，同时还要求每个测量项对应的因子载荷系数（Factor Loading）值大于 0.7。

### 7.2.3.1　内部环境量表信度、效度检验

**（1）信度检验。** 根据表 7 - 5 可知，内部环境总量表信度结果为 0.761，大于阈值标准（0.7），表明总量表信度结果较好。从每个题项的结果来看，研究发现每个题项的 CITC 系数均大于 0.3，且信度值均小于 0.761，说明量表具有较好的可靠性。

**表 7 - 5　内部环境信度检验**

| 题项 | 平均值 | 标准差 | CITC | Cronbach's α 值 | 量表信度 |
|------|--------|--------|------|------------------|----------|
| GTBF1 | 1.481 | 0.500 | 0.653 | 0.740 | |
| GTBF2 | 3.433 | 1.755 | 0.489 | 0.735 | |
| GTBF3 | 0.481 | 0.500 | 0.653 | 0.740 | |
| GTBF4 | 0.481 | 0.500 | 0.653 | 0.740 | |
| GTXT1 | 3.041 | 1.350 | 0.429 | 0.741 | 0.761 |
| GTXT2 | 3.101 | 1.394 | 0.381 | 0.748 | |
| GTXT3 | 2.998 | 1.409 | 0.432 | 0.741 | |
| GTXT4 | 3.028 | 1.418 | 0.481 | 0.733 | |
| GTXT5 | 3.002 | 1.424 | 0.345 | 0.754 | |
| GTXT6 | 3.083 | 1.339 | 0.432 | 0.740 | |

资料来源：本研究整理。

**（2）探索性因子分析。**对内部环境量表的信度进行检验后，进一步进行探索性因子分析，以验证其结构效度，分别利用 KMO 值和 Bartlett 球形检验结果和题项载荷系数对量表数据进行分析。

根据表 7 - 6 可知，对内部环境量表进行探索性因子分析，其 KMO 值为 0.812，Bartlett 球形检验卡方值为 2190.899，且对应显著性 $p$ 值明显小于 0.001，表明该量表适合进行探索性因子分析。采用主成分分析法对内部环境量表的 10 个题项进行因子提取，共得到 2 个特征值大于 1 的因子，2 个因子累计解释方差比例大于 50% 的最低可接受值，故可认为萃取 2 个公共因子具有合理性。最终根据题项的拟合情况，本研究将内部环境分为个体禀赋、个体与群体协调度两个方面，这不仅契合本次研究设计的题项组合标准，也具有较好的结构效度。

**表 7 - 6　内部环境探索性因子分析结果**

| 题项 | 因子 1 | 因子 2 | KMO 值 | Bartlett 检验卡方值 | 特征值 | 解释方差比（%） |
|------|--------|--------|--------|----------------------|--------|------------------|
| GTBF1 | 0.979 | | | | | |
| GTBF2 | 0.923 | | | | 3.824 | 38.239 |
| GTBF3 | 0.979 | | | | | |
| GTBF4 | 0.979 | | | | | |
| GTXT1 | | 0.641 | | | | |
| GTXT2 | | 0.532 | 0.812 | 2 190.899 *** | | |
| GTXT3 | | 0.667 | | | | |
| GTXT4 | | 0.630 | | | 2.453 | 24.530 |

（续）

| 题项 | 因子 1 | 因子 2 | *KMO* 值 | Bartlett 检验卡方值 | 特征值 | 解释方差比（%） |
|------|--------|--------|----------|---------------------|--------|------------------|
| GTXT5 | | 0.617 | | | | |
| GTXT6 | | 0.658 | | | | |

注：＊＊＊表示数据在 $p < 0.001$ 时显著。

**（3）验证性因子分析。** 进一步对经过探索性因子分析后确定的内部环境量表结果进行验证性因子分析，利用 Amos 软件分析后，首先查看模型的适配度，如表 7-7 所示。根据表 7-7 可知，多数适配指标卡方自由度比（1.954）、*PGFI*（0.636）、*GFI*（0.982）等均达到标准，表明模型具有较好的拟合度，也说明模型适配程度较高。

**表 7-7　内部环境模型拟合指标**

| | 拟合指标 | 适配的标准 | 检定结果数据 | 模式适配判断 |
|---|-----------|-------------|----------------|----------------|
| 基本适配度 | 是否没有负的误差变异数 | ＞0 | 无 | 适配 |
| | 因素负荷量介于 0.5～0.95 | 0.50～0.95 | 0.160～0.776 | 通过 |
| | 是否有很大的标准误 | 不能太大 | | 适配 |
| 整体模型适配度 | $\chi^2$ 值 | $p > 0.05$ | 219.121 | 适配 |
| | $\chi^2$ 自由度比 | $p < 3.00$ | 1.954 | 适配 |
| | *GFI* 值 | $p > 0.85$ | 0.982 | 适配 |
| | *AGFI* 值 | $p > 0.80$ | 0.921 | 适配 |
| | *RMR* 值 | $p < 0.05$ | 0.009 | 适配 |
| | *RMSEA* 值 | $p < 0.08$ | 0.024 | 适配 |
| | *NFI* 值 | $p > 0.90$ | 0.986 | 适配 |
| | *CFI* 值 | $p > 0.90$ | 0.987 | 适配 |
| | *IFI* 值 | $p > 0.90$ | 0.987 | 适配 |
| | *PNFI* 值 | $p > 0.50$ | 0.543 | 适配 |
| | *PGFI* 值 | $p > 0.50$ | 0.636 | 适配 |
| | *RFI* 值 | $p > 0.90$ | 0.978 | 适配 |

资料来源：本研究整理。

本研究再次对各个题项负荷量结果进行整理，结果如表 7-8 所示。数据表明个体禀赋、个体与群体协调度下的题项载荷系数据均在 0.5 以上。个体禀赋、个体与群体协调度的组合信度分别为 0.825、0.729，均大于 0.6 的统计学要求，因此，本研究认为该量表具有建构效度。

表7-8 内部环境验证性因子分析

| 维　　度 | 题项 | 载荷系数 | S. E. | C. R. | p | CR | AVE |
|---|---|---|---|---|---|---|---|
| 个体禀赋 | GTBF1 | 0.911 | | | | | |
| | GTBF2 | 0.891 | 0.012 | 25.598 | ＊＊＊ | 0.825 | 0.641 |
| | GTBF3 | 0.870 | 0.010 | 24.993 | ＊＊＊ | | |
| | GTBF4 | 0.921 | 0.010 | 24.121 | ＊＊＊ | | |
| 个体与群体协调度 | GTXT1 | 0.665 | | | | 0.729 | 0.521 |
| | GTXT2 | 0.632 | 0.018 | 26.845 | ＊＊＊ | | |
| | GTXT3 | 0.690 | 0.009 | 22.767 | ＊＊＊ | | |
| | GTXT4 | 0.597 | 0.009 | 21.929 | ＊＊＊ | | |
| | GTXT5 | 0.701 | 0.010 | 24.217 | ＊＊＊ | | |
| | GTXT6 | 0.691 | 0.009 | 24.059 | ＊＊＊ | | |

注：＊＊＊表示数据在 $p < 0.001$ 时显著。

### 7.2.3.2 外部环境量表信度、效度检验

**（1）信度检验。** 根据表7-9可知外部环境总量表信度结果为值0.881，大于0.7的阈值标准，表明总量表信度结果较好。每个题项的CITC系数均大于0.3，且信度值均小于0.881，说明量表具有较好的可靠性。

表7-9 外部环境信度检验

| 题项 | 平均值 | 标准差 | CITC | Cronbach's α 值 | 量表信度 |
|---|---|---|---|---|---|
| ZFZZ1 | 0.473 | 0.500 | 0.673 | 0.832 | |
| ZFZZ2 | 3.057 | 1.289 | 0.359 | 0.879 | |
| ZFZZ3 | 2.913 | 1.288 | 0.432 | 0.851 | |
| ZFZZ4 | 0.468 | 0.499 | 0.572 | 0.873 | |
| ZFZZ5 | 2.401 | 1.095 | 0.621 | 0.875 | |
| ZFZZ6 | 3.028 | 1.277 | 0.381 | 0.869 | |
| QYHZ1 | 0.475 | 0.500 | 0.559 | 0.872 | |
| QYHZ2 | 2.482 | 1.098 | 0.853 | 0.864 | |
| QYHZ3 | 2.889 | 1.325 | 0.740 | 0.866 | |
| JRZC1 | 2.477 | 1.112 | 0.857 | 0.864 | 0.881 |
| JRZC2 | 2.505 | 1.106 | 0.629 | 0.892 | |
| JRZC3 | 2.975 | 1.330 | 0.759 | 0.865 | |
| JRZC4 | 3.473 | 1.729 | 0.836 | 0.860 | |

（续）

| 题项 | 平均值 | 标准差 | CITC | Cronbach's α 值 | 量表信度 |
|------|--------|--------|------|-----------------|----------|
| SCSP1 | 2.415 | 1.124 | 0.865 | 0.864 | |
| SCSP2 | 2.465 | 1.126 | 0.853 | 0.864 | |
| SCSP3 | 4.403 | 2.252 | 0.820 | 0.861 | |
| SCSP4 | 3.440 | 1.748 | 0.847 | 0.859 | |
| SCSP5 | 3.438 | 1.679 | 0.835 | 0.860 | |

资料来源：本研究整理。

**（2）探索性因子分析。**对外部环境量表的信度进行检验后，进一步进行探索性因子分析，以验证其结构效度，分别利用 KMO 值和 Bartlett 球形检验结果和题项载荷系数对量表数据进行分析。

根据表 7-10 可知，对外部环境量表进行探索性因子分析，其 KMO 值为 0.947，Bartlett 球形检验卡方值为 11189.831，且对应显著性 $p$ 值明显小于 0.001，表明该量表适合进行探索性因子分析。采用主成分分析法对外部环境量表的 18 个题项进行因子提取，共得到 4 个特征值大于 1 的因子，4 个因子累计解释方差比例大于 50% 的最低可接受值，故可认为萃取 4 个公共因子具有合理性。最终根据题项的拟合情况，本研究将外部环境分为政府支持、企业合作、金融支持、市场化水平四个方面，这不仅契合本次研究设计的题项组合标准，也具有较好的结构效度。

表 7-10　外部环境探索性因子分析结果

| 题项 | 因子 1 | 因子 2 | 因子 3 | 因子 4 | KMO 值 | Bartlett 检验卡方值 | 特征值 | 解释方差比（%） |
|------|--------|--------|--------|--------|--------|---------------------|--------|-----------------|
| ZFZZ1 | 0.972 | | | | | | | |
| ZFZZ2 | 0.842 | | | | | | | |
| ZFZZ3 | 0.835 | | | | | | 7.717 | 38.426 |
| ZFZZ4 | 0.944 | | | | | | | |
| ZFZZ5 | 0.915 | | | | | | | |
| ZFZZ6 | 0.997 | | | | | | | |
| QYHZ1 | | 0.987 | | | | | | |
| QYHZ2 | | 0.703 | | | | | 1.011 | 5.616 |
| QYHZ3 | | 0.802 | | | 0.947 | 11 189.831 *** | | |
| JRZC1 | | | 0.900 | | | | | |
| JRZC2 | | | 0.997 | | | | 1.010 | 5.616 |
| JRZC3 | | | 0.817 | | | | | |

（续）

| 题项 | 因子1 | 因子2 | 因子3 | 因子4 | KMO值 | Bartlett<br>检验卡方值 | 特征值 | 解释方差比<br>（％） |
|---|---|---|---|---|---|---|---|---|
| JRZC4 | | | | 0.895 | | | | |
| SCSP1 | | 0.904 | | | | | | |
| SCSP2 | | 0.901 | | | | | | |
| SCSP3 | | 0.883 | | | | | 4.094 | 22.744 |
| SCSP4 | | 0.895 | | | | | | |
| SCSP5 | | 0.887 | | | | | | |

注：＊＊＊表示数据在 $p < 0.001$ 时显著。

**（3）验证性因子分析。** 研究进一步对经过探索性因子分析后确定的外部环境量表结果进行验证性因子分析，通过 Amos 软件分析后，首先查看模型的适配度，如表 7-11 所示。根据表 7-11 可知，多数适配指标卡方自由度比（2.781）、PGFI（0.661）、GFI（0.918）等均达到标准，表明模型具有较好的拟合度，也说明模型适配程度较高。

表 7-11 外部环境模型拟合指标

| | 拟合指标 | 适配的标准 | 检定结果数据 | 模式适配判断 |
|---|---|---|---|---|
| 基本适配度 | 是否没有负的误差变异数 | >0 | 无 | 适配 |
| | 因素负荷量介于 0.5～0.95 | 0.50～0.95 | 0.653～0.948 | 通过 |
| | 是否有很大的标准误 | 不能太大 | | 适配 |
| 整体模型适配度 | $\chi^2$ 值 | $p > 0.05$ | 3120.761 | 适配 |
| | $\chi^2$ 自由度比 | $p < 3.00$ | 2.781 | 适配 |
| | GFI 值 | $p > 0.85$ | 0.918 | 适配 |
| | AGFI 值 | $p > 0.80$ | 0.909 | 适配 |
| | RMR 值 | $p < 0.05$ | 0.012 | 适配 |
| | RMSEA 值 | $p < 0.08$ | 0.065 | 适配 |
| | NFI 值 | $p > 0.90$ | 0.916 | 适配 |
| | CFI 值 | $p > 0.90$ | 0.917 | 适配 |
| | IFI 值 | $p > 0.90$ | 0.917 | 适配 |
| | PNFI 值 | $p > 0.50$ | 0.575 | 适配 |
| | PGFI 值 | $p > 0.50$ | 0.661 | 适配 |
| | RFI 值 | $p > 0.90$ | 0.918 | 适配 |

资料来源：本研究整理。

本研究再次对各个题项因素负荷量结果进行整理，结果如表 7-12 所示，数据表明个体禀赋、个体与群体协调度下的题项载荷系数据均在 0.5 以上。政府支持、企业合作、金融支持、市场化水平的组合信度分别为 0.776、0.743、0.811、0.787，均大于 0.6 的统计学要求，因此，本研究认为该量表具有建构效度。

表 7-12 外部环境验证性因子分析

| 维 度 | 题项 | 载荷系数 | S.E. | C.R. | p | CR | AVE |
|---|---|---|---|---|---|---|---|
| 政府支持 | ZFZZ1 | 0.837 | | | | | |
| | ZFZZ2 | 0.653 | 0.006 | 22.441 | *** | | |
| | ZFZZ3 | 0.795 | 0.013 | 20.206 | *** | | |
| | ZFZZ4 | 0.794 | 0.005 | 27.916 | *** | 0.776 | 0.551 |
| | ZFZZ5 | 0.726 | 0.013 | 23.032 | *** | | |
| | ZFZZ6 | 0.911 | 0.015 | 36.677 | *** | | |
| 企业合作 | QYHZ1 | 0.809 | | | | | |
| | QYHZ2 | 0.763 | 0.018 | 35.374 | *** | 0.743 | 0.509 |
| | QYHZ3 | 0.897 | 0.009 | 37.507 | *** | | |
| 金融支持 | JRZC1 | 0.829 | | | | | |
| | JRZC2 | 0.909 | 0.003 | 23.643 | *** | 0.811 | 0.651 |
| | JRZC3 | 0.827 | 0.005 | 38.081 | *** | | |
| | JRZC4 | 0.948 | 0.012 | 25.119 | *** | | |
| 市场化水平 | SCSP1 | 0.735 | | | | 0.787 | 0.533 |
| | SCSP2 | 0.882 | 0.012 | 39.287 | *** | | |
| | SCSP3 | 0.963 | 0.008 | 22.984 | *** | | |
| | SCSP4 | 0.919 | 0.002 | 21.983 | *** | | |
| | SCSP5 | 0.786 | 0.017 | 25.589 | *** | | |

注：*** 表示数据在 $p < 0.001$ 时显著。

## 7.2.4 可持续发展能力量表信度、效度检验

### 7.2.4.1 经济条件信度、效度分析

**（1）信度分析。** 根据表 7-13 可知，经济条件总量表信度结果为值 0.777，大于 0.7 的阈值标准，表明总量表信度结果较好。每个题项的 CITC 系数均大于 0.3，且信度值均小于 0.777，说明量表具有较好的可靠性。

表 7 - 13　外部环境信度检验

| 题项 | 平均值 | 标准差 | CITC | Cronbach's α 值 | 量表信度 |
|---|---|---|---|---|---|
| JJWD1 | 2.898 | 1.265 | 0.657 | 0.735 | |
| JJWD2 | 0.641 | 0.480 | 0.688 | 0.760 | |
| JJWD3 | 2.979 | 1.306 | 0.674 | 0.732 | |
| JJWD4 | 3.027 | 1.336 | 0.625 | 0.737 | |
| JJWD5 | 3.025 | 1.314 | 0.634 | 0.737 | |
| JJWD6 | 3.053 | 1.380 | 0.357 | 0.764 | |
| JJWD7 | 2.972 | 1.363 | 0.455 | 0.760 | 0.777 |
| JJWD8 | 3.012 | 1.374 | 0.347 | 0.770 | |
| JJWD9 | 0.604 | 0.489 | 0.578 | 0.764 | |
| JJWD10 | 2.959 | 1.376 | 0.303 | 0.775 | |
| JJWD11 | 3.041 | 1.380 | 0.340 | 0.766 | |
| JJWD12 | 3.004 | 1.408 | 0.376 | 0.767 | |

资料来源：本研究整理。

（2）探索性因子分析。对经济条件量表的信度进行检验后，进一步进行探索性因子分析，以验证其结构效度，分别利用 KMO 值和 Bartlett 球形检验结果和题项载荷系数对量表数据进行分析。

根据表 7 - 14 可知，对经济条件量表进行探索性因子分析，其 KMO 值为 0.830，Bartlett 球形检验卡方值为 3511.122，且对应显著性 $p$ 值明显小于 0.001，表明该量表适合进行探索性因子分析。采用主成分分析法对外部环境量表的 12 个题项进行因子提取，共得到 4 个特征值大于 1 的因子，4 个因子累计解释方差比例大于 50% 的最低可接受值，故可认为萃取 4 个公共因子具有合理性。最终根据题项的拟合情况，本研究将经济条件分为生活娱乐、收支状况、耕地情况、住宅情况四个方面，这不仅契合本次研究设计的题项组合标准，也具有较好的结构效度。

表 7 - 14　经济条件探索性因子分析结果

| 题项 | 因子 1 | 因子 2 | 因子 3 | 因子 4 | KMO 值 | Bartlett 检验卡方值 | 特征值 | 解释方差比（%） |
|---|---|---|---|---|---|---|---|---|
| JJWD1 | | | 0.885 | | | | | |
| JJWD2 | | | 0.879 | | | | 1.088 | 8.237 |
| JJWD3 | | | 0.879 | | | | | |
| JJWD4 | | | | 0.829 | | | | |
| JJWD5 | | | | 0.819 | | | 1.328 | 8.566 |

（续）

| 题项 | 因子1 | 因子2 | 因子3 | 因子4 | KMO值 | Bartlett 检验卡方值 | 特征值 | 解释方差比（%） |
|---|---|---|---|---|---|---|---|---|
| JJWD6 | | 0.942 | | | | | | |
| JJWD7 | | 0.917 | | | 0.830 | 3 511.122 *** | 2.109 | 14.830 |
| JJWD8 | | 0.584 | | | | | | |
| JJWD9 | 0.751 | | | | | | | |
| JJWD10 | 0.691 | | | | | | 4.346 | 36.214 |
| JJWD11 | 0.700 | | | | | | | |
| JJWD12 | 0.629 | | | | | | | |

注：*** 表示数据在 $p < 0.001$ 时显著。

**（3）验证性因子分析。** 研究进一步对经过探索性因子分析后确定的经济条件量表结果进行验证性因子分析，通过 Amos 软件分析后，首先查看模型的适配度，如表 7-15 所示。根据表 7-15 可知，多数适配指标卡方自由度比（2.981）、$PGFI$（0.680）、$GFI$（0.923）等均达到标准，表明模型具有较好的拟合度，也说明模型适配程度较高。

表 7-15 经济条件模型拟合指标

| 拟合指标 | | 适配的标准 | 检定结果数据 | 模式适配判断 |
|---|---|---|---|---|
| 基本适配度 | 是否没有负的误差变异数 | $>0$ | 无 | 适配 |
| | 因素负荷量介于 0.5～0.95 | 0.50～0.95 | 0.612～0.939 | 通过 |
| | 是否有很大的标准误 | 不能太大 | | 适配 |
| 整体模型适配度 | $\chi^2$ 值 | $p > 0.05$ | 266.049 | 适配 |
| | $\chi^2$ 自由度比 | $p < 3.00$ | 2.981 | 适配 |
| | $GFI$ 值 | $p > 0.85$ | 0.923 | 适配 |
| | $AGFI$ 值 | $p > 0.80$ | 0.894 | 适配 |
| | $RMR$ 值 | $p < 0.05$ | 0.022 | 适配 |
| | $RMSEA$ 值 | $p < 0.08$ | 0.068 | 适配 |
| | $NFI$ 值 | $p > 0.90$ | 0.925 | 适配 |
| | $CFI$ 值 | $p > 0.90$ | 0.921 | 适配 |
| | $IFI$ 值 | $p > 0.90$ | 0.938 | 适配 |
| | $PNFI$ 值 | $p > 0.50$ | 0.556 | 适配 |
| | $PGFI$ 值 | $p > 0.50$ | 0.680 | 适配 |
| | $RFI$ 值 | $p > 0.90$ | 0.935 | 适配 |

资料来源：本研究整理。

本研究再次对各个题项因素负荷量结果进行整理，结果如表 7－16 所示，数据表明生活娱乐、收支状况、耕地情况、住宅情况的题项载荷系数均在 0.5 以上。生活娱乐、收支状况、耕地情况、住宅情况的组合信度分别为 0.775、0.802、0.723、0.733，均大于 0.6 的统计学要求，因此，本研究认为该量表具有建构效度。

表 7－16 经济条件验证性因子分析

| 维　　度 | 题项 | 载荷系数 | S. E. | C. R. | p | CR | AVE |
|---|---|---|---|---|---|---|---|
| 生活娱乐 | JJWD1 | 0.823 | | | | | |
| | JJWD2 | 0.802 | 0.010 | 35.584 | ＊＊＊ | 0.775 | 0.654 |
| | JJWD3 | 0.843 | 0.026 | 40.154 | ＊＊＊ | | |
| 收支状况 | JJWD4 | 0.746 | | | | 0.802 | 0.614 |
| | JJWD5 | 0.839 | 0.029 | 33.148 | ＊＊＊ | | |
| 耕地情况 | JJWD6 | 0.939 | | | | | |
| | JJWD7 | 0.830 | 0.370 | 3.685 | ＊＊＊ | 0.723 | 0.593 |
| | JJWD8 | 0.612 | 0.436 | 3.934 | ＊＊＊ | | |
| 住宅情况 | JJWD9 | 0.696 | | | | | |
| | JJWD10 | 0.842 | 0.178 | 5.497 | ＊＊＊ | | |
| | JJWD11 | 0.789 | 0.178 | 4.294 | ＊＊＊ | 0.733 | 0.564 |
| | JJWD12 | 0.911 | 0.182 | 4.786 | ＊＊＊ | | |

注：＊＊＊表示数据在 $p < 0.001$ 时显著。

### 7.2.4.2 人力资本信度、效度分析

（1）信度分析。根据表 7－17 可知，人力资本总量表信度结果为值 0.727，大于 0.7 的阈值标准，表明总量表信度结果较好。每个题项的 CITC 系数均大于 0.3，且信度值均小于 0.727，说明量表具有较好的可靠性。

表 7－17 人力资本信度检验

| 题项 | 平均值 | 标准差 | CITC | Cronbach's α 值 | 量表信度 |
|---|---|---|---|---|---|
| RLZB1 | 0.641 | 0.480 | 0.654 | 0.629 | |
| RLZB2 | 2.735 | 1.293 | 0.571 | 0.668 | |
| RLZB3 | 0.572 | 0.495 | 0.825 | 0.645 | 0.727 |
| RLZB4 | 2.636 | 1.119 | 0.601 | 0.708 | |
| RLZB5 | 0.286 | 0.452 | 0.791 | 0.659 | |
| RLZB6 | 2.120 | 1.027 | 0.619 | 0.635 | |

资料来源：本研究整理。

（2）**探索性因子分析。**对人力资本量表的信度进行检验后，进一步进行探索性因子分析，以验证其结构效度，分别利用 KMO 值和 Bartlett 球形检验结果和题项载荷系数对量表数据进行分析。

根据表 7-18 可知，对人力资本量表进行探索性因子分析，其 KMO 值为 0.766，Bartlett 球形检验卡方值为 3608.215，且对应显著性 $p$ 值明显小于 0.001，表明该量表适合进行探索性因子分析。采用主成分分析法对外部环境量表的 6 个题项进行因子提取，共得到 2 个特征值大于 1 的因子，2 个因子累计解释方差比例大于 50% 的最低可接受值，故可认为萃取 2 个公共因子具有合理性。最终根据题项的拟合情况，本研究将人力资本分为劳动力资本、技能资本两个方面，这不仅契合本次研究设计的题项组合标准，也具有较好的结构效度。

**表 7-18　人力资本探索性因子分析结果**

| 题项 | 因子 1 | 因子 2 | KMO 值 | Bartlett 检验卡方值 | 特征值 | 解释方差比（%） |
|---|---|---|---|---|---|---|
| RLZB1 | 0.870 | | | | | |
| RLZB2 | 0.928 | | | | | |
| RLZB3 | 0.846 | | | | 2.896 | 48.268 |
| RLZB4 | 0.687 | | 0.766 | 3 608.215 *** | | |
| RLZB5 | | 0.934 | | | | |
| RLZB6 | | 0.939 | | | 2.388 | 39.804 |

注：*** 表示数据在 $p < 0.001$ 时显著。

（3）**验证性因子分析。**研究进一步对经过探索性因子分析后确定的人力力资本量表结果进行验证性因子分析，通过 Amos 软件分析后，首先查看模型的适配度，如表 7-19 所示。根据表 7-19 可知，可以看出多数适配指标卡方自由度比（2.848）、PGFI（0.577）、GFI（0.954）等均达到标准，表明模型具有较好的拟合度，也说明模型适配程度较高。

**表 7-19　人力资本模型拟合指标**

| | 拟合指标 | 适配的标准 | 检定结果数据 | 模式适配判断 |
|---|---|---|---|---|
| 基本适配度 | 是否没有负的误差变异数 | >0 | 无 | 适配 |
| | 因素负荷量介于 0.5~0.95 | 0.50~0.95 | 0.684~0.934 | 通过 |
| | 是否有很大的标准误 | 不能太大 | | 适配 |
| 整体模型适配度 | $\chi^2$ 值 | $p > 0.05$ | 162.783 | 适配 |
| | $\chi^2$ 自由度比 | $p < 3.00$ | 2.848 | 适配 |
| | GFI 值 | $p > 0.85$ | 0.954 | 适配 |
| | AGFI 值 | $p > 0.80$ | 0.930 | 适配 |

（续）

| 拟合指标 | | 适配的标准 | 检定结果数据 | 模式适配判断 |
|---|---|---|---|---|
| 整体模型适配度 | RMR 值 | $p < 0.05$ | 0.044 | 适配 |
| | RMSEA 值 | $p < 0.08$ | 0.071 | 适配 |
| | NFI 值 | $p > 0.90$ | 0.926 | 适配 |
| | CFI 值 | $p > 0.90$ | 0.928 | 适配 |
| | IFI 值 | $p > 0.90$ | 0.928 | 适配 |
| | PNFI 值 | $p > 0.50$ | 0.541 | 适配 |
| | PGFI 值 | $p > 0.50$ | 0.577 | 适配 |
| | RFI 值 | $p > 0.90$ | 0.974 | 适配 |

数据来源：本研究整理。

本研究再次对各个题项因素负荷量结果进行整理，结果如表 7 - 20 所示，数据表明人力资本的题项载荷系数据均在 0.5 以上。劳动力资本、技能资本的组合信度分别为 0.761、0.794，均大于 0.6 的统计学要求，因此，本研究认为该量表具有建构效度。

表 7 - 20　人力资本验证性因子分析

| 维　　度 | 题项 | 载荷系数 | S. E. | C. R. | p | CR | AVE |
|---|---|---|---|---|---|---|---|
| 劳动力资本 | RLZB1 | 0.684 | | | | | |
| | RLZB2 | 0.858 | 0.178 | 18.944 | *** | 0.761 | 0.541 |
| | RLZB3 | 0.934 | 0.070 | 20.794 | *** | | |
| | RLZB4 | 0.929 | 0.156 | 20.313 | *** | | |
| 技能资本 | RLZB5 | 0.821 | | | | 0.794 | 0.591 |
| | RLZB6 | 0.856 | 0.075 | 25.496 | *** | | |

注：*** 表示数据在 $p < 0.001$ 时显著。

### 7.2.4.3  社会网络信度、效度分析

（1）信度分析。根据表 7 - 21 可知，社会网络总量表信度结果为值 0.874，大于 0.7 的阈值标准，表明总量表信度结果较好。每个题项的 CITC 系数均大于 0.3，且删除家庭人口数量项后的信度值均小于 0.874，说明量表具有较好的可靠性。

表 7 - 21　社会网络信度检验

| 题项 | 平均值 | 标准差 | CITC | 删除家庭人口数量项后的 Cronbach's α 值 | 量表信度 |
|---|---|---|---|---|---|
| SHWN1 | 3.057 | 1.388 | 0.622 | 0.788 | |
| SHWN2 | 0.396 | 0.489 | 0.544 | 0.742 | 0.874 |
| SHWN3 | 3.756 | 1.280 | 0.791 | 0.697 | |

资料来源：本研究整理。

**(2) 探索性因子分析。** 对社会网络量表的信度进行检验后，进一步进行探索性因子分析，以验证其结构效度，分别利用 KMO 值和 Bartlett 球形检验结果和题项载荷系数对量表数据进行分析。

根据表 7-22 可知，对社会网络量表进行探索性因子分析，其 KMO 值为 0.733，Bartlett 球形检验卡方值为 1638.884，且对应显著性 $p$ 值明显小于 0.001，表明该量表适合进行探索性因子分析。采用主成分分析法对外部环境量表的 3 个题项进行因子提取，共得到 1 个特征值大于 1 的因子，该因子解释的方差比例大于 50% 的最低可接受值，故可认为萃取 1 个公共因子具有合理性。

表 7-22　社会网络信度检验

| 题项 | 载荷系数 | KMO 值 | Bartlett 检验卡方值 | 特征值 | 解释方差比（%） |
|---|---|---|---|---|---|
| SHWN1 | 0.868 | | | | |
| SHWN2 | 0.828 | 0.733 | 1 638.884 *** | 2.689 | 89.647 |
| SHWN3 | 0.844 | | | | |

注：*** 表示数据在 $p<0.001$ 时显著。

**(3) 验证性因子分析。** 研究进一步对探索性因子分析后确定的社会网络本量表结果进行验证性因子分析，通过 Amos 软件分析后，首先查看模型的适配度，如表 7-23 所示。根据表 7-23 可知，可以看出多数适配指标卡方自由度比（2.751）、PGFI（0.674）、GFI（0.982）等均达到标准，表明模型具有较好的拟合度，也说明模型适配程度较高。

表 7-23　社会网络模型拟合指标

| 拟合指标 | | 适配的标准 | 检定结果数据 | 模式适配判断 |
|---|---|---|---|---|
| 基本适配度 | 是否没有负的误差变异数 | >0 | 无 | 适配 |
| | 因素负荷量介于 0.5~0.95 | 0.50~0.95 | 0.867~0.928 | 通过 |
| | 是否有很大的标准误 | 不能太大 | | 适配 |
| 整体模型适配度 | $\chi^2$ 值 | $p>0.05$ | 5.502 | 适配 |
| | $\chi^2$ 自由度比 | $p<3.00$ | 2.751 | 适配 |
| | GFI 值 | $p>0.85$ | 0.982 | 适配 |
| | AGFI 值 | $p>0.80$ | 0.981 | 适配 |
| | RMR 值 | $p<0.05$ | 0.031 | 适配 |
| | RMSEA 值 | $p<0.08$ | 0.063 | 适配 |
| | NFI 值 | $p>0.90$ | 0.988 | 适配 |
| | CFI 值 | $p>0.90$ | 0.987 | 适配 |

| 拟合指标 | | 适配的标准 | 检定结果数据 | 模式适配判断 |
|---|---|---|---|---|
| | | | | （续） |
| 整体模型适配度 | IFI 值 | $p > 0.90$ | 0.988 | 适配 |
| | PNFI 值 | $p > 0.50$ | 0.679 | 适配 |
| | PGFI 值 | $p > 0.50$ | 0.674 | 适配 |
| | RFI 值 | $p > 0.90$ | 0.985 | 适配 |

数据来源：本研究整理。

　　研究再次对各个题项因素负荷量结果进行整理，结果如表 7-24 所示，数据表明社会网络的题项载荷系数据均在 0.5 以上。该结果组合信度为 0.883，明显大于 0.6 的统计学要求，因此，本研究认为该量表具有建构效度。

表 7-24　社会网络验证性因子分析

| 题　　项 | 载荷系数 | S. E. | C. R. | p | CR | AVE |
|---|---|---|---|---|---|---|
| SHWN1 | 0.928 | | | | | |
| SHWN2 | 0.867 | 0.009 | 35.776 | *** | 0.883 | 0.763 |
| SHWN3 | 0.908 | 0.021 | 41.508 | *** | | |

注：*** 表示数据在 $p < 0.001$ 时显著。

### 7.2.4.4　家庭角色信度、效度分析

　　**（1）信度分析。**根据表 7-25 可知，家庭角色总量表信度结果为值 0.727，大于 0.7 的阈值标准，表明总量表信度结果较好。每个题项的 CITC 系数均大于 0.3，且删除家庭人口数量项后的信度值均小于 0.727，说明量表具有较好的可靠性。

表 7-25　家庭角色信度检验

| 题项 | 平均值 | 标准差 | CITC | 删除家庭人口<br>数量项后的 Cronbach's α 值 | 量表信度 |
|---|---|---|---|---|---|
| JTJS1 | 2.786 | 1.100 | 0.460 | 0.692 | |
| JTJS2 | 3.233 | 1.370 | 0.479 | 0.683 | |
| JTJS3 | 3.198 | 1.393 | 0.460 | 0.689 | 0.727 |
| JTJS4 | 3.200 | 1.426 | 0.455 | 0.691 | |
| JTJS5 | 3.198 | 1.394 | 0.472 | 0.685 | |
| JTJS6 | 3.208 | 1.414 | 0.449 | 0.693 | |

资料来源：本研究整理。

　　**（2）探索性因子分析。**对家庭角色量表的信度进行检验后，进一步进行探索性因子分析，以验证其结构效度，分别利用 KMO 值和 Bartlett 球形检验结果和题项载荷系数对量表数据进行分析。

根据表 7 - 26 可知，对家庭角色量表进行探索性因子分析，其 *KMO* 值为 0.825，Bartlett 球形检验卡方值为 524.434，且对应显著性 *p* 值明显小于 0.001，表明该量表适合进行探索性因子分析。采用主成分分析法对外部环境量表的 6 个题项进行因子提取，共得到 2 个特征值大于 1 的因子，2 个因子累计解释方差比例大于 50% 的最低可接受值，故可认为萃取 2 个公共因子具有合理性。最终根据题项的拟合情况，本研究将家庭角色分为家庭成员生活态度、家庭成员关系两个方面，这不仅契合本次研究设计的题项组合标准，也具有较好的结构效度。

表 7 - 26　家庭角色信度检验

| 题项 | 因子 1 | 因子 2 | *KMO* 值 | Bartlett 检验卡方值 | 特征值 | 解释方差比（%） |
|---|---|---|---|---|---|---|
| JTJS1 | 0.649 | | | | | |
| JTJS2 | 0.671 | | | | | |
| JTJS3 | 0.645 | | | | 2.549 | 32.479 |
| JTJS4 | 0.643 | | 0.825 | 524.434 *** | | |
| JTJS5 | | 0.763 | | | | |
| JTJS6 | | 0.837 | | | 1.421 | 17.891 |

注：*** 表示数据在 *p* < 0.001 时显著。

**（3）验证性因子分析。** 研究进一步对探索性因子分析后确定的家庭角色本量表结果进行验证性因子分析，通过 Amos 软件分析后，首先查看模型的适配度，如表 7 - 27 所示。根据表 7 - 27 可知，可以看出多数适配指标卡方自由度比（0.865）、*PGFI*（0.600）、*GFI*（0.985）等均达到标准，表明模型具有较好的拟合度，也说明模型适配程度较高。

表 7 - 27　家庭角色模型拟合指标

| | 拟合指标 | 适配的标准 | 检定结果数据 | 模式适配判断 |
|---|---|---|---|---|
| 基本适配度 | 是否没有负的误差变异数 | >0 | 无 | 适配 |
| | 因素负荷量介于 0.5~0.95 | 0.50~0.95 | 0.538~0.582 | 通过 |
| | 是否有很大的标准误 | 不能太大 | | 适配 |
| 整体模型适配度 | $\chi^2$ 值 | *p* > 0.05 | 7.782 | 适配 |
| | $\chi^2$ 自由度比 | *p* < 3.00 | 0.865 | 适配 |
| | *GFI* 值 | *p* > 0.85 | 0.985 | 适配 |
| | *AGFI* 值 | *p* > 0.80 | 0.976 | 适配 |
| | *RMR* 值 | *p* < 0.05 | 0.032 | 适配 |
| | *RMSEA* 值 | *p* < 0.08 | 0.013 | 适配 |
| | *NFI* 值 | *p* > 0.90 | 0.985 | 适配 |

（续）

| 拟合指标 | | 适配的标准 | 检定结果数据 | 模式适配判断 |
|---|---|---|---|---|
| 整体模型适配度 | CFI 值 | p＞0.90 | 0.987 | 适配 |
| | IFI 值 | p＞0.90 | 0.988 | 适配 |
| | PNFI 值 | p＞0.50 | 0.591 | 适配 |
| | PGFI 值 | p＞0.50 | 0.600 | 适配 |
| | RFI 值 | p＞0.90 | 0.989 | 适配 |

数据来源：本研究整理。

本研究再次对各个题项因素负荷量结果进行整理，结果如表 7 - 28 所示，数据表明家庭角色的题项载荷系数据均在 0.5 以上。家庭成员生活态度、家庭成员关系组合信度分别为 0.673、0.697，明显大于 0.6 的统计学要求，因此，本研究认为该量表具有建构效度。

**表 7 - 28　家庭角色验证性因子分析**

| 维　　度 | 题项 | 载荷系数 | S. E. | C. R. | p | CR | AVE |
|---|---|---|---|---|---|---|---|
| 家庭成员生活态度 | JTJS1 | 0.555 | | | | 0.673 | 0.521 |
| | JTJS2 | 0.582 | 0.141 | 9.252 | ＊＊＊ | | |
| | JTJS3 | 0.547 | 0.140 | 8.922 | ＊＊＊ | | |
| | JTJS4 | 0.545 | 0.143 | 8.904 | ＊＊＊ | | |
| 家庭成员关系 | JTJS5 | 0.671 | | | | 0.697 | 0.543 |
| | JTJS6 | 0.738 | 0.141 | 8.832 | ＊＊＊ | | |

注：＊＊＊表示数据在 p＜0.001 时显著。

## 7.2.5　相关性分析

按照统计学原理，在对变量进行分析之前进行相关性分析。根据 p≤0.05，判定相关数据是否显著相关，同时根据皮尔逊相关性结果值判定正负强弱相关关系。

### 7.2.5.1　内外部环境与经济条件相关性分析

根据表 7 - 29 可知，内部环境、外部环境与经济条件的相关性系数分别为 0.238（p＜0.01）、0.565（p＜0.01），表明内部环境、外部环境均与经济条件存在显著的正相关性。此外，无论内部环境的二级变量（个体禀赋、个体与群体协调度）还是外部环境的二级变量（政府支持、企业合作、金融支持、市场化水平）均与经济条件的二级变量（耕地情况、住宅情况、收支状况、生活娱乐）和整体存在显著的相关性。

**表 7-29　内外部环境与经济条件相关性检验**

| 指标 | 1 | 2 | 3 | 4 | 5 | 6 | 7 | 8 | 9 | 10 | 11 | 12 | 13 |
|---|---|---|---|---|---|---|---|---|---|---|---|---|---|
| 1 个体禀赋 | 1 | | | | | | | | | | | | |
| 2 个体与群体协调度 | 0.687** | 1 | | | | | | | | | | | |
| 3 内部环境 | 0.407** | 0.473** | 1 | | | | | | | | | | |
| 4 政府支持 | 0.094* | 0.161** | 0.238** | 1 | | | | | | | | | |
| 5 企业合作 | 0.259** | 0.342** | 0.643** | 0.397** | 1 | | | | | | | | |
| 6 金融支持 | 0.344** | 0.407** | 0.426** | 0.227** | 0.373** | 1 | | | | | | | |
| 7 市场化水平 | 0.407** | 0.493** | 0.545** | 0.233** | 0.432** | 0.585** | 1 | | | | | | |
| 8 外部环境 | 0.432** | 0.518** | 0.530** | 0.278** | 0.460** | 0.599** | 0.429** | 1 | | | | | |
| 9 耕地情况 | 0.426** | 0.497** | 0.551** | 0.237** | 0.437** | 0.572** | 0.454** | 0.929** | 1 | | | | |
| 10 住宅情况 | 0.444** | 0.526** | 0.566** | 0.265** | 0.466** | 0.704** | 0.566** | 0.362** | 0.376** | 1 | | | |
| 11 收支状况 | 0.556** | 0.651** | 0.715** | 0.238** | 0.513** | 0.619** | 0.423** | 0.446** | 0.724** | 0.369** | 1 | | |
| 12 生活娱乐 | 0.404** | 0.450** | 0.435** | 0.237** | 0.385** | 0.415** | 0.576** | 0.516** | 0.383** | 0.333** | 0.651** | 1 | |
| 13 经济条件 | 0.174** | 0.210** | 0.238** | 0.212** | 0.276** | 0.121** | 0.561** | 0.565** | 0.543** | 0.592** | 0.293** | 0.297** | 1 |

注：* 表示数据在 $p<0.05$ 时显著，** 表示数据在 $p<0.01$ 时显著。

### 7.2.5.2　内外部环境与人力资本相关性分析

根据表 7-30 可知，内部环境、外部环境与人力资本的相关性系数分别为 0.529（$p<0.01$）、0.523（$p<0.01$），表明内部环境、外部环境均与人力资本存在显著性的正相关性。此外，无论内部环境的二级变量（个体禀赋、个体与群体协调度）还是外部环境的二级变量（政府支持、企业合作、金融支持、市场化水平）均与人力资本的二级变量（劳动力资本、技能资本）和整体存在显著的相关性。

表 7 - 30　内外部环境与人力资本相关性检验

| 指标 | 1 | 2 | 3 | 4 | 5 | 6 | 7 | 8 | 9 | 10 | 11 |
|---|---|---|---|---|---|---|---|---|---|---|---|
| 1 个体禀赋 | 1 | | | | | | | | | | |
| 2 个体与群体协调度 | 0.687 ** | 1 | | | | | | | | | |
| 3 内部环境 | 0.407 ** | 0.473 ** | 1 | | | | | | | | |
| 4 政府支持 | 0.094 * | 0.161 ** | 0.238 ** | 1 | | | | | | | |
| 5 企业合作 | 0.259 ** | 0.342 ** | 0.643 ** | 0.397 ** | 1 | | | | | | |
| 6 金融支持 | 0.344 ** | 0.407 ** | 0.426 ** | 0.227 ** | 0.373 ** | 1 | | | | | |
| 7 市场化水平 | 0.407 ** | 0.493 ** | 0.545 ** | 0.233 ** | 0.432 ** | 0.585 ** | 1 | | | | |
| 8 外部环境 | 0.432 ** | 0.518 ** | 0.530 ** | 0.278 ** | 0.460 ** | 0.599 ** | 0.429 ** | 1 | | | |
| 9 劳动力资本 | 0.112 * | 0.167 ** | 0.215 ** | 0.198 ** | 0.254 ** | 0.551 ** | 0.557 ** | 0.595 ** | 1 | | |
| 10 技能资本 | 0.429 ** | 0.512 ** | 0.557 ** | 0.307 ** | 0.495 ** | 0.401 ** | 0.674 ** | 0.410 ** | 0.587 ** | 1 | |
| 11 人力资本 | 0.424 ** | 0.510 ** | 0.529 ** | 0.237 ** | 0.128 ** | 0.671 ** | 0.527 ** | 0.523 ** | 0.567 ** | 0.592 ** | 1 |

注：* 表示数据在 $p<0.05$ 时显著，** 表示数据在 $p<0.01$ 时显著。

### 7.2.5.3　内外部环境与社会网络相关性分析

根据表 7 - 31 可知，内部环境、外部环境与社会网络的相关性系数分别为 0.439（$p<0.01$）、0.496（$p<0.01$），表明内部环境、外部环境均与经济条件存在显著性的正相关性。此外，无论内部环境的二级变量（个体禀赋、个体与群体协调度）还是外部环境的二级变量（政府支持、企业合作、金融支持、市场化水平）均与社会网络存在显著的相关性。

表 7 - 31　内外部环境与社会网络相关性检验

| 指标 | 1 | 2 | 3 | 4 | 5 | 6 | 7 | 8 | 9 |
|---|---|---|---|---|---|---|---|---|---|
| 1 个体禀赋 | 1 | | | | | | | | |
| 2 个体与群体协调度 | 0.687 ** | 1 | | | | | | | |
| 3 内部环境 | 0.407 ** | 0.473 ** | 1 | | | | | | |
| 4 政府支持 | 0.094 * | 0.161 ** | 0.238 ** | 1 | | | | | |
| 5 企业合作 | 0.259 ** | 0.342 ** | 0.643 ** | 0.397 ** | 1 | | | | |
| 6 金融支持 | 0.344 ** | 0.407 ** | 0.426 ** | 0.227 ** | 0.373 ** | 1 | | | |

（续）

| 指标 | | 1 | 2 | 3 | 4 | 5 | 6 | 7 | 8 | 9 |
|---|---|---|---|---|---|---|---|---|---|---|
| 7 | 市场化水平 | 0.407＊＊ | 0.493＊＊ | 0.545＊＊ | 0.233＊＊ | 0.432＊＊ | 0.585＊＊ | 1 | | |
| 8 | 外部环境 | 0.432＊＊ | 0.518＊＊ | 0.530＊＊ | 0.278＊＊ | 0.460＊＊ | 0.599＊＊ | 0.429＊＊ | 1 | |
| 9 | 社会网络 | 0.294＊＊ | 0.344＊＊ | 0.439＊＊ | 0.171＊＊ | 0.334＊＊ | 0.458＊＊ | 0.273＊＊ | 0.496＊＊ | 1 |

注：＊表示数据在 $p < 0.05$ 时显著，＊＊表示数据在 $p < 0.01$ 时显著。

### 7.2.5.4　内外部环境与家庭角色相关性分析

根据表 7-32 可知，内部环境、外部环境与家庭角色的相关性系数分别为 0.265（$p < 0.01$）、0.381（$p < 0.01$），表明内部环境、外部环境均与经济条件存在显著性的正相关性。此外，无论内部环境的二级变量（个体禀赋、个体与群体协调度）还是外部环境的二级变量（政府支持、企业合作、金融支持、市场化水平）均与家庭角色的二级变量（成员生活态度、家庭成员关系）和整体存在显著的相关性。

表 7-32　内外部环境与家庭角色相关性检验

| 指标 | | 1 | 2 | 3 | 4 | 5 | 6 | 7 | 8 | 9 | 10 | 11 |
|---|---|---|---|---|---|---|---|---|---|---|---|---|
| 1 | 个体禀赋 | 1 | | | | | | | | | | |
| 2 | 个体与群体协调度 | 0.687＊＊ | 1 | | | | | | | | | |
| 3 | 内部环境 | 0.407＊＊ | 0.473＊＊ | 1 | | | | | | | | |
| 4 | 政府支持 | 0.094＊ | 0.161＊＊ | 0.238＊＊ | 1 | | | | | | | |
| 5 | 企业合作 | 0.259＊＊ | 0.342＊＊ | 0.643＊＊ | 0.397＊＊ | 1 | | | | | | |
| 6 | 金融支持 | 0.344＊＊ | 0.407＊＊ | 0.426＊＊ | 0.227＊＊ | 0.373＊＊ | 1 | | | | | |
| 7 | 市场化水平 | 0.407＊＊ | 0.493＊＊ | 0.545＊＊ | 0.233＊＊ | 0.432＊＊ | 0.585＊＊ | 1 | | | | |
| 8 | 外部环境 | 0.432＊＊ | 0.518＊＊ | 0.530＊＊ | 0.278＊＊ | 0.460＊＊ | 0.599＊＊ | 0.429＊＊ | 1 | | | |
| 9 | 成员生活态度 | 0.417＊＊ | 0.130＊＊ | 0.292＊＊ | 0.372＊＊ | 0.463＊＊ | 0.471＊＊ | 0.462＊＊ | 0.486＊＊ | 1 | | |
| 10 | 家庭成员关系 | 0.203＊＊ | 0.145＊＊ | 0.206＊＊ | 0.169＊＊ | 0.266＊＊ | 0.275＊＊ | 0.244＊＊ | 0.262＊＊ | 0.535＊＊ | 1 | |
| 11 | 家庭角色 | 0.311＊＊ | 0.157＊＊ | 0.265＊＊ | 0.269＊＊ | 0.375＊＊ | 0.385＊＊ | 0.359＊＊ | 0.381＊＊ | 0.481＊＊ | 0.545＊＊ | 1 |

注：＊表示数据在 $p < 0.05$ 时显著，＊＊表示数据在 $p < 0.01$ 时显著。

## 7.2.6　内外部环境对可持续发展能力影响实证分析

在前期相关性分析中，内部环境与经济条件无论在二级变量维度，还是整体的关系上均表明内部环境与可持续发展存在显著的相关性。进一步的研究将女性劳动力数量、家庭劳动力数量、家庭人口数、女性劳动力年龄、家庭年收入、受教育程度作为控制变量进行分析。本次背景变量赋值结果如表 7-33 所示。

表 7-33　背景变量赋值结果

| 类　别 | 指　标 | 赋　值 |
|---|---|---|
| 女性劳动力数量 | 1 人 | 1 |
| | 2 人 | 2 |
| | 3 人 | 3 |
| | 4 人及以上 | 4 |
| 家庭劳动力数量 | 2 人以下 | 1 |
| | 2~5 人 | 2 |
| | 5 人以上 | 3 |
| 家庭人口数 | 4 人以下 | 1 |
| | 4~6 人 | 2 |
| | 6 人以上 | 3 |
| 女性劳动力年龄 | 18 岁及以下 | 1 |
| | 19~40 岁 | 2 |
| | 41~50 岁 | 3 |
| | 51~60 岁 | 4 |
| | 60 岁以上 | 5 |
| 家庭年收入 | 4 万元及以下 | 1 |
| | 4 万~6 万元 | 2 |
| | 7 万~9 万元 | 3 |
| | 10 万~12 万元 | 4 |
| | 12 万元以上 | 5 |
| 受教育程度 | 未接受文化教程 | 1 |
| | 小学 | 2 |
| | 初中 | 3 |
| | 高中或中专 | 4 |
| | 大专或高职 | 5 |
| | 本科或以上 | 6 |

### 7.2.6.1 内部环境对可持续发展的影响分析

**（1）内部环境对经济条件的影响分析。** 由表 7-34 模型 1 可以看出，家庭劳动力（$\beta = 0.020$，$p < 0.05$）与经济条件关系显著，说明如果家庭劳动力充足，更容易使家庭劳动力参与到乡村发展事务中，从而提升家庭的经济条件。内部环境的二级变量个体禀赋、个体与群体协调度与经济条件的系数值分别为 0.512（$p < 0.001$）、0.187（$p < 0.001$），表明个体禀赋、个体与群体协调度对经济条件存在显著的影响，且个体禀赋的影响大于个体与群体协调度的影响。由模型 2 可知，内部环境对经济条件的影响也显著（$\beta = 0.498$，$p < 0.001$）。综合来看，内部环境对经济条件具有积极的影响，也就是说，内部环境越好，其家庭的经济条件越好。

**表 7-34　内部环境对经济条件的回归结果**

| | 模型 1 | | 模型 2 | |
| --- | --- | --- | --- | --- |
| | $\beta$ | $t$ | $\beta$ | $t$ |
| 家庭劳动力 | 0.020 | 1.989 * | 0.025 | 2.395 * |
| 女性劳动力年龄 | 0.008 | 0.244 | 0.012 | 0.332 |
| 家庭年收入 | −0.019 | −0.543 | −0.015 | −0.411 |
| 家庭人口数 | 0.006 | 1.048 | 0.016 | 0.980 |
| 受教育程度 | 0.011 | 0.610 | 0.017 | 1.006 |
| 个体禀赋 | 0.512 | 14.512 *** | | |
| 个体与群体协调度 | 0.187 | 5.269 *** | | |
| 内部环境 | | | 0.498 | 13.546 *** |
| $R^2$ | 0.344 | | 0.249 | |
| $Adj\,R^2$ | 0.336 | | 0.241 | |
| $F$ | 41.891 *** | | 30.882 *** | |

注：女性劳动力数量已被模型自动排除。* 表示数据在 $p < 0.05$ 时显著，** 表示数据在 $p < 0.01$ 时显著，*** 表示数据在 $p < 0.001$ 时显著。

**（2）内部环境对人力资本的影响分析。** 由表 7-35 模型 3 可以看出，家庭劳动力（$\beta = 0.020$，$p < 0.05$）与人力资本关系显著，说明如果家庭劳动力充足，更容易使家庭劳动力参与到乡村发展事务中，从而提升家庭的人力资本。内部环境的二级变量个体禀赋、个体与群体协调度与人力资本的系数值分别为 0.525（$p < 0.001$）、0.113（$p < 0.01$），表明个体禀赋、个体与群体协调度对人力资本存在显著的影响，且个体禀赋的影响大于个体与群体协调度的影响。由模型 4 可知，内部环境对人力资本的影响也显著（$\beta = 0.440$，$p < 0.001$）。综合来看，内部环境对人力资本具有积极的影响，也就是说，内部环境越好，

其家庭的人力资本越强。

表 7 - 35　内部环境对人力资本的回归结果

| | 模型 3 | | 模型 4 | |
|---|---|---|---|---|
| | $\beta$ | $t$ | $\beta$ | $t$ |
| 家庭劳动力 | 0.020 | 2.568 * | 0.025 | 2.660 * |
| 女性劳动力年龄 | 0.012 | 0.625 | 0.016 | 0.690 |
| 家庭年收入 | −0.012 | −0.900 | −0.017 | −0.722 |
| 家庭人口数 | 0.016 | 1.020 | 0.016 | 0.939 |
| 受教育程度 | 0.002 | 0.338 | 0.010 | 0.790 |
| 个体禀赋 | 0.525 | 14.609 *** | | |
| 个体与群体协调度 | 0.113 | 3.126 ** | | |
| 内部环境 | | | 0.440 | 11.572 *** |
| $R^2$ | 0.320 | | 0.196 | |
| $Adj R^2$ | 0.311 | | 0.187 | |
| $F$ | 37.518 *** | | 22.709 *** | |

注：女性劳动力数量已被模型自动排除。＊表示数据在 $p<0.05$ 时显著，＊＊表示数据在 $p<0.01$ 时显著，＊＊＊表示数据在 $p<0.001$ 时显著。

**（3）内部环境对社会网络的影响分析。**由表 7 - 36 模型 5 可以看出，家庭劳动力（$\beta=0.037$，$p<0.01$）与社会网络关系显著，说明如果家庭劳动力充足，更容易使家庭劳动力参与到乡村发展事务中，从而提升家庭的社会网络。内部环境的二级变量个体禀赋、个体与群体协调度与社会网络的系数值分别为 0.516（$p<0.001$）、0.104（$p<0.05$），表明个体禀赋、个体与群体协调度对社会网络存在显著的影响，且个体禀赋的影响大于个体与群体协调度的影响。由模型 6 可知，内部环境对社会网络的影响也显著（$\beta=0.363$，$p<0.001$）。综合来看，内部环境对社会网络具有积极的影响，也就是说，内部环境越好，其家庭的社会网络关系越稳固。

表 7 - 36　内部环境对社会网络的回归结果

| | 模型 5 | | 模型 6 | |
|---|---|---|---|---|
| | $\beta$ | $t$ | $\beta$ | $t$ |
| 家庭劳动力 | 0.037 | 3.027 ** | 0.031 | 2.795 * |
| 女性劳动力年龄 | −0.037 | −1.017 | −0.032 | −0.809 |
| 家庭年收入 | −0.016 | −0.437 | −0.011 | −0.288 |
| 家庭人口数 | 0.012 | 1.881 | 0.018 | 1.719 |

（续）

| | 模型 5 | | 模型 6 | |
| --- | --- | --- | --- | --- |
| | $\beta$ | $t$ | $\beta$ | $t$ |
| 受教育程度 | 0.001 | 0.001 | 0.010 | 0.499 |
| 个体禀赋 | 0.516 | 13.948 *** | | |
| 个体与群体协调度 | 0.104 | 2.911 * | | |
| 内部环境 | | | 0.363 | 9.218 *** |
| $R^2$ | 0.282 | | 0.138 | |
| $Adj\ R^2$ | 0.273 | | 0.128 | |
| $F$ | 31.248 *** | | 14.867 *** | |

注：* 表示数据在 $p<0.05$ 时显著，** 表示数据在 $p<0.01$ 时显著，*** 表示数据在 $p<0.001$ 时显著。

**（4）内部环境对家庭角色的影响分析。** 由表 7-37 模型 7 可以看出，家庭劳动力（$\beta=0.054$，$p<0.05$）与家庭角色关系显著，说明如果家庭劳动力充足，更容易使家庭劳动力参与到乡村发展事务中，从而提升家庭角色地位。内部环境的二级变量个体禀赋、个体与群体协调度与家庭角色的系数值分别为 0.291（$p<0.001$）、0.080（$p>0.05$），表明个体禀赋对家庭角色存在显著的影响，但个体与群体协调度的作用不显著。由模型 8 可知，内部环境对家庭角色的影响也显著（$\beta=0.260$，$p<0.001$）。综合来看，内部环境对家庭角色具有积极的影响，也就是说，内部环境越好，其家庭角色地位也逐步会得到有效的提升。

表 7-37　内部环境对家庭角色的回归结果

| | 模型 7 | | 模型 8 | |
| --- | --- | --- | --- | --- |
| | $\beta$ | $t$ | $\beta$ | $t$ |
| 家庭劳动力 | 0.054 | 2.363 * | 0.052 | 2.269 * |
| 女性劳动力年龄 | −0.010 | −0.242 | −0.007 | −0.180 |
| 家庭年收入 | 0.014 | 1.596 | 0.016 | 1.620 |
| 家庭人口数 | −0.014 | −0.341 | −0.014 | −0.334 |
| 受教育程度 | −0.012 | −2.168 | −0.017 | −1.892 |
| 个体禀赋 | 0.291 | 7.115 *** | | |
| 个体与群体协调度 | 0.080 | 1.948 | | |
| 内部环境 | | | 0.260 | 6.395 *** |
| $R^2$ | 0.118 | | 0.083 | |
| $Adj\ R^2$ | 0.107 | | 0.073 | |
| $F$ | 10.703 *** | | 8.448 *** | |

注：* 表示数据在 $p<0.05$ 时显著，** 表示数据在 $p<0.01$ 时显著，*** 表示数据在 $p<0.001$ 时显著。

#### 7.2.6.2　外部环境对可持续发展的影响分析

**（1）外部环境对经济条件的影响分析。**由表7-38模型9可以看出，家庭劳动力（$\beta=0.039$，$p<0.05$）与经济条件关系显著，说明如果家庭劳动力充足，更容易使家庭劳动力参与到乡村发展事务中，从而提升家庭的经济条件。外部环境的二级变量政府支持、企业合作、金融支持、市场化水平与经济条件的系数值分别为0.393（$p<0.001$）、0.133（$p<0.01$）、0.265（$p<0.001$）、0.014（$p>0.05$），表明政府支持、企业合作、金融支持对经济条件存在显著的影响，但市场化水平影响不显著。由模型10可知，外部环境对经济条件的影响也显著（$\beta=0.536$，$p<0.001$）。综合来看，外部环境对经济条件具有积极的影响，也就是说，外部环境越好，其家庭的经济条件越好。

**表7-38　外部环境对经济条件的回归结果**

|  | 模型9 | | 模型10 | |
| --- | --- | --- | --- | --- |
|  | $\beta$ | $t$ | $\beta$ | $t$ |
| 家庭劳动力 | 0.039 | 2.830 * | 0.031 | 2.048 * |
| 女性劳动力年龄 | 0.000 | −0.025 | 0.004 | 0.254 |
| 家庭年收入 | 0.002 | 0.189 | 0.016 | 1.072 |
| 家庭人口数 | −0.012 | −1.119 | −0.009 | −0.569 |
| 受教育程度 | 0.007 | 0.617 | 0.008 | 0.539 |
| 政府支持 | 0.393 | 8.460 *** | | |
| 企业合作 | 0.133 | 3.325 ** | | |
| 金融支持 | 0.265 | 7.276 *** | | |
| 市场化水平 | 0.014 | 0.361 | | |
| 外部环境 | | | 0.536 | 12.443 *** |
| $R^2$ | 0.733 | | 0.675 | |
| $Adj\ R^2$ | 0.662 | | 0.574 | |
| $F$ | 61.075 *** | | 51.310 *** | |

注：女性劳动力数量已被模型自动排除。* 表示数据在 $p<0.05$ 时显著，** 表示数据在 $p<0.01$ 时显著，*** 表示数据在 $p<0.001$ 时显著。

**（2）外部环境对人力资本的影响分析。**由表7-39模型11可以看出，家庭劳动力（$\beta=0.026$，$p<0.05$）与人力资本关系显著，说明如果家庭劳动力充足，更容易使家庭劳动力参与到乡村发展事务中，从而提升家庭的人力资本。外部环境的二级变量政府支持、企业合作、金融支持、市场化水平与人力资本的系数值分别为0.269（$p<0.001$）、0.193（$p<0.001$）、0.332（$p<$

0.001）、0.282（$p<0.001$），表明政府支持、企业合作、金融支持、市场化水平均对人力资本存在显著的影响，其中影响最大的是金融支持。由模型12可知，外部环境与对人力资本的影响也显著（$\beta=0.570$，$p<0.001$）。综合来看，外部环境对人力资本具有积极的影响，也就是说，外部环境越好，其家庭的人力资本越强。

表 7-39　外部环境对人力资本的回归结果

| | 模型 11 | | 模型 12 | |
|---|---|---|---|---|
| | $\beta$ | $t$ | $\beta$ | $t$ |
| 家庭劳动力 | 0.026 | 1.950 * | 0.019 | 1.927 * |
| 女性劳动力年龄 | 0.013 | 1.408 | 0.017 | 1.617 |
| 家庭年收入 | −0.001 | −0.121 | 0.004 | 0.392 |
| 家庭人口数 | −0.011 | −1.190 | −0.011 | −1.029 |
| 受教育程度 | 0.004 | 0.455 | 0.005 | 0.488 |
| 政府支持 | 0.269 | 3.785 *** | | |
| 企业合作 | 0.193 | 3.671 *** | | |
| 金融支持 | 0.332 | 5.888 *** | | |
| 市场化水平 | 0.282 | 4.312 *** | | |
| 外部环境 | | | 0.570 | 14.858 *** |
| $R^2$ | 0.751 | | 0.642 | |
| $Adj R^2$ | 0.670 | | 0.541 | |
| $F$ | 84.552 *** | | 75.062 *** | |

注：女性劳动力数量已被模型自动排除。* 表示数据在 $p<0.05$ 时显著，** 表示数据在 $p<0.01$ 时显著，*** 表示数据在 $p<0.001$ 时显著。

**（3）外部环境对社会网络的影响分析。** 由表 7-40 模型13可以看出，家庭劳动力（$\beta=0.032$，$p<0.05$）与社会网络关系显著，说明家庭劳动力充足，更容易使家庭劳动力参与到乡村发展事务中，从而提升家庭的社会网络关系强度。外部环境的二级变量政府支持、企业合作、金融支持、市场化水平与社会网络关系强度的系数值分别为 0.165（$p<0.001$）、0.060（$p>0.05$）、0.349（$p<0.001$）、0.191（$p<0.01$），表明政府支持、企业合作、市场化水平均对社会网络存在显著的影响，但金融支持影响不显著。由模型14可知，外部环境与对社会网络的影响也显著（$\beta=0.581$，$p<0.001$）。综合来看，外部环境对社会网络具有积极的影响。也就是说，外部环境越好，其家庭的社会网络关系越稳固。

表 7-40  外部环境对社会网络的回归结果

| | 模型 13 | | 模型 14 | |
| --- | --- | --- | --- | --- |
| | β | t | β | t |
| 家庭劳动力 | 0.032 | 1.928 * | 0.041 | 1.889 |
| 女性劳动力年龄 | −0.027 | −1.071 | −0.036 | −1.059 |
| 家庭年收入 | 0.008 | 0.231 | 0.009 | 0.251 |
| 家庭人口数 | 0.029 | 1.150 | 0.040 | 1.164 |
| 受教育程度 | −0.001 | −0.026 | −0.002 | −0.052 |
| 政府支持 | 0.165 | 3.823 *** | | |
| 企业合作 | 0.060 | 0.485 | | |
| 金融支持 | 0.349 | 3.422 *** | | |
| 市场化水平 | 0.191 | 2.947 ** | | |
| 外部环境 | | | 0.581 | 16.906 *** |
| $R^2$ | 0.351 | | 0.343 | |
| $Adj R^2$ | 0.340 | | 0.336 | |
| F | 53.345 *** | | 48.559 *** | |

注：女性劳动力数量已被模型自动排除；* 表示数据在 $p < 0.05$ 时显著，** 表示数据在 $p < 0.01$ 时显著，*** 表示数据在 $p < 0.001$ 时显著。

**(4) 外部环境对家庭角色的影响分析。**由表 7-41 模型 15 可以看出，家庭劳动力（$\beta = 0.104$，$p < 0.05$）与家庭角色关系显著，说明如果家庭劳动力充足，更容易使家庭劳动力参与到乡村发展事务中，从而提升家庭角色地位。外部环境的二级变量政府支持、企业合作、金融支持、市场化水平与家庭角色的系数值分别为 0.052（$p > 0.05$）、0.094（$p > 0.05$）、0.288（$p < 0.05$）、0.128（$p < 0.05$），表明金融支持、市场化水平均对家庭角色存在显著的影响，但政府支持和企业合作影响不显著。由模型 16 可知，外部环境对家庭角色影响也显著（$\beta = 0.385$，$p < 0.01$）。综合来看，外部环境对家庭角色具有积极的影响，也就是说，外部环境越好，其家庭角色地位越容易提升。

表 7-41  外部环境对家庭角色的回归结果

| | 模型 15 | | 模型 16 | |
| --- | --- | --- | --- | --- |
| | β | t | β | t |
| 家庭劳动力 | 0.104 | 1.804 * | 0.018 | 1.494 |
| 女性劳动力年龄 | −0.005 | −0.120 | −0.010 | −0.260 |
| 家庭年收入 | 0.014 | 1.903 | 0.079 | 2.042 |
| 家庭人口数 | −0.013 | −0.863 | −0.032 | −0.821 |

（续）

| | 模型 15 | | 模型 16 | |
|---|---|---|---|---|
| | $\beta$ | $t$ | $\beta$ | $t$ |
| 受教育程度 | 0.104 | 2.441 * | 0.192 | 2.384 * |
| 政府支持 | 0.052 | 1.072 | | |
| 企业合作 | 0.094 | 1.452 | | |
| 金融支持 | 0.288 | 2.500 * | | |
| 市场化水平 | 0.128 | 2.919 * | | |
| 外部环境 | | | 0.385 | 9.938 ** |
| $R^2$ | 0.172 | | 0.164 | |
| $Adj\,R^2$ | 0.159 | | 0.155 | |
| $F$ | 22.867 *** | | 18.252 *** | |

注：女性劳动力数量已被模型自动排除。* 表示数据在 $p<0.05$ 时显著，** 表示数据在 $p<0.01$ 时显著，*** 表示数据在 $p<0.001$ 时显著。

### 7.2.6.3 内外部环境交互作用对可持续发展的影响分析

前期研究已经分析了内部环境、外部环境对于可持续发展的影响。从农村发展实际来看，内外部环境之间具有相互作用，两者不仅协调发展也相互竞争。在农村发展主体中，农村家庭单位中内部环境的发展会受到外部环境的影响，也就是说外部环境的发展也会促进内部环境的优化，同时外部环境的变化也会受到内部环境的影响。故本研究认为内外部环境的交互作用在一定程度上也直接影响农村发展主体的可持续发展能力。

（1）内外部环境交互作用对经济条件的影响分析。由表 7－42 模型 17 和模型 18 可知，内部环境、外部环境同时在同一模型下均对经济条件存在显著影响，且作用系数均大于 0。进一步加入其交互作用项（内部环境×外部环境）后，内部环境、外部环境仍然对经济条件有显著正向影响，且交互作用项影响也显著（$\beta=0.101$，$p<0.05$）。对于农村发展项目来说，要提升人们的技能，并创造更好的外部环境，出台更多有利于经济发展的政策，从而实现农村可持续发展的最终目的。

表 7－42　内外部环境交互作用对经济条件的回归结果

| | 模型 17 | | 模型 18 | |
|---|---|---|---|---|
| | $\beta$ | $t$ | $\beta$ | $t$ |
| 家庭劳动力 | 0.000 | 0.000 | 0.001 | 0.041 |
| 女性劳动力年龄 | 0.003 | 0.231 | 0.003 | 0.233 |
| 家庭年收入 | 0.014 | 0.966 | 0.013 | 0.888 |
| 家庭人口数 | −0.007 | −0.467 | −0.008 | −0.532 |

(续)

| | 模型 17 | | 模型 18 | |
|---|---|---|---|---|
| | β | t | β | t |
| 受教育程度 | 0.013 | 0.872 | 0.012 | 0.800 |
| 内部环境 | 0.276 | 3.565*** | 0.231 | 2.702* |
| 外部环境 | 0.400 | 9.014*** | 0.362 | 8.020*** |
| 内部环境×外部环境 | | | 0.101 | 2.209* |
| $R^2$ | 0.679 | | 0.880 | |
| $Adj\ R^2$ | 0.578 | | 0.878 | |
| $F$ | 68.235*** | | 59.022*** | |

注：女性劳动力数量已被模型自动排除。*表示数据在 $p < 0.05$ 时显著，**表示数据在 $p < 0.01$ 时显著，***表示数据在 $p < 0.001$ 时显著。

**（2）内外部环境交互作用对人力资本的影响分析。**由表 7-43 模型 19 和模型 20 可知，内部环境、外部环境同时在同一模型下均对人力资本存在显著影响，且作用系数均大于 0。进一步加入其交互作用项（内部环境×外部环境）后，内部环境、外部环境仍然对人力资本有显著正向影响，且交互作用项影响也显著（$\beta = 0.168$，$p < 0.05$）。对于农村发展项目来说，内外部环境不仅分别对人力资本的发展具有正向的促进作用，两者的交互作用也会促进村民人力资本的发展。

表 7-43 内外部环境交互作用对人力资本的回归结果

| | 模型 19 | | 模型 20 | |
|---|---|---|---|---|
| | β | t | β | t |
| 家庭劳动力 | 0.009 | 0.911 | 0.008 | 0.818 |
| 女性劳动力年龄 | 0.017 | 1.629 | 0.017 | 1.635 |
| 家庭年收入 | 0.004 | 0.436 | 0.006 | 0.624 |
| 家庭人口数 | −0.011 | −1.069 | −0.009 | −0.918 |
| 受教育程度 | 0.004 | 0.372 | 0.006 | 0.545 |
| 内部环境 | 0.119 | 3.614*** | 0.110 | 3.292*** |
| 外部环境 | 0.479 | 8.701*** | 0.377 | 7.858*** |
| 内部环境×外部环境 | | | 0.168 | 2.911* |
| $R^2$ | 0.642 | | 0.743 | |
| $Adj\ R^2$ | 0.571 | | 0.642 | |
| $F$ | 73.139*** | | 68.586*** | |

注：女性劳动力数量已被模型自动排除。*表示数据在 $p < 0.05$ 时显著，**表示数据在 $p < 0.01$ 时显著，***表示数据在 $p < 0.001$ 时显著。

（3）内外部环境交互作用对社会网络的影响分析。由表 7-44 模型 21 和模型 22 可知，内部环境、外部环境同时在同一模型下均对社会网络存在显著影响，且作用系数均大于 0。进一步加入其交互作用项（内部环境×外部环境）后，内部环境、外部环境仍然对社会网络有显著正向影响，但交互作用项影响不显著（$\beta=-0.741$，$p>0.05$）。对于农村发展项目来说，不仅仅要让项目走进来，更要让人们走出去，与更多有利于乡村可持续发展的事物接触。

表 7-44　内外部环境交互作用对社会网络的回归结果

| | 模型 21 | | 模型 22 | |
| --- | --- | --- | --- | --- |
| | $\beta$ | $t$ | $\beta$ | $t$ |
| 家庭劳动力 | -0.040 | -1.166 | -0.035 | -1.048 |
| 女性劳动力年龄 | -0.037 | -1.084 | -0.037 | -1.092 |
| 家庭年收入 | 0.006 | 0.170 | -0.003 | -0.074 |
| 家庭人口数 | 0.043 | 1.246 | 0.036 | 1.052 |
| 受教育程度 | 0.006 | 0.162 | -0.002 | -0.063 |
| 内部环境 | 0.116 | 3.014＊＊＊ | 0.519 | 4.671＊＊＊ |
| 外部环境 | 0.526 | 13.636＊＊＊ | 0.974 | 7.976＊＊＊ |
| 内部环境×外部环境 | | | -0.741 | -3.859 |
| $R^2$ | 0.353 | | 0.370 | |
| $Adj\ R^2$ | 0.345 | | 0.361 | |
| $F$ | 43.522＊＊＊ | | 40.891＊＊＊ | |

注：女性劳动力数量已被模型自动排除。＊表示数据在 $p<0.05$ 时显著，＊＊表示数据在 $p<0.01$ 时显著，＊＊＊表示数据在 $p<0.001$ 时显著。

（4）内外部环境交互作用对家庭角色的影响分析。由表 7-45 模型 23 和模型 24 可知，内部环境、外部环境同时在同一模型下均对家庭角色存在显著影响，且作用系数均大于 0。进一步加入其交互作用项（内部环境×外部环境）后，外部环境仍然对家庭角色有显著正向影响，但内部环境的影响则变得不显著。内外部环境的交互作用影响也不显著（$\beta=-0.181$，$p>0.05$）。

表 7-45　内外部环境交互作用对家庭角色的回归结果

| | 模型 23 | | 模型 24 | |
| --- | --- | --- | --- | --- |
| | $\beta$ | $t$ | $\beta$ | $t$ |
| 家庭劳动力 | -0.057 | -1.475 | -0.056 | -1.446 |
| 女性劳动力年龄 | -0.011 | -0.275 | -0.011 | -0.273 |
| 家庭年收入 | 0.077 | 1.986 | 0.075 | 1.929 |

（续）

|  | 模型 23 | | 模型 24 | |
|---|---|---|---|---|
|  | $\beta$ | $t$ | $\beta$ | $t$ |
| 家庭人口数 | −0.030 | −0.767 | −0.031 | −0.810 |
| 受教育程度 | −0.086 | −2.222 | −0.088 | −2.266 |
| 内部环境 | 0.101 | 2.322 * | 0.200 | 1.572 |
| 外部环境 | 0.338 | 7.730 *** | 0.447 | 3.197 *** |
| 内部环境×外部环境 |  |  | −0.181 | −0.825 |
| $R^2$ | 0.172 | | 0.173 | |
| $Adj\ R^2$ | 0.161 | | 0.161 | |
| $F$ | 16.583 *** | | 14.548 *** | |

注：女性劳动力数量已被模型自动排除。 * 表示数据在 $p < 0.05$ 时显著， * * 表示数据在 $p < 0.01$ 时显著， * * * 表示数据在 $p < 0.001$ 时显著。

## 7.2.7　内外部环境交互作用下的女性可持续发展能力指标协调机制结构方程模型

对于可持续发展能力来说，本研究认为人力资本、经济条件、社会网络、家庭角色之间存在一定的耦合作用，这些耦合作用往往是双向的。为进一步了解这些指标内部的作用机制，本研究根据相关文献总结整理其内部协调机制如图 7-2 所示。从图中可以清晰地看出其关系具有一定的耦合性、互动性、协调性、促进性。为了进一步检验其作用机制，本研究进一步使用结构方程模型对其做进一步路径检验分析。本书采用主成分分析法，把每个维度下的因子作为来源题项，取组合项值作为 2 级因子。根据本书设计的理论作用机制模型，利用 AMOS 统计软件，分析讨论本研究的可持续发展能力指标的内部协调作用模型。

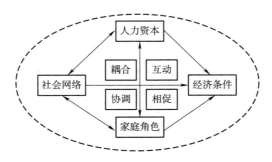

图 7-2　可持续发展能力指标的内部协调作用模型

### 7.2.7.1 可持续发展协调机制初始模型构建

根据本书的模型理论，在初始模型的基础上利用 AMOS 24.0 软件构建可持续发展能力指标作用模型（图 7-3）。构建结构方程模型后，数据验证研究结果可能不会得到较好结论，需要反复调整模型的适配度。从可持续发展能力指标模型拟合情况来看，$X^2/DF$ 值为 14.867，其他拟合指标 $GFI=0.871$、$RMSEA=0.156$、$NFI=0.876$、$IFI=0.884$、$CFI=0.883$，表明初始模型的拟合度相对较低。

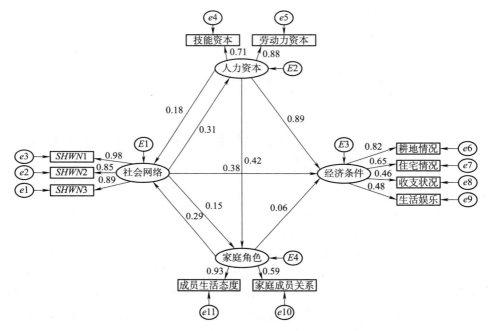

图 7-3　可持续发展能力指标的内部协调机制初始模型

进一步对其路径系数进行整理，如表 7-46 所示。其路径中经济条件—家庭角色（$Estimate=-0.049$，$p>0.05$）的路径不显著，其余路径系数均显著。表明该模型具有修订的意义。在修订模型时，为进一步提升模型的适配度，对于 Modification Indices 结果分析中 $MI$ 值较高的路径也进行连接固定，而对于家庭角色—经济条件的路径则做删除处理。

表 7-46　初始模型路径系数

| 路　径 | Estimate | S. E. | C. R. | p |
| --- | --- | --- | --- | --- |
| 家庭角色—社会网络 | 0.200 | 0.171 | 4.981 | *** |
| 家庭角色—人力资本 | 1.426 | 0.087 | 16.403 | *** |

（续）

| 路　　　径 | *Estimate* | *S. E.* | *C. R.* | *p* |
|---|---|---|---|---|
| 家庭角色—经济条件 | −0.049 | 0.026 | −1.878 | 0.060 |
| 经济条件—人力资本 | 0.859 | 0.096 | 8.969 | ＊＊＊ |
| 人力资本—社会网络 | 0.108 | 0.012 | 6.211 | ＊＊＊ |
| 经济条件—社会网络 | 0.105 | 0.110 | 3.901 | ＊＊＊ |
| 社会网络—经济条件 | 0.439 | 0.081 | 5.443 | ＊＊＊ |
| 社会网络—人力资本 | 0.569 | 0.143 | 3.969 | ＊＊＊ |

注：＊＊＊ 表示数据在 $p < 0.001$ 时显著。$X^2 = 594.691$、$DF = 40$、$GFI = 0.871$、$RMSEA = 0.156$、$NFI = 0.876$、$IFI = 0.884$、$CFI = 0.883$。

### 7.2.7.2　可持续发展协调机制最终模型确定

本研究需要对模型进行修正和调试，在简化过程中，结合指标路径拟合结果进行多次拟合修正，最终模型结构如图 7-4 所示。本模型删除了家庭角色—经济条件路径，最终模型拟合指标结果显示均优于初始模型拟合指标（$X^2 / DF = 2.185$、$GFI = 0.912$、$RMSEA = 0.073$、$NFI = 0.907$、$IFI = 0.919$、$CFI = 0.916$）。模型最终确定后，路径拟合结果如表 7-47 所示。

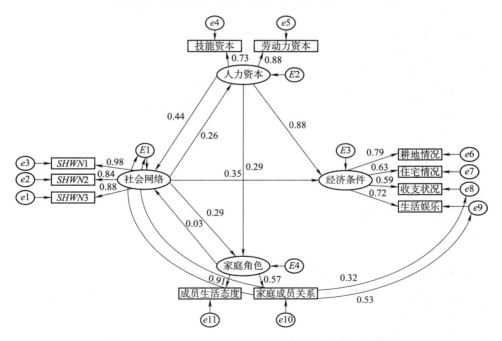

图 7-4　可持续发展能力指标的内部协调机制最终模型

表 7-47　最终模型路径拟合结果

| 路　径 | Estimate | S. E. | C. R. | P |
|---|---|---|---|---|
| 家庭角色—社会网络 | 0.349 | 0.151 | 3.987 | *** |
| 家庭角色—人力资本 | 0.876 | 0.069 | 19.137 | *** |
| 经济条件—人力资本 | 0.287 | 0.041 | 4.427 | *** |
| 人力资本—社会网络 | 0.260 | 0.121 | 5.461 | *** |
| 经济条件—社会网络 | 0.293 | 0.087 | 7.881 | *** |
| 社会网络—经济条件 | 0.034 | 0.131 | 2.049 | 0.04 |
| 社会网络—人力资本 | 0.438 | 0.107 | 11.730 | *** |

注：*** 表示数据在 $p<0.001$ 时显著。$X^2=89.596$、$DF=41$、$GFI=0.912$、$RMSEA=0.073$、$NFI=0.907$、$IFI=0.919$、$CFI=0.916$。

## 7.2.8　内外环境交互作用下的女性可持续发展能力指标协调机制实证研究结果分析

内部环境对可持续发展能力四个指标（经济条件、人力资本、社会网络、家庭角色）的影响系数分别为 $\beta=0.498$（$p<0.001$）、$\beta=0.440$（$p<0.001$）、$\beta=0.363$（$p<0.001$）、$\beta=0.260$（$p<0.001$），即内部环境的发展对于农村家庭经济条件、人力资本、社会网络、家庭角色具有显著的积极影响。内部环境在一般研究中指的是人所处的内在家庭环境，这些个体发展的因素如受教育水平、家庭成员认知水平、自身负担等都成为家庭内部因素的重要组成部分，这些因素从消极状态向积极状态转变后，将进一步提升可持续发展能力。

外部环境对于可持续发展能力四个指标（经济条件、人力资本、社会网络、家庭角色）的影响系数分别为 $\beta=0.536$（$p<0.001$）、$\beta=0.570$（$p<0.001$）、$\beta=0.581$（$p<0.001$）、$\beta=0.385$（$p<0.01$），表明外部环境的发展对于农村家庭经济条件、人力资本、社会网络、家庭角色具有显著的积极影响。一个地区发展缓慢不仅受内部因素影响，也受外部因素影响。而对于外部因素来说，最重要的是相关政策的支持与倾斜，协助地方区域经济发展。本研究的结论，与调研目的地主要发展趋势是一致的。

内外部环境交互作用对经济条件、人力资本的影响是积极的，但对社会网络有消极影响。说明在内外部环境相互作用下，个体或者整个家庭的社会网络关系强度会降低。简而言之，随着本地经济的发展、个体家庭内部环境的好转，贫困地区的家庭反而更愿意在固定的区域生活，减少外出发展经历。内外部环境交互作用对家庭角色的影响不显著。

可持续发展能力指标的相互协调机制表明，人力资本与社会网络之间存在双向影响；人力资本与家庭角色之间存在双向影响；人力资本对经济条件具有单向积极影响；社会网络与家庭角色之间存在双向影响；社会网络对经济条件具有单向积极影响。本研究认为，家庭角色包含家庭成员生活态度、家庭成员关系两个方面。无论是贫困家庭还是非贫困家庭，生活态度和成员关系不会受到经济条件的影响，也不会影响经济的发展。家庭经济的发展，受制于家庭成员能力不足、生产资料不完善，也受制于区域地区经济的发展等，这些是影响经济条件的主要指标。

结合数据研究结果，对本章假设论证情况进行整理，如表 7-48 所示。

表 7-48　假设论证情况一览

| 序号 | 假设内容 | 成立情况 |
| --- | --- | --- |
| H7-1 | 内部环境对可持续发展能力具有显著的积极影响 | 成立 |
| H7-1a | 内部环境对女性主体的经济条件发展具有显著的积极影响 | 成立 |
| H7-1b | 内部环境对女性主体的人力资本发展具有显著的积极影响 | 成立 |
| H7-1c | 内部环境对女性主体的社会网络关系强度提升具有显著的积极影响 | 成立 |
| H7-1d | 内部环境对女性主体的家庭角色地位提升具有显著的积极影响 | 成立 |
| H7-2 | 外部环境对可持续发展能力具有显著的积极影响 | 成立 |
| H7-2a | 外部环境对女性主体的经济条件发展具有显著的积极影响 | 成立 |
| H7-2b | 外部环境对女性主体的人力资本发展具有显著的积极影响 | 成立 |
| H7-2c | 外部环境对女性主体的社会网络关系强度提升具有显著的积极影响 | 成立 |
| H7-2d | 外部环境对女性主体的家庭角色地位提升具有显著的积极影响 | 成立 |
| H7-3 | 内外部环境交互作用对可持续发展能力具有显著的积极影响 | 部分成立 |
| H7-3a | 内外部环境交互作用对女性主体的经济条件发展具有显著的积极影响 | 成立 |
| H7-3b | 内外部环境交互作用对女性主体的人力资本发展具有显著的积极影响 | 成立 |
| H7-3c | 内外部环境交互作用对女性主体的社会网络关系强度提升具有显著的积极影响 | 不成立 |
| H7-3d | 内外部环境交互作用对女性主体的家庭角色地位提升具有显著的积极影响 | 不成立 |
| H7-4 | 人力资本与社会网络之间存在双向影响 | 成立 |
| H7-5 | 人力资本与家庭角色之间存在双向影响 | 成立 |
| H7-6 | 人力资本对经济条件具有单向积极影响 | 成立 |
| H7-7 | 社会网络与家庭角色之间存在双向影响 | 成立 |
| H7-8 | 社会网络对经济条件具有单向积极影响 | 成立 |
| H7-9 | 家庭角色对经济条件具有单向积极影响 | 不成立 |

# 8 提升农村女性可持续发展能力的政策建议

在发展相对落后地区，女性在农村发展事务中发挥着重要作用，因此鼓励女性参与农村社区事务以及农村发展项目，对增强其自身能力从而促进家庭增收致富具有重要意义。本书以内在视角探讨发展相对落后地区农村女性对农村发展参与的认知、情感及行为对其可持续发展能力建设的影响机制。情感和认知均会对行为产生积极的影响，女性在农村发展参与中，认知参与程度越高、情感参与程度越高，行为参与越积极，当行为发生之时，农村发展效果显现，也就是农村发展参与度越高，其对女性的经济条件、人力资本、社会网络以及家庭角色影响越大，而认知参与与情感参与通过行为也会产生相应的正向影响。同时本研究发现外部环境对女性的农村发展参与以及可持续发展能力的提升有很大影响，外部环境支持能够诱发女性将自身的意愿转化成相应的行动。因此，政府等组织的支持能够促进女性农村发展参与。本书主要从外部环境支持、女性主体农村发展参与以及可持续发展能力提升三个方面构建可持续发展长效机制，增加女性参与意愿并提升其可持续发展能力。

前文根据问卷数据构造了个体参与、环境支撑以及能力指标之间的因果关系模型，从系统的角度考量了参与系统、可持续发展能力系统（以下简称能力系统）与赋能系统。由参与系统（参与能力）、能力系统（经济能力、人力资本、社会网络和家庭幸福感）以及赋能系统（环境支持）组成的能力复合系统，不是能力要素的单独增加，而是能力要素的协同。合理促进参与能力、经济能力、人力资本、社会网络和家庭幸福感的动态整合，优化脱贫能力结构，是农村女性持续成长的重要环节，只有可持续发展能力要素有效整合，使农村女性有效利用和发挥获取得的能力要素，才能促进农村女性能力的不断增强。参与能力、经济能力、人力资本、社会网络和家庭幸福感是贫困女性持续脱贫能力的基本要素，农村女性可持续发展能力的形成过程是可持续发展能力系统内部要素的协同运动过程，它们之间互为前提、相互作用、相互协作。

# 8.1　构建可持续发展长效机制

无论何种原因致贫，深度贫困人群往往没有脱离贫困的想法和勇气，缺乏脱离贫困的技能和手段。环境封闭、信息匮乏、观念落后以及智力开发不足等几方面相互影响、相互制约，导致贫困人群缺少达到最低生活水准的能力，处于诺贝尔经济学奖获得者阿玛蒂亚·森所说的可行能力的匮乏困境。党的十九大报告指出，"注重扶贫同扶志、扶智相结合"，因此，建立以增强深度贫困人群能力为方向的"赋能"机制是解决问题的基本手段。

## 8.1.1　完善增收致富的外部环境

调研发现，种植规模大、盈利能力强、获取扶贫信息便利、有政策支持的农村发展项目，农村女性参与程度高。自然条件恶劣、环境资源匮乏的地区易形成连片贫困区，易出现大规模贫困人群。生态环境脆弱、地理位置偏僻、基础设施薄弱以及资源禀赋不足导致要素流动困难，生产风险加大；而封闭的环境又导致这个群体普遍缺乏市场意识和风险意识，远离现代文明，环境适应性差，移民搬迁扶贫等手段反而会加剧贫困，而一般性产业扶贫手段虽然能保证地区资源的资本化利用，但无论在生产还是分配环节，贫困人群实际上都被排除在外，很难有效参与。而此时农村居民尤其女性主体需要良好的政策引导和保护。对于因病致贫和返贫的深度贫困人群，要以"建库立卡"为基点进行分类瞄准和精准管理。建立"新农合"制度为主干，医疗大病保险和疾病应急救助为补充的健康扶贫体系。同时，积极发展商业健康保险和慈善救助。组织制度上，确立农村分级诊疗模式，发挥基层医疗卫生机构的作用，缓解医疗救助制度的压力。根据深度贫困人群的年龄结构、产业背景、民族习惯等现实情况细化教育培训资金安排，开展适应当地产业特色的技能培训，以多层级教育培训阻断贫困的代际传递。

强调产业发展过程中资源利用与贫困人口获利与发展间的关系，强调贫困人口的实质参与，增强市场意识的培训和引导，以制度设计充分保证贫困人群参与资源分配、获得收益。以政府扶贫与社会力量扶贫相结合的方式解决持续性贫困问题。各类社会组织具有丰富的资源和强大的专业能力，一直在反贫困实践中发挥着不可替代的重要作用。非政府组织（NGO）可以通过扩大贫困者的经济机会、促进赋权和加强安全保障，形成持续性的减贫动力。对于深度贫困人群脱贫后的稳定脱贫、持续脱贫问题，可更多地通过政府购买公共服务等形式交由社会组织承接完成。

## 8.1.2 提升持续发展能力

需要尊重扶贫对象在脱贫过程中的主体地位。调研发现农村女性拥有参与扶贫项目的理念，她们愿意平等参与扶贫资源管理，以增强对政府的信任以及农村内部的互信，并充分发挥贫困户的主观能动性和创造性。当她们明白要通过自身努力实现脱贫致富，解开了"等靠要"思想枷锁；通过职业技能培训精准发力，提高了参与扶贫项目的积极性，避免被边缘化；拥有锻炼体魄的意识，以加强抵抗疾病的能力和提高劳动生产能力；接受道德和诚信教育，强化理财观念、责任意识，农村女性参与农村发展的积极性会提升。

首先，农村社区社会组织不仅是居民建立起来的组织实体，还为农村女性提供了发挥主动性、创造性的平台。"通过居民自愿参与、自主协商、交流沟通、消解冲突、增进信任、取得共识、合作行动，实现主动增能的过程"是农村女性发挥主观能动性的体现。

其次，要为贫困女性群体提供优质的教育培训内容，以此来避免贫困的代际传递。母亲的生产能力以及脱贫致富意识对子女的发展有重要影响，因此对父母尤其母亲的职业技能培训精准发力，提高他们的职业技能，能够帮助他们提升能力和思想认识，从而正向影响子女。群众的职业技能的提高与项目的广泛参与会促进农村发展项目的实施与技术革命、产业升级等。所以，应不断完善教育培训与激励制度。正所谓扶贫必扶智，因为受到客观因素的影响，贫困群体无法借助现代教育手段提高自己的综合素质，经常处于边缘状态，因此必须为贫困群体提供教育培训渠道。加强对贫困群众的引导，特别是对于那些具有一定劳动能力的贫困户，更要做好教育工作，帮助他们从"等、靠、要"的思想枷锁中挣脱出来。脱贫攻坚的实践经历也足以说明，开展扶贫工作最有效的方法就是职业教育，因此可以根据贫困群体的民族、年龄和产业背景等因素对教育培训资金进行划分，为贫困群体提供合适的技能培训。

# 8.2 完善农村女性增收致富参与机制

尽管中国政府在女性参与的问题上做出很多研究与探索，但依旧存在很多不足的地方，例如女性参与水平比较低、参与领域比较窄、参与意识不够强、尚未形成制度化的保障等。因此，我们应从文化、心理、权益等层面积极解构制约女性参与的因素，建立农村女性利益表达渠道和参与机制，引导她们以自愿和合法的形式参与社区发展，发挥她们在农村发展中的重要作用，实现其自身可持续发展，进而促进农村的可持续发展，实现社会性别平等和社会公正。采用制度化的方法可以提高女性参与的积极性。笔者认为，现阶段要想提高农村女性的农村发展参与程度，需要针对下列几点展开讨论。

## 8.2.1　发挥政府的引导作用

女性参与行为研究结果表明，行为响应受到外部环境的影响最为明显，同时外部环境还会影响贫困代际传递，不仅能够促使女性进行行为响应，还能够在农村发展参与和可持续发展能力之间起积极的中介作用。女性在农村发展参与中，自发因素以及诱发因素都会对女性行为造成影响。女性既要根据自己的意愿自主参与项目，同时在外部因素的影响下，组织支持能够诱发女性将自身的意愿转化成响应行动。因此，政府等组织的支持能够促进女性参与农村发展事务。对贫困地区的自然条件、交通状况、人口数量、教育水平以及优势产业等方面进行综合分析，不断消除地理贫困陷阱，从而真正做到精准扶贫。一是要不断改善基础设施，例如电力和交通等，使贫困地区不再处于封闭状态，能够和外界进行互动和交流。二是要构建公平、公正的政策保障体系，使全体贫困人群都能够享受到政治和经济等基本权利，同时反对所有的特权现象，保障农村女性平等地参与农村发展事务。三是为了改变持续贫困，应该引导农村女性增强改善自身贫困情况的意识，为农村女性提供良好的条件，提供更加广阔的参与平台，提升农村女性的社会地位与自我认同，这将会减少持续贫困的时间。四是确保特殊问题特殊对待，对贫困进行分类，有利于为稳定脱贫提供内外保证，对于贫困程度存在差异的农户，采取差异化的方式进行救助。

知情权是女性参与农村发展事务的前提基础，乡村振兴是关乎亿万农民利益的大事，不能由政府单独决断，理应让农民知情，而要让农民知情，就必须做到决策公开透明。基层政府在乡村振兴战略实施的每一环节中应利用电视、广播、微信公众号等方式做好宣传、讲解，让农民真正知晓乡村振兴的内涵与意义。在乡村振兴规划的制定与具体方案的推进过程中应进行充分调研，听取农民的真实意愿，在涉及农民利益的大小事项中应毫无保留地公开、公示，接受农民的质疑与询问，解答农民的疑惑，切实尊重和保障农民的知情权，增强农民对乡村振兴的认同感。参与权是女性参与农村发展事务的主要体现，要借助村民自治组织的管理功能，通过村民代表大会、村民理事会、村民议事会、村民监事会等机构，让女性参与决策、管理和监督的全过程，保证乡村建设的每一个环节中都有农民的身影，让女性参与到乡村产业发展、乡村资源利用、乡村环境治理、乡村基础设施建设、乡村文化重塑等乡村事务中去，从而最大限度地实现农村女性的参与权，保证乡村建设让农民满意。表达权是女性参与乡村振兴和乡村治理的重要保障，对于乡村振兴战略实施过程中关系农民切身利益的举措，如农村土地制度与集体产权制度改革、农村环境整治等，应让女性参与农民代表大会的讨论，让女性提利益诉求，必要时还应举行听证会，多方面听取农民的意见，让女性真正"发声"，从而增强决策的民主性、合理性。

## 8.2.2 增强女性认知参与

本书研究发现，许多贫困者有劳动能力但不认为自己贫困，没有脱贫的愿望，或者有脱贫愿望但缺乏脱贫的勇气和行动。由于对待事物的认知不同，部分贫困人群满足于自给自足、自由自在的生存状态，或者由于长期生活在贫困之中，受文化习俗、思维定式和价值取向的影响，对贫困产生了自适应和自我维护，缺乏走出困境的勇气和想法。这种文化属性与资源匮乏、环境恶劣等其他属性之间不一定有直接的因果联系。贫困地区农村女性有劳动能力，有脱贫的愿望，但缺乏谋生技能，形成能力制约型贫困。由于受教育程度低，缺乏知识更新和获取知识的能力，或者没有接受相应的职业技能培训，无法在竞争性的经济活动中获取收益。

通过引导可以使女性懂得运用不同渠道获得增加收入与发挥个人才能的机会，参与各种组织和培训之后可以有效增强女性的认知水平。由于农村女性大多缺乏相关技术，文化水平普遍不高，因而要有针对性地加强女性的文化和技术培训，做好宣传、技术推广以及服务工作，增强女性的参与意识与能力。同时，在政府支持和引导下，通过培训等方式增强女性的自我认知，让农村女性更好地了解农村发展项目，从而增强女性参与的积极性。利用文化培训等多种方式，增强女性对扶贫项目、各种产业文化的认知。增强锻炼体魄的意识，从而提高劳动生产能力以及抵御疾病的能力。提升女性的行为能力，有助于促进女性参与农村发展事务，而增强女性的行为能力首先要增强女性对项目的认知。在推进农村可持续发展的进程中，在继续增加外源动力的前提下，激发贫困女性摆脱贫困的内生动力、积极性和创造性，从被动的救助转变为主动脱贫，提高自主脱贫动力。

## 8.2.3 增强女性情感参与

贫困人口不仅是脱贫攻坚的主要对象，也是脱贫致富的重要主体，激发他们的脱贫内生动力非常关键，同时也是避免返贫的重要方式。从调研情况来看，促进女性可持续发展要让贫困地区的女性产生脱贫意识，提高发展意愿，转变思维方式，从最初的"要我脱贫"逐渐转变为"我要脱贫"。提高贫困女性的自我发展能力，重点在于智力方面的扶持，做好培训和教育工作，让她们了解市场需求，获得相应的生产能力，从而使人力资本水平得到提高，对农村发展事务的信任度、责任感与情感依赖度得到提升。

为农村女性组织提供扶持与帮助，培育女性责任感与参与情感。各级妇联组织应充分将女带头人和女精英的作用发挥出来，推动经济组织更好地发展。

不断完善农村女性组织的规章制度，和相关单位进行协调，为女性组织提供资金和政策上的支持，树立共同参与、通力协作的意识。有效的参与需要女性有主动参与脱贫致富产业的兴趣与能力，需要对脱贫致富产业有正确的认知与情感。女性认知和女性责任两者构成了女性农村发展参与的心理基础，是实现女性有效参与的前提。要增强女性认知与情感投入并激发女性责任感，对女性进行必要的培训，并引导她们将主动参与与自身的利益紧密联系起来，感受参与脱贫致富产业的重要意义。同时建立健全多方参与式扶贫机制，激活首创精神与内生动力。扶贫先扶志，人民是历史的创造者，需要尊重扶贫对象在脱贫过程中的主体地位，倡导参与式扶贫理念，赋予弱势群体话语权，平等参与扶贫资源管理，增强贫困户对政府的信任以及农村内部的互信，充分发挥贫困户的主观能动性和创造性，鼓励他们通过自身努力实现脱贫致富。此外要加强道德修养方面的教育，将现代化的责任感与积累收入能力带入农村，丰富贫困群体的精神生活，鼓励他们积极参与社区管理，勇于维护自身权益，让他们重新建立起对生活的自信。

## 8.2.4 增强女性行为参与

首先，继续保持农村产业有效参与度。增加农村女性内部就业人数。努力发展女性作为主导力量的优势产业，例如养殖业、手工制造业和加工业，并对女性进行技术指导。产业融合扶贫模式逐渐完善，以第一产业为基础，逐渐发展到第二、三产业，重点发展新兴业态，使农村产业逐渐朝多元化方向发展，找到产业扶贫和脱贫的着力点。

其次，积极参与特色资源开发与特色产业的发展。鼓励、引导贫困地区将特色优势产业引进来，充分发挥贫困地区的优势，发掘优质资源，使这些资源能够对产业的发展带来帮助，逐渐形成特色主导产业。一方面，探索多种资源发展方式，大力发展多种农副产业，例如畜禽养殖、银器加工、果蔬产业和陶瓷制作等，不断完善旅游基础设施，增加旅游产品的种类，做好旅游扶贫工作。另一方面，优化产品销售途径，做好宣传工作，把特色产业做大做强，为龙头企业提供产业分工、配套等方面的扶持和引导，努力营造优质的产业发展环境。

最后，优化农村女性专业组织。目前云南农村女性经济组织不但涉足养殖业和种植业，而且在生产资料服务、农产品加工以及销售等方面也有所涉猎，如石林的女性刺绣组织等，但是大部分女性经济组织是同业联合组成的，自身经济水平并不高，很难形成一定的规模，组织化程度比较低。政府应优化农村女性专业组织，采取多种可行措施，做好宣传和鼓励工作，将女性的参与意识调动起来。增加对女性的培训，尤其是对妇联干部以及女性组织的成员做好专业知识方面的培训，提高对农村女性在管理、技艺、市场以及营销等方面的培训力度，提高她们的综合素质和适应市场的能力。此外，推广"公司（合作社）＋基地＋农户"合作模式，积极参与"巾帼脱贫"等集体行动。

# 8.3　完善农村女性主体增能策略

农村社区中女性的主体地位为农村女性提供了大显身手的舞台。提高女性的创造性、积极性和主动性，可以有效提高农村女性的收入水平，让她们充分体会到安全感、获得感和幸福感。坚持做到社区自治和政府管理相结合，为农村女性创造优良的发展环境，不仅可以让农村女性享有当家作主的权利，而且可以增强她们自我管理的能力和民主参与的意识。大力发展农村社会组织，使农村女性可以利用合法途径来表达自己的利益诉求。

## 8.3.1　强化农村女性主体意识

首先，践行自治权利，不仅要做到尊重女性的政治权利和自由，而且要采取立法的形式明确规定女性参与农村资源管理受法律保护，并对参与内容、形式、途径以及程序等方面做出详细规定，真正做到有法可依。农村居民主体增能最关键的就是发挥农村居民参与社区事务的主体性，提高居民的权利意识和主体能力，使农村居民的主观能动性得到充分的发挥。所以，根据农村居民的需求情况提供合适的民生项目，可以有效推动农村居民行使自治权，从而使农村居民的参与能力不断提高。

其次，强化农村女性的参与意识。很多农村女性并不具备较强的主观能动性、主体意识和参与意识，在资源和知识方面也存在很大程度的欠缺。对女性主体进行"增能"可以有效改善女性缺失主体性的问题。提高女性主体参与度，需要社区、政府以及社会共同努力。对于社区增能而言，居民增能尤为重要，不仅可以提高农村女性社区事务参与度，而且也是现在我国社区发展的趋势。但是农村女性并没有特别高的素质修养，缺少参与意识与主体意识，很难在社区建设中发挥作用。所以，在增能视角下开展女性社会工作时，应该把工作重心放在提高女性权利、能力和意识上，增强她们的生活技能。充分挖掘农村女性的价值和潜力，建设社区女性服务队伍，为女性提供更多的工作机会。在就业问题上，为女性提供各种信息和政策上的服务，鼓励女性自主创业或再就业。转变农村女性男尊女卑的思想，让她们拥有参与意识和主体意识，学会努力为自己争取更多的支持与资源，从而提高女性的经济水平和家庭地位。

最后，加强乡村文化基础设施建设，搭建乡村文化交流平台。政府和基层党组织要将乡村文化建设放在重要位置，加大对乡村文化建设的资金投入力度。在农村修建图书室、文化馆和文化大礼堂等综合性文化服务中心，为农村女性学习各种文化知识提供公共平台，让农村女性了解不同种类的文化知识，帮助她们做出正确的文化选择。要拓宽文化教育的渠道，通过电视、广播、手机、电脑等网络形式与农村图书室、农村文化馆以及专业教学、专家讲座等实体方式相结合，向农民传授不同的文化知识，定期举行不同类型的文化交流报告会，让农村女性谈心得体会和感想领悟，以此强化农村女性的文化选择能力。利用好乡村优秀传统文化，深入挖掘乡村传统文化资源，让那些具有乡土特色的传统文化习俗、传统文化手艺得到继承和发扬。鼓励传统文化手艺创作，让传统文化真正成为农村女性的精神财富。

## 8.3.2 增强女性经济地位，增强创收能力

首先，提高农村女性的经济地位。提高农村女性的经济地位是增加她们社会资本的重要方式。良好的经济条件有利于农村女性增加对自身的教育投资，增强自身的人力资本，带动个人地位提高，获得一系列相关资源，还可以增加女性自身的休闲时间，使女性交往范围逐渐增加，获得社会资源的机会也变得越来越多。应该提高对女性人力资本的投资，使女性的素质修养与能力得到提升。

其次，增强农村女性的创收意识。农村女性由于长期处于安逸的状态下，在面临经济活动中的竞争时会有胆怯的心理。因此，为了提高农村女性的经营水平和综合素质，必须采用多种方式来提高她们的魄力与胆识，让她们敢于参与到市场竞争中去，注重挖掘小组成员个人能力与优势，并且为她们提供更好的平台和资源，让她们把优势充分地展现出来，让她们的技能帮助她们实现脱贫致富。例如，向农村留守女性传授实用性较强的农业生产技术以及职业技能，从而提高她们的创收能力以及经营理念，以此来提高农村女性的致富能力。

再次，增强农村女性的市场观念，使其具备走向市场、迎接挑战的能力。充分发挥农村女性的特长，例如编织和刺绣等，用她们的特长为家庭带来收入。可以把有特长的农村女性划分成不同小组，根据小组的实际情况设计不同的产品，并且统一销售出去。以"互联网+创业"为抓手，努力提高农村女性的发展能力。做好农村网络信息化建设工作，在新媒体的帮助下，让农村女性享受到更多的公共服务。采用这样的方式提高她们的自信心，培养她们的集体精神，使她们的家庭、社会和经济地位均有明显提高。

最后，拓展女性就业渠道。如果条件允许，可以鼓励女性积极外出务工，学到更多技术，扭转传统思想观念，提高收入，积累经验，为其自身发展创造

良好机遇。因此政府要加强鼓励和引导，积极与用工单位联系，了解用工信息和用人需求，积极争取就业岗位，扩大女性就业范围。构建完善的农村信息网络，建立农村劳动力资源信息档案，使农村女性获得更多的就业机会。政府应该积极投入人力和物力，努力完成软件的开发工作，把女性信息、招聘信息和培训信息等全部发布在网络上，让网络覆盖所有的乡镇，并且提供自助查询免费服务，鼓励大家多上网查询。努力建设完善的就业信息网络，真正做到信息和资源的共享。打造乡村产业，促进当地青壮年女性劳动力就业，要在当地发展农业特色，发挥自然优势，就地创收。在教育和技能培训方面，不仅要让师资力量和校舍环境得到保障，而且要把教育和工作充分结合起来，同时可以考虑和本地旅游业或者外地企业达成合作，有针对性地为女性提供培训。

### 8.3.3　增强女性人力资本，加强教育与培训

农村女性就业既具有一定的工具理性，也具有一定的价值理性，但仍有许多农村女性仍然被束缚于传统的性别观念、承担家庭责任和家长制中。这些因素不仅影响女性的就业目的，还影响女性对自身未来的发展和规划。由于当前中国的社会和经济发展形势对劳动者的人力资本有了更高和更为多元化的要求，本书认为需要站在长远的角度来考虑农村女性的发展，提高对农村女性的受教育程度和人力资本投资的重视程度。

农村女性在获取人力资本的时候，应该提高素质教育水平，从而使就业能力得到提升。因为很多本来需要由家庭分担的教育支出均由国家财政负责承担，所以农村家庭的教育开支明显降低，节省了很多生产资金，这会为农村经济的发展带来更多的收益，而收益的增加又会增加家庭在教育方面的支出，从而提高人力资本的投资，这是一个良性循环的过程。在调研中发现农村各地入学状况中仍有重男轻女的情况发生，因此政府应该提供男女平等入学的保障，对贫困女孩进行费用减免或资助，应该尽早推广平等意识，并且有效利用学校与家庭的平台培养女孩的自我意识。对农村女性提供职业教育，为女性的经济和生产活动提供职业帮助，增加更多培训与教育的机会、就业的机会，为减少女性家庭照料负担，提供相应公共服务和支持。农村的一般教育和职业教育的不同之处在于职业教育的受益主体与投资主体是一致的，在农村开展职业教育通常是为人们提供农业生产技能方面的培训，这些培训内容可以直接运用在农村生活和生产过程中，例如养殖技术等。因为这种教育方式可以让农村受益，可以明显提高农村家庭的经济收入，所以农民非常愿意投资。开展职业教育，为农民提供更多的技能培训，不但能有效提升农业生产效率，而且从某种程度上来说可以转移农业剩余劳动力。此外，要提高农村女性的道德修养和法律常

识，提高甄别能力和自我保护能力。

针对农村农业劳动力弱化、老化，无法利用现代科技文明的现状，要加快高素质农民队伍建设，培育爱农业、懂技术、善经营的复合型人才。壮大高素质农民主体，为乡村振兴和农业现代化提供强有力的人才保障和智力支撑。当然高素质女性农民的培育不是一朝一夕就能完成的，需要一个长期积累的过程，需要大量人力、物力的投入，需要各方主体的共同努力。提升女性对高素质农民的兴趣和务农意愿，吸引更多的人从事农业生产。加大对高素质女性农民的技术培训投入力度，提升其技能。对此应提供更多的扶持资金，完善相关基础设施，为农民职业技能培训提供基础保障。要聘请专家给农民授课，开展职业技术教育和技能培训指导，定期组织培训班，学习借鉴其他地区好的经验，将课堂讲授、田间教学、实践基地参观等形式结合起来，帮助农民改变传统思想观念，提升农民的专业知识和技能。

## 8.3.4　培育女性社会资本

农村女性人力资本、参与社会活动的积极性、获取资源的能力都弱于男性，所以和男性相比，女性拥有的社会资本相对较少。对于农村女性来说，缺乏社会资本对于他们的参与意识、权利观念和主体意识的形成与发展都造成很大影响，阻碍了农村女性与基层政府之间良好的互动关系的建立，在一定程度上阻碍了女性参与农村发展事务。培育农村女性的社会资本，增强政府管理部门与农村女性之间的互动，扩大女性与其他利益相关者之间的互信界限与领域，是提高农村女性参与农村发展事务积极性的重要措施。政府在制定政策时应考虑性别问题，关注农村女性的参与机会和支持资源，从而增加她们的社会资本。在农村，亲缘关系是一种重要的社会资本，女性作为沟通关系的桥梁，比男性更加重视人际关系，而农村女性的亲缘关系对她们尤为重要。所以，引导、鼓励农村女性建设获益性亲缘关系，能够让她们更积极地参与到农村建设中来。而在国家与个人之间的社会空间内可以通过建立各种女性组织和女性社会支持网络，以女性的集体行动来增加女性自身的社会资本，帮助女性提高参与水平。提高女性参与社会活动的积极性，如村委会选举、村民代表日常议事等活动，逐步培养女性的自组织能力。自获性社会资本，指的是以清晰的意向性和功利性来构建关系网络，从而逐渐形成社会资本。基础性社会资本指的是人们的出生地、家庭背景和与此相关的关系网，参加工作或考学等逐渐形成的社会关系。引导农村女性养成自觉维护各种关系网的习惯，努力积累更多的基础性社会资本。

### 8.3.5　重塑女性家庭角色

农村女性参与到农村发展项目或社区事务之中会使家庭中成员分工产生相应变化，所以不但要关注女性本身，而且要关注她们在社会和家庭中的地位，使她们真正享有自主性与独立性。对塑造女性家庭角色的建议具体如下：

首先，确定相对贫困地区重点支持对象。从调查结果中可以看出，云南农村的各类群体中都有可能出现贫困现象，但最主要的是有小孩或刚结婚的年轻家庭，尤其是在农村中担当重任的青壮年女性，他们是贫困代际传递的中间节点。所以，社会需要对刚从校园中走出来打算找工作的毕业生提供扶持与帮助，尤其是年龄在25～35岁的农村女性。发展乡镇企业，为当地贫困女性提供更多就业与创业机会，鼓励外出务工人员返乡就近工作。

其次，帮助农村女性减轻负担，努力发展乡镇或农村文教卫生事业，不仅可以有效解决孩子的教育问题，而且能给农村女性提供更多的就业机会。为孩子提供优质的教育设施，对于贫困家庭的孩子来说，可以减免生活费、学杂费等费用。提供养老保障和医疗保障，从而为特殊贫困群体减少经济负担；在健康医疗方面，重视老、弱、病、残女性以及新生婴幼儿的健康检查，同时持续关注补贴慢性疾病贫困家庭。

再次，打破传统偏见，鼓励男性在家庭劳务中贡献力量。女性为家庭做出经济贡献时，应该重视她们的心理诉求，应该给予她们平等的机会以便于她们更好地灵活就业与参与社区的发展，从农村社会中传统的劳动分工入手，将女性从一人承包家务的处境中解救出来，鼓励家中其他成员共同承担家务、照料老人与子女。通过开展农村社区工作，在农村普及男女平等的思想并鼓励男性转变观念，支持家庭女性参与到农村发展事务之中，积极参与灵活就业、创业等；鼓励家中男性主动承担相应家务，帮助女性减少家庭负担，以便其更好地投入工作中，提升家庭收入。

最后，提升决策权。家庭决策权指的是家庭遇到日常事务或重大事务时的决策权，是判断家庭地位的关键指标。在我国，许多农村女性没有收入来源，所以通常是男性具有决策权，女性家庭地位也就是家庭权力与威望远低于男性，因此鼓励农村女性参与农村发展事务无疑带给农村女性经济收入，在家庭中拥有话语权与资源支配权。这样农村女性的家庭地位会逐渐提高，对家庭财产的支配权和拥有权逐渐趋于平衡，有利于女性对家庭的管理。

## 8.4　本章小结

本章针对增收致富长效机制、农村女性参与以及能力提升，提出了解决农村女性贫困的政策建议，即构建可持续发展长效机制、完善农村女性增收致富参与机制，并提出农村女性主体增能策略，并对这三个建议展开探讨。最后总结得出提升农村女性参与度与可持续发展能力需要提升外部环境、完善女性组织、提供就业方案、扩大增收渠道并提升女性主体地位、提升权利思想意识、接受技能培训、增强自我发展能力等。

# 9 结论与展望

　　本书基于乡村振兴背景对云南地区农村女性的相对贫困问题以及增收致富问题进行了研究。本书利用计划行为理论、代际传递理论、可持续发展理论、可行能力理论以及增能理论等，结合相关的文献研究，通过实地调查、深入访谈与问卷收集，用质性分析与实证分析方法研究云南农村女性的农村发展参与行为机理，构建了农村发展参与指标。通过研究贫困代际传递与可持续发展能力的关系，构建了可持续发展能力指标，进一步对女性农村发展参与对其可持续发展能力的影响机制做出假设并进行实证分析，最后得出提升贫困地区农村女性可持续发展能力的三大策略。

## 9.1　研究结论

　　本书基于 2017—2018 年对部分云南农村女性的调查研究以及 2019 年对云南贫困地区十几个贫困县下设贫困村女性近一千份问卷的调查数据，考察云南贫困地区农村女性农村发展参与对其可持续发展能力建设的影响机制，研究发现：

　　**(1) 女性农村发展参与行为机理研究结果。**①女性在农村发展参与中，认知影响意愿，进而影响行为。女性所能够得到的社会、经济和生态效益的认知情况对行为态度有显著的影响，而外部的压力则使女性明确自身的行为，影响主观规范。知觉行为控制体现在女性在农村发展参与中涉及的自我效能感分析以及掌握信息知识时涉及的控制信念。②行为响应和行为意愿是女性农村发展参与的重要前提。而女性对农村发展参与的认知主要是基于行为意愿，会对行为响应带来间接影响。而女性对农村发展参与如果有着良性认知，那么行为意愿就会提升。③外部环境（组织）支持对农村发展参与中女性的行为响应有显著影响，女性在农村发展参与中，既受自发因素的影响也受诱发因素的影响，在外部环境（组织）支持的影响下，女性能够将自身的脱贫的意愿转化成响应行动。

　　**(2) 贫困女性的能力与持续贫困的关系研究结果。**外部环境对于女性的重视与支持、母亲职业、家庭收入来源、家庭财富状况、家庭支出情况、母亲受教育程度、对子女受教育的支持程度、家庭生育和养育投入水平、是否是单亲家庭、家庭成员政治面貌以及家庭不良生活习惯等因素会对贫困持续程度产生显著的影响。贫困女性通过积极作为的获致过程实现自我能力的提升，很有可能实现持续脱贫并阻断贫困代际传递。

**（3）通过分析农村发展参与对云南农村女性可持续发展能力建设影响机制得到以下结论。**①贫困地区农村女性劳动力数量、受教育程度均对可持续发展能力建设具有正向影响，说明女性贫困主体在农村发展参与中受到了家庭劳动力和受教育程度的直接影响。进一步表明在扶贫工作中，如何对家庭劳动力较弱或者受教育程度低的家庭开展有效扶贫是一项较为紧迫的工作。情感参与和认知参与会影响行为参与，情感和认知均会对行为造成积极的影响，女性认知参与程度越高、情感参与程度越高，行为参与越积极，表明提升女性对农村发展参与的认知程度，加深情感倾注，有助于女性参与农村发展事务。②认知参与对可持续发展能力建设的影响中，参与程度的积极性会直接影响可持续发展能力的变化。女性认知参与程度越高，家庭经济条件、人力资本、社会网络关系强度以及家庭角色地位提升越明显，因此本研究认为认知参与对可持续发展能力提升具有正向影响。家庭收入提升、家庭收支平衡、家庭医疗得到帮扶、家庭生活水平提升、对帮扶项目熟悉、对帮扶认知程度较高会促使女性更多地参与到农村发展事务中，进而会对女性家庭经济、人力资本、与外界的联系交流以及家庭角色产生正向影响。而调研中发现，女性对自我角色的认知往往能体现女性在工作、家庭平衡中安排有关事项的优先级，更重要的是能体现考虑他人感受的倾向，往往注重角色适度调整的农村女性，更加注重家庭融洽，注重与他人的关系和谐。③情感参与对可持续发展能力建设的影响分析中，回归分析结果验证其只对人力资本具有显著性的影响，对家庭经济条件、社会网络、家庭角色的影响不够明显，因此本研究认为情感参与对可持续发展能力提升不具有完全直接的正向影响。进一步研究发现，情感参与主要通过行为参与对可持续发展能力产生正向影响。④行为参与对能力建设的影响研究发现，参与的积极性会直接影响可持续发展能力的增长变化，女性在乡村发展参与过程中，行为参与程度越高，家庭经济条件、人力资本、社会网络关系强度和家庭角色地位提升越明显。因此本研究认为行为参与对可持续发展能力提升具有正向影响，并且女性在参与农村发展事务过程中，行为参与在情感参与和认知参与对可持续发展能力影响关系中起中介作用。农村发展参与度越高，则其对女性的经济条件、人力资本、社会网络以及家庭角色的影响越大，认知参与与情感参与也通过行为参与对可持续发展能力产生正向影响。

**（4）外部环境的调节效应显著。**虽然外部环境的好坏不会直接影响农村发展参与与社会网络、家庭角色之间的关系，但外部环境的好坏会正向影响行为参与与家庭经济、人力资本之间的关系。在农村发展事务中，好的外部环境如良好的宣传氛围，政府、互助组织以及企业的帮扶等所带来的影响，直接作用在女性主体上，影响后期可持续发展能力的强弱。

（5）**内外部环境对可持续发展能力的影响实证研究结果分析。**内部环境的发展对于相对贫困家庭的经济条件、人力资本、社会网络、家庭角色具有显著的积极影响；外部环境的发展对于相对贫困家庭的经济条件、人力资本、社会网络、家庭角色具有显著的积极影响。内外部环境交互作用对于经济条件、人力资本的影响都是积极的，但对于社会网络来说，反而有负向的影响。简而言之，随着本地经济的发展变化、个体家庭内部环境的好转，贫困地区的家庭反而更愿意待在固定的区域，满足于当前的生活状态，减少外出的经历。内外部环境相互作用对家庭角色的影响不显著。

（6）**可持续发展能力指标之间的相互影响关系分析。**可持续发展能力指标的相互协调机制研究表明，人力资本与社会网络之间存在双向影响；人力资本与家庭角色之间存在双向影响；人力资本对经济条件具有单向积极影响；社会网络与家庭角色之间存在双向影响；社会网络对经济条件具有单向积极影响。

# 9.2　不足与展望

尽管本书通过结构方程模型对云南地区农村女性农村发展参与对其可持续发展能力的影响机制进行了探讨，但本书的结论仍存在一定的局限性。以下是对本书不足之处的归纳与研究展望。

首先，本书的分析和结论主要基于云南地区截面数据，不能反映农村女性参与农村发展对其未来参与意愿及行为影响的变化趋势，因此未来研究不会仅限于云南地区，会逐步扩大研究范围，增加对农村女性问题的跟踪时间，使数据不断更新，从而增加对比分析，使研究结论更具有科学性与说服力。其次，女性农村发展参与行为与其认知之间的关系以及参与与能力之间的关系非常复杂，影响农村发展参与的因素还有哪些，因素之间的关系如何是未来的研究中重点考虑的问题。再次，在农村女性参与农村发展事务时，不同职业的女性参与情况是否有区别？女性精英群体的作用是否更大？以上问题有待进一步研究。最后，由于本研究开展调研的时间在我国全面打赢脱贫攻坚战、全面建成小康社会之前，仅对精准扶贫阶段的农村女性农村发展参与及其对可持续发展能力进行了探索研究。而每个历史阶段的农村女性的认知与行为都会随时代变迁，同时测度其能力的标准也会发生变化，因此未来研究中会考虑时代背景、女性对增收致富的认知与行为，希望以此推动农村女性研究，为整个中国农村女性致富之路提供更加科学有力的依据。

参考文献
REFERENCES

阿马蒂亚·森，2002. 以自由看待发展 [M]. 任赜，于真，译. 北京：中国人民大学出版社.

蔡生菊，2016. 精准扶贫视角下对农村妇女贫困问题的审视与思考 [J]. 社科纵横，31 (12)：81 - 84.

蔡亚庆，王晓兵，杨军，等，2016. 我国农户贫困持续性及决定因素分析——基于相对和绝对贫困线的再审视 [J]. 农业现代化研究，37 (1)：9 - 16.

蔡彦洵，2018. 增能理论视角下社会工作介入精准扶贫研究 [J]. 南方企业家 (1)：110.

蔡莹霏. 增能视角下社会工作介入精准扶贫策略的探索研究 [J]. 劳动保障世界，2019 (18)：60.

陈全功，程蹊，2006. 长期贫困为什么难以消除——来自扶贫重点县教育发展的证据 [J]. 西北人口 (3)：39 - 42，46 - 47.

陈仁兴，2017. 可行能力视阈下农村贫困残疾人精准扶贫研究 [J]. 齐鲁师范学院学报 (5)：93 - 99.

陈树强，2003. 增权：社会工作理论与实践的新视角 [J]. 社会学研究 (5)：70 - 82.

陈文江，杨延娜，2010. 西部农村地区贫困代际传递的社会学研究——以甘肃 M 县四个村为例 [J]. 甘肃社会科学 (4)：18 - 23.

陈鑫，2018. 产业精准扶贫作用机制及风险防范研究 [D]. 南昌：南昌大学.

丁军，陈标平，2010. 构建可持续扶贫模式 治理农村返贫顽疾 [J]. 社会科学 (1)：52 - 57，188.

段伟，任艳梅，冯冀，等，2015. 基于生计资本的农户自然资源依赖研究——以湖北省保护区为例 [J]. 农业经济问题，2015 (8)：74 - 82，112.

方迎风，2014. 冲击、"能力" 投资与贫困脆弱性 [J]. 中国地质大学学报（社会科学版），14 (2)：103 - 111，140.

菲利普. 津巴多，迈克尔. 利佩，2007. 态度改变与社会影响 [M]. 北京：人民邮电出版社，2007：96.

费倩儒，2018. 基于 TPB 的污染型邻避设施决策中公众参与行为意向研究 [D]. 重庆：重庆交通大学.

费孝通，1998. 乡土中国 [M]. 北京：北京大学出版社.

费振东，2018. 中国农村家庭劳动力流动的减贫效应研究 [D]. 南京：南京审计大学.

甘露，2010. 西部欠发达地区农村贫困的致因分析——基于贫困代际传递论与贫困陷阱论比较〔J〕. 延边大学学报：社会科学版（2）：117-120.

高小贤，2014. 关于反贫困的行动主体〔J〕. 贵州社会科学（10）：10-11.

龚曼，陈骏兰，江晓梅，2018. 脱贫人口返贫问题对策之可持续脱贫〔J〕. 山西农经（9）：5-6.

顾永红，向德平，胡振光，2014. 可持续生计视角下连片特困地区妇女贫困研究〔J〕. 江汉论坛（6）：136-140.

顾永红，等，2014. 可持续生计视角下连片特困区妇女贫困研究〔J〕. 社会学（6）：136-140.

郭海博，2017. 可行能力理论视角下农村留守妇女权利贫困问题研究——以河南省 Y 县为例〔D〕. 沈阳：辽宁大学.

郭劲光，俎邵静，2018. 参与式模式下贫困农民内生发展能力培育研究〔J〕. 华侨大学学报（哲学社会科学版）（4）：117-127.

郭利华，2017. 赋予深度贫困人口可持续脱贫的能力〔N〕. 光明日报，2017-11-07.

韩春，2010. 中国农村贫困代际传递问题根源探究〔J〕. 经济研究导刊（16）：46-48.

韩广富，2005. 当代中国农村扶贫开发的历史进程〔J〕. 理论学刊（7）：85-88.

韩广富，2007. 论我国农村扶贫开发机制的创建〔J〕. 东北师大学报（哲学社会科学版）（6）：67-71.

贺爱忠，杜静，陈美丽，2013. 零售企业绿色认知和绿色情感对绿色行为的影响机理〔J〕. 中国软科学（4）：117-127.

胡怀敏，2007. 我国女性创业及影响因素研究〔D〕. 武汉：华中科技大学 2007.

胡洁雯，李文梅，2011. 赋权增能：教师专业发展的新视角〔J〕. 中国矿业大学学报：社会科学版，13（2）：5.

胡洁怡，岳经纶，2016. 农村贫困脆弱性及其社会支持网络研究〔J〕. 行政论坛，23（3）：19-23.

胡伦，陆迁，杜为公，2018. 社会资本对农民工多维贫困影响分析〔J〕. 社会科学（12）：25-38.

胡伦，2019. 基于生计能力的农户持续性贫困生成机制与脱贫路径研究——以秦巴山区陕南地区为例〔D〕. 杨凌：西北农林科技大学.

黄思静，2015. 增能视角下农村留守妇女能力建设问题初探〔J〕. 职工法律天地：下（9）：266-267.

黄逸群，2007. 创业女性工作家庭平衡及其对绩效影响机制研究〔D〕. 杭州：浙江大学.

贾慧咏，2010. 当代中国农村妇女贫困问题研究〔J〕. 内蒙古农业大学学报（社会科学版），12（4）：262-264.

姜佳将，2018. 流动的主体性——乡村振兴中的妇女意识与实践〔J〕. 浙江学刊（6）：116-123.

靳小怡，李成华，杜海峰，等，2011. 可持续生计分析框架应用的新领域：农民工生计研究〔J〕. 当代经济科学，33（3）：103-109，128.

李春玲，吕鹏，2008. 社会分层理论〔M〕. 北京：中国社会科学出版社.

李聪，李树苗，费尔德曼，等，2010. 劳动力迁移对西部贫困山区农户生计资本的影响
　　［J］. 人口与经济（6）：20 - 26.

李昊源，崔琪琪，2015. 农村居民家庭贫困的特征与原因研究——基于对甘肃省调研数据
　　的分析［J］. 上海经济研究（4）：79 - 86.

李宏，2018. 中国自然灾害与长期经济增长——基于 VAR 与 VEC 模型的协整分析［J］. 北
　　京理工大学学报（社会科学版），20（5）：112 - 118.

李俊杰，2008. 民族地区可持续脱贫策略探究［J］. 边疆经济与文化（8）：13 - 16.

李旻，赵连阁，2009. 中国农村妇女就业模式变化的分析研究［M］. 北京：中国农业出
　　版社.

李胜连，张丽颖，马智胜，2019. 扶贫对象可行能力影响因素探析——以赣南等原中央苏区
　　为例［J］. 企业经济，465（5）：136 - 141.

李小江 2005. 女性/性别的学术问题［M］. 济南：山东人民出版社.

李小云，董强，饶小龙，2007. 农户脆弱性分析方法及其本土化应用［J］. 中国农村经济
　　（4）：32 - 39.

李小云，李周，唐丽霞，等，2005. 参与式贫困指数的开发与验证［J］. 中国农村经济
　　（5）：39 - 46.

李小云，2015. 精准扶贫实现共同富裕，啃下"贫困"这块硬骨头［J］. 人民论坛（S2）：
　　36 - 38.

理查德·格里格，菲利普·津巴多，2003. 心理学与生活［M］. 北京：人民邮电出版社.

林文，邓明，2014. 贸易开放度是否影响了我国农村贫困脆弱性——基于 CHNS 微观数据
　　的经验分析［J］. 国际贸易问题（6）：23 - 32.

凌国顺，夏静，1999. 返贫成因和反贫困对策探析［J］. 云南社会科学（5）：33 - 38.

凌经球，2018. 可持续脱贫：新时代中国农村贫困治理的一个分析框架［J］. 广西师范学院
　　学报（哲学社会科学版），39（2）：97 - 111.

刘春济，高静，2012. 基于计划行为理论的社区居民参与生态旅游发展的行为意向研究——
　　以崇明岛为例［J］. 北京第二外国语学院学报（7）：56 - 64.

刘浩，2014. 集中连片特困地区妇女能力缺失下的贫困研究［D］. 雅安：四川农业大学.

刘晶岚，2007. 中国农村妇女在社区林业管理中的参与研究［D］. 北京：北京林业大学.

刘精明，2016. 教育公平与社会分层［M］. 北京：中国人民大学出版社.

刘俊生，何炜，2017. 从参与式扶贫到协同式扶贫：中国扶贫的演进逻辑——兼论协同式
　　精准扶贫的实现机制［J］. 西南民族大学学报（人文社科版），38（12）：205 - 210.

刘霓著，2001. 西方女性学［M］. 北京：社会科学文献出版社.

刘玮琳，夏英，2019. 中国可持续脱贫路径优化：以资产收益扶贫为例［J］. 农业经济
　　（1）：96 - 98.

刘玮琳，夏英，2019. 中国可持续脱贫路径优化：以资产收益扶贫为例［J］. 农业经济
　　（1）：96 - 98.

卢冲，耿宝江，庄天慧，等，2017. 藏区贫困农牧民参与旅游扶贫的意愿及行为研究——
　　基于四川藏区 23 县（市）1320 户的调查［J］. 旅游学刊，32（1）：64 - 76.

鲁建彪，2011. 关于民族贫困地区扶贫路径选择的理性思考［J］. 经济问题探索（5）.

吕青，张淑芳，2014. 增能视角下社会组织的能力建设研究——以江苏省江阴市青年点点
　　爱心港为例［J］. 广东工业大学学报（社会科学版），14（1）：56-60.

马东平，2011. 社会性别视角下的少数民族妇女贫困问题研究［J］. 甘肃理论学刊（5）：
　　79-84，106.

马文峰，2017. 可行能力视野下我国精准扶贫的新思路［J］. 西北民族研究（4）：
　　233-238.

梅英，2013. 论民族地区经济发展与文化保护的两难问题［J］. 楚雄师范学院学报（5）.

莫雪华，2016. 精准扶贫背景下广西龙州边贸扶贫中的政府行为研究［D］. 桂林：广西师
　　范学院.

诺兹1993. 微观经济学［M］. 北京：商务印书馆.

朋文欢，傅琳琳，2018. 贫困地区农户参与合作社的行为机理分析——来自广西富川县的
　　经验［J］. 农业经济问题（11）：134-144.

彭琪，王庆，2017. 精准扶贫背景下返贫问题的成因及对策-以湖北省W区L村为例［J］.
　　贵阳市委党校学报（6）.

漆敏，2012. 我国农村返贫问题根源剖析与对策研究［D］. 重庆：重庆大学.

钱力，李剑芳，倪修凤，2018. 连片特困地区精准扶贫面临的问题及路径优化［J］. 区域
　　经济评论（4）：107-113.

曲燕，2018. 灵活就业对农村妇女及其家庭影响的研究［D］. 北京：北京建筑大学.

全承相，贺丽君，全永海，2015. 产业扶贫精准化政策探析［J］. 湖南财政经济学院学报
　　（1）：118-123.

冉光荣，2006. 西藏反贫困经验探析［J］. 四川大学学报（哲学社会科学版）（6）：
　　12-17.

任洲麒，2009. 多维分析框架下的企业家成长影响因素及其作用机理研究［D］. 杭州：浙
　　江大学.

施国庆，周君璧，2018. 西部山区农民易地扶贫搬迁意愿的影响因素［J］. 河海大学学报
　　（哲学社会科学版），20（2）：23-31，90.

时鹏，余劲，2019. 易地扶贫搬迁农户意愿及影响因素研究——一个基于计划行为理论的
　　解释架构［J］. 干旱区资源与环境，33（1）：38-43.

覃志敏，2015. 连片特困地区农村贫困治理转型：内源性扶贫——以滇西北波多罗村为例
　　［J］. 中国农业大学学报（社会科学版），32（6）：5-11.

汤青，2015. 可持续生计的研究现状及未来重点趋向［J］. 地球科学进展，30（7）：
　　823-833.

汤森，1979. 英国的贫困：关于家庭经济来源和生活标准的调查［M］. 伦敦：阿伦·莱恩
　　和培根图书公司.

田甜，杨钢桥，赵微，等，2015. 农地整治项目农民参与行为机理研究——基于嵌入性社
　　会结构理论［J］. 农业技术经济（7）：16-26.

涂晓芳，汪双凤，2008. 社会资本视域下的社区居民参与研究［J］. 政治学研究（3）：

17 - 21.

王爱君，2013. 农村改革政策与妇女贫困——一种社会性别主流化视角 [J]. 中南财经政法
　　大学学报（3）.

王春光，2018. 贵州省脱贫攻坚及可持续发展研究 [J]. 贵州民族大学学报（哲学社会科学
　　版），169（3）：44 - 61.

王婧，2003. 边缘与困境中的女性——妇女贫困问题的社会与文化分析 [J]. 妇女研究论
　　丛（S1）：50 - 54.

王立安，刘升，钟方雷，2012. 生态补偿对贫困农户生计能力影响的定量分析 [J]. 农村
　　经济（11）：99 - 103.

王立剑，叶小刚，陈杰，2018. 精准识别视角下产业扶贫效果评估 [J]. 中国人口·资源
　　与环境，28（1）：113 - 123.

王生云，2011. 中国农村长期贫困程度、特征与影响因素 [J]. 经济问题（11）.

王雨婷，2014. 基于增能视角的失独家庭社区工作介入研究 [D]. 沈阳：辽宁大学.

王志章，刘天元，2016. 连片特困地区农村贫困代际传递的内生原因与破解路径 [J]. 农村
　　经济（5）：74 - 79.

韦雪艳，2008. 基于交互作用的民营企业家压力应对策略与倦怠关系的研究 [D]. 杭州：
　　浙江大学.

魏成龙，吴建涛，2006. 我国农村的人力资本投资研究 [J]. 经济学动态（12）.

吴九兴，杨钢桥，2014. 农地整理项目农民参与行为的机理研究 [J]. 中国人口·资源与环
　　境，24（2）：102 - 110.

吴乐，靳乐山，2018. 贫困地区生态补偿对农户生计的影响研究——基于贵州省三县的实
　　证分析 [J]. 干旱区资源与环境，32（8）：1 - 7.

吴明隆，2009. 结构方程模型——AMOS 的操作与应用（第 1 版）[M]. 重庆：重庆大学出
　　版社.

项锦雯，蔡俊，董斌，2017. 可行能力视角下农户参与农地整理规划的意愿与影响检
　　验——基于安徽寿县 4 个典型镇的实证分析 [J]. 中国农业资源与区划（12）.

肖冬平，2008. 我国农村贫困代际传递的成因探析：一个社会资本的视角 [J]. 湖南涉外经
　　济学院学报（1）：7 - 12.

谢明，刘爱民，2017. 可行能力与精准扶贫：一个分析框架 [J]. 北京行政学院学报（5）：
　　44 - 50.

谢勇，李放，2008. 贫困代际间传递的实证研究——以南京市为例 [J]. 贵州财经学院学
　　报（1）：94 - 97.

邢春冰，2006. 中国农村非农就业机会的代际流动 [J]. 经济研究（9）.

邢新民，1997. 这边风景还好——个体私营经济：劳动者就业的重要领域 [J]. 光彩（5）：9.

徐辰，杨槿，陈雯，2019. 赋权视角下的乡村规划社区参与及其影响分析——以陈庄为例
　　[J]. 地理研究，38（3）：605 - 618.

闫磊，朱雨婷，2018. 可持续稳固脱贫的实现路径研究——基于森的可行能力理论 [J].
　　甘肃行政学院学报（4）：119 - 125.

颜廷武，2005. 返贫困：反贫困的痛楚与尴尬［J］. 调研世界（1）：37－39.

杨阿维，张建伟，2016. 西藏农牧区贫困代际传递问题研究［J］. 西藏大学学报（社会科学版），31（1）：162－169.

杨凤，2007. 当代中国女性发展研究［M］. 北京：人民出版社.

杨娱，田明华，黄三祥，等，2019. 公众认知、情感对公众参与古树名木保护与管理的行为意向影响研究——以北京市为例［J］. 干旱区资源与环境，33（7）：49－55.

杨梓灵，2014. 农村妇女增能和参与的机制研究［D］. 北京：中国社会科学院.

叶普万，2006. 贫困概念及其类型研究述评［J］. 经济学动态（7）：67－69，119.

伊庆春，陈玉华，2006. 华人妇女家庭地位［M］. 北京：社会科学文献出版社.

佚名，2018. 基层党组织建设是可持续脱贫的重中之重［J］. 人民论坛，2018，602（21）：44－45.

尹继武，刘训练，2011. 政治心理学［M］. 北京：高等教育出版社.

尹建锋，徐文婷，2017. 阻止贫困代际传递：高等教育公平底线的理论及策略［J］. 学习与实践（1）：112－117.

袁方成，2019. 增能居民：社区参与的主体性逻辑与行动路径［J］. 行政论坛，26（1）：82－87.

翟羽佳，2018. 扶贫主体能力建设对云南贫困地区乡村空间生产影响机理研究［D］. 昆明：昆明理工大学.

张峻豪，何家军，2014. 能力再造：可持续生计的能力范式及其理论建构［J］. 湖北社会科学（9）：41－47.

张抗私，丁述磊，刘翠花，2016. 非正规就业对居民社会融入的影响——来自中国劳动力动态调查的经验分析［J］. 经济学家（12）.

张然，2005. 现阶段农村妇女就业实证研究［D］. 泰安：山东农业大学.

张晓山，2004. 促进以农产品生产专业户为主体的合作社的发展——以浙江省农民专业合作社的发展为例［J］. 中国农村经济（11）：4－10，23.

赵锋，邓阳，2015. 甘肃省独生子女户与多子女户生计能力的比较分析［J］. 人口与经济（1）：64－71.

赵雪雁，李巍，杨培涛，等，2011. 生计资本对甘南高原农牧民生计活动的影响［J］. 中国人口·资源与环境，21（4）：111－118.

周红云，2004. 社会资本及其在中国的研究与应用［J］. 经济社会体制比较（2）：135－144.

朱利，2019. 农村电商扶贫中贫困户参与意愿及其影响因素研究［D］. 绵阳：西南科技大学.

朱婉贞，2017. 基于可行能力的农村扶贫问题研究［J］. 市场研究（9）：24－25.

Ajzen I，1991. The theory of planned behavior［J］. Organizational Behavior and Human Decision Processes，50（2）：179－211.

Anand S，Sen A，2013. Sustainable Human Development：Concepts and Priorities［J］.（1）：41－70.

Apitzsch U, 2003. Gaining autonomy in self - employment processes. The biographical artisanal gold mines [J]. Human Organization, 62, 1, 62 - 73.

Baulch B, McCulloch N, 2002. Being Poor and Becoming Poor: Poverty Status and Poverty Transitions in Rural Pakistan [J]. Journal of Asian and African Studies, 37 (2): 21 - 40.

Birkin F, Polesie T, 2013. The relevance of epistemic analysis to sustainability economics and the capability approach [J]. Ecological Economics, 89 (5): 144 - 152.

Brown P R, Nelson R, Jacobs B, et al, 2010. Enabling natural resource managers to self - assess their adaptive capacity [J]. Agricultural Systems, 103 (8): 562 - 568.

Cheng S, Lam T, Hsu C H C, 2005. Testing the sufficiency of the theory of planned behavior: a case of customer dissatisfaction responses in restaurants [J]. International Journal of Hospitality Management, 24 (4): 475 - 492.

Demals T, Hyard A, 2014. Is Amartya Sen's sustain - able freedom a broader vision of sustainability? [J]. Ecological Economics, 102 (102): 33 - 38.

DFID, 2000. Sustainable Livelihoods Guidance Sheets [M]. London: Department for International Development.

Ellis F, 2000. Rural livelihoods and diversity in developing countries [M]. Oxford : Oxford University Press.

Frijda N H, 1993. The Place of Appraisal in Emotions [J]. Cognition and Emotions, 7 (3/4): 115 - 143.

Fukuyama F, 1995. Trust: The Social Virtues and the Creation of Prosperity Penguin London [M]. New York: Free Press.

Han H, Kim Y, 2010. An investigation of green hotel customers' decision formation: Developing an extended model of the theory of planned behavior [J]. International Journal of Hospitality Management, 29 (4): 659 - 668.

Henkin T, 2002. Condemned to informality: Cuba's experiments with self - employment during the special period (the case of the bed and breakfasts) [J]. Cuban Studies, 33, 1 - 29.

Marlow S, 1997. Self - employed women - new opportunity challenges? [J]. Entrepreneurship and Regional Development, 9 (3): 199 - 210.

Miyata S, Minot N, Hu D, 2009. Impact of Contract Farming on Income: Linking Small Farmers, Packers, and Supermarkets in China [J]. World Development, 37 (11): 1871 - 1790.

Musick K, Mare R D, 2004. Recent Trends in the Inheritance of Poverty and Family Structure [R]. Los Angeles: University of California.

Nguyen T T, Do T L, Buhler D, et al, 2015. Rural livelihoods and environmental resource dependence in Cambodia [J]. Ecological economics, 120 (12): 282 - 295.

Nwaaz S, 2010. Microfinance and Poverty Reduction: Evidence from a Village Study in Bangladesh [J]. Journal of Asian and African Studies, 45 (6): 670 - 683.

Rodgers W M, Conner M, Murray T C, 2008. Distinguishing among perceived control, perceived difficulty and self - efficacy as determinants of intentions and behaviors [J]. British Journal of Social Psychology, 22 (3): 218 - 233.

Seward C, 2009. The Relational Ontology of Amartya Sen's Capability Approach Incorporating Social and Individual Causes [J]. Journal of Human Development & Capabilities, 10 (2): 213 - 235.

Solomon B B, 1976. Black Empowerment: Social Work in Oppressed Communities [M]. New York: Columbia University Press.

Solon G A, 2004. model of intergenerational mobility variatin over time and place. In: Corak, Miles (Ed.), Generational incomemobility in North America and Eurpe [M]. Cambridge: Cambridge University Press.

Westbrook R A, Oliver R L, 1991. Frhe Dimensionality of Con— sumption Emotion, Pattems and Consumer Satisfaction [J]. Jounal of Consumer Research, 18 (6): 84 - 91.

Yamano T, Alderman H, Christiaensen L, 2005. Child Growth, Shocks and Food Aid in Rural Ethiopia [J]. American Journal of Agricultural Economics (87): 273 - 288.

# 附　录
## APPENDIX

# 农村女性手工业生产参与情况调查问卷

尊敬的各位女士：

　　我是昆明理工大学的研究生，由于论文要求，正在对贵地的扶贫项目行调查，整个调查过程中所有关于您的数据和信息，都只用作调查研究，绝不对外公布，谢谢您的合作！（注：请在您认为正确的选项上打勾，如您选择"其他"选项，请在后面填入实际情况。）

　　1. 您的年龄。

　　①≤30 岁　②30～40 岁　③40～60 岁　④>60 岁

　　2. 您的最高学历。

　　①小学及以下　②初中　③高中　④大专及以上

　　3. 家中人口数量。

　　①≤2 人　②3～4 人　③4～6 人　④≥7 人

　　4. 您是否为党员？

　　①党员　②非党员

　　5. 是否担任干部？

　　①是　②否

　　6. 您是否从事非物质文化遗产手工业？

　　①是　②否

　　7. 您从事非遗手工业多久？

　　①≤2 年　②2～4 年　③4～5 年　④>6 年

　　8. 从哪里学习此手工技能？

　　①从祖辈习得　②政府组织免费培训　③花钱从手工师傅学得　④自己跟熟人免费学

　　9. 从事非遗手工业后人均收入多少元。

　　①≤10 000 元　②10 000～20 000 元　③20 000～30 000 元

　　④≥30 000 元

　　10. 手工收入占家庭经济收入比重。

①≤20％　②20％～40％　③40％～60％　④＞60％

11. 你从哪里获得此扶贫项目的宣传和销售信息？
①邻居　②朋友　③亲戚　④基层政府　⑤区域性组织

以下的问卷题目是根据您所从事非物质文化遗产手工业的具体内容所设计的，问卷题目中所有关于"项目"的题目都是指您目前所从事的非物质文化遗产手工项目。下面描述了一些关于您的工作的可能的情况，请您根据自己的实际情况对以下问题作答，选择相应数字，1＝非常同意；2＝同意；3＝不确定；4＝不同意；5＝非常不同意。

12. 我每天积极按时工作没有早退晚到的情况。
①非常同意　②同意　③不确定　④不同意　⑤非常不同意

13. 在该项目中，我会尽善尽美地完成自己的工作。
①非常同意　②同意　③不确定　④不同意　⑤非常不同意

14. 只要是对该项目有利的事情，我都乐意去做。
①非常同意　②同意　③不确定　④不同意　⑤非常不同意

15. 此项工作是我自己主动自愿参加的。
①非常同意　②同意　③不确定　④不同意　⑤非常不同意

16. 我很高兴我能参与到这个项目。
①非常同意　②同意　③不确定　④不同意　⑤非常不同意

17. 在这个项目中，我所从事的工作很有意义。
①非常同意　②同意　③不确定　④不同意　⑤非常不同意

18. 参与扶贫项目提高了我的收入。
①非常同意　②同意　③不确定　④不同意　⑤非常不同意

19. 相比于原来的工作这项工作的投入成本降低了。
①非常同意　②同意　③不确定　④不同意　⑤非常不同意

20. 本地区参与此项目的人很多。
①非常同意　②同意　③不确定　④不同意　⑤非常不同意

21. 我觉得非物质文化遗产需要被保护起来。
①非常同意　②同意　③不确定　④不同意　⑤非常不同意

22. 来参观本项目的游客或者客户比较多。
①非常同意　②同意　③不确定　④不同意　⑤非常不同意

23. 我觉得自从本项目发展以来村民小组以及村民参与集体活动增多了。
①非常同意　②同意　③不确定　④不同意　⑤非常不同意

24. 我的亲朋好友参与此项目的人比较多。
①非常同意　②同意　③不确定　④不同意　⑤非常不同意

25. 当地有合作社组织参与此项目。
①非常同意　②同意　③不确定　④不同意　⑤非常不同意

26. 政府或协会提供以下帮助：市场和信息，技术培训或学习参观，展评展览。
①非常同意　②同意　③不确定　④不同意　⑤非常不同意

27. 有当地非物质文化遗产组织来宣传扶贫项目。
①非常同意　②同意　③不确定　④不同意　⑤非常不同意

28. 我感觉学习手工制作比较困难。
①非常同意　②同意　③不确定　④不同意　⑤非常不同意

29. 我感觉参与非物质文化遗产手工业有机会达到自己和家庭的生活目标。
①非常同意　②同意　③不确定　④不同意　⑤非常不同意

30. 我感觉提升专业知识和基本技能是必要的。
①非常同意　②同意　③不确定　④不同意　⑤非常不同意

31. 我觉得从事此项目之后时间占据较多。
①非常同意　②同意　③不确定　④不同意　⑤非常不同意

32. 我觉得你的时间投入和收入成正比。
①非常同意　②同意　③不确定　④不同意　⑤非常不同意

33. 我从事此行业前期投入成本多。
①非常同意　②同意　③不确定　④不同意　⑤非常不同意

34. 我们社区基层政府及家庭支持女性参与此项目。
①非常同意　②同意　③不确定　④不同意　⑤非常不同意

35. 此行业比较成功者愿意分享成功经验。
①非常同意　②同意　③不确定　④不同意　⑤非常不同意

36. 基层组织或者企业可以提供设备以及技术支持。
①非常同意　②同意　③不确定　④不同意　⑤非常不同意

37. 基层政府组织或企业可以提供相关培训。
①非常同意　②同意　③不确定　④不同意　⑤非常不同意

# 云南省农村女性扶贫参与度调查问卷

您好，非常感谢参加我们的问卷调查。您对问题的真实看法对我们的研究是非常重要的，希望您对每个问题都能畅所欲言地表达自己的最真实的看法。问卷是不记名的，不会对您的个人信息造成任何泄漏。谢谢！

调查地点：

## 一、个人信息

1. 性别　①男　②女
2. 年龄　①＜25岁　②25～30岁　③30～35岁　④35～40岁　⑤40～60岁
3. 民族　①汉族　②少数民族
4. 学历　①小学及以下　②初中　③高中　④大专及以上
5. 汉语能力　①好　②一般　③差
6. 工作情况　①打工　②务农　③经营种植、养殖　④个体自营
7. 健康状况　①非常健康　②良好　③有病痛但不影响正常生活　④有病痛不能从事正常劳动　⑤身体不好需要被照顾
8. 婚姻状况　①完美　②良好　③一般　④不好　⑤离异
9. 配偶健康状况　①非常健康　②良好　③有病痛但不影响正常生活　④有病痛不能从事正常劳动　⑤身体不好需要被照顾
10. 子女个数　①≤1个　②2个　③3个　④≥4个
11. 子女受教育状况　①小学及以下　②初中　③高中　④大专及以上
12. 子女健康状况　①非常健康　②良好　③有病痛但不影响正常生活　④有病痛不能从事正常劳动　⑤身体不好需要被照顾
13. 子女受教育经费占家庭比重　①≤20%　②20～40%　③40～60%　④＞60%
14. 相比较于女儿更希望儿子受到更多教育？　①是　②否　③一般
15. 认为女孩受教育与否不重要？　①是　②否　③一般
16. 认为女孩干得好不如嫁得好？　①是　②否　③一般

## 二、农居信息

1. 居住房屋是否自有？　①是　②否
2. 家庭现有人均耕地面积？＿＿＿＿＿＿＿＿＿亩。

3. 土地政策相关题项？

3.1 享有哪些土地政策？　①土地承包　②土地租赁　③土地流转　④发展种养业　⑤农民合作社

3.2 土地确权　①是　②否；是否登记女性姓名？　①是　②否

3.3 女性无论嫁否是否明确规定拥有土地使用权？　①是　②否

4. 现有土地政策之下居民的农业发展思路变化？
①是（什么变化）　②否

5. 农业家庭年收入（单位：元）？　①≤3 000　②3 000～10 000
③10 000～20 000　④≥20 000

6. 从事农业等劳动时间（单位：小时/天）？　①＜2　②2～5　③5～8
④＞8

7. 是否外出打工？　①是（男　女）　②否

8. 有没有扶贫政策？　①有　②无；有哪些？　①建档立卡　②政府补助（产业扶持资金　教育扶贫资金　医疗扶贫资金　建房补助）　③扶贫项目

9. 是否参合新型农村合作医疗？　①是　②否

10. 是否参合新型农村社会养老保险？　①是　②否

11. 农业劳动性分工。

A. 犁田耙田　①男　②女　　　　　　B. 平土挖土　①男　②女

C. 撒种　①男　②女　　　　　　　　D. 田间管理　①男　②女

12. 家务劳动性别分工。

A. 做饭　①男　②女　　　　　　　　B. 喂养牲畜　①男　②女

C. 打扫卫生　①男　②女　　　　　　D. 照顾老人　①男　②女

E. 照顾子女　①男　②女

13. 社会活动性别分工。

A. 主持节日祭祀　①男　②女　　　　B. 主持红白事　①男　②女

C. 参加村里会议　①男　②女　　　　D. 参加培训　①男　②女

14. 经济活动性别分工。

A. 运输　①男　②女　　　　　　　　B. 外出打工　①男　②女

C. 到市场出售农副产品　①男　②女　D. 采购物品　①男　②女

15. 农产品收入（单位：元/年）？　①≤3 000　②3 000～10 000
③10 000～20 000　④≥20 000

16. 家庭成员参加种植养殖科技培训情况。
①自然村级　②行政村级　③乡镇级　④县级　⑤地区级及以上

17. 家庭成员谁参加种植、养殖科技培训。
①丈夫　②妻子　③亲友　④子女

18. 对于培训时间、地点、内容、效果有什么意见？

19. 能否利用细碎化的时间参加？　①是　②否

## 三、女性能力

1. 社会交往范围。　①邻里　②亲戚　③其他

2. 有无兴趣爱好？　①有（哪些）　②无

3. 参与当地产业发展是否增加女性的参政机会？　①是　②否

4. 在村委会中女性所占比例有多少？　①≤10%　②10～30%　③30～50%　④＞50%

5. 是否享有政府扶贫贴息小额贷款？　①是　②否

6. 更愿意领取扶贫补助还是努力工作以改变贫困？　①前者　②后者

7. 认为扶贫政策有效改善收入。　①是　②否

8. 是否赞成女性担任干部？　①赞成　②反对

9. 女性能否管理村务？　①能　②不能　为什么？

10. 参加了以下哪些活动？　①演讲比赛　②体育活动　③文艺表演④生殖健康培训讲座　⑤发放宣传资料

11. 能在家里花钱买自己想要的东西吗？

①能　②有时能，有时不能　③不能

12. 赞同"男主外、女主内"的家庭性别分工吗？为什么？

①赞同　②不赞同

# 云南省贫困地区女性扶贫参与访谈问卷

1. 您对本地扶贫政策了解多少?

2. 有哪些是针对当地农村女性的扶贫方式?

3. 您对与自己参与的扶贫项目了解吗?

4. 参与了哪些扶贫项目?

5. 是否享有政府扶贫贴息小额贷款?

6. 对于扶贫政策更愿意领取扶贫补助还是努力工作或创业以改变贫困? 为什么?

7. 选择外出打工还是就近发展? 为什么这样选择?

8. 参与到相关项目之前是否接受过相关培训?

9. 对相关扶贫产业所需技能是否熟练?

10. 参与到扶贫项目是自愿还是被动的?

11. 是否会积极按时工作劳动?

12. 在目前的发展中有哪些困难?

13. 如何平衡家庭和工作的关系?

14. 您觉得自从参与相关产业之后对您的收入有什么影响?

15. 您觉得自从参与相关产业之后对您的自身成长有什么影响?

16. 您觉得自从参与相关产业之后对您的社会关系有什么影响?

17. 您觉得自从参与相关产业之后对您的家庭生活有什么影响?

# 云南省贫困地区农户情况和扶贫现状调查问卷

自然村名称：_____ 县 _____ 乡 _____ 村 编号 _____
问卷编号：_____ 县域编号：_____ 村镇编号：_____ 样本编号：_____

尊敬的女士/先生：

您好！感谢您抽出宝贵的时间参与我们的调查。本次调查不记名，回答不涉及是非对错，请根据实际情况作答。您的回答将有助于我们进一步完善云南贫困地区的扶贫、减贫工作。感谢您的支持与合作！

课题组<br>2019 年 6 月

**一、家庭人口特征**

1. 您家庭中共同居住或关系密切的家庭成员共____位。其中男性____位，男性中具有劳动能力的____位；女性____位，女性中具有劳动能力的____位。18 岁至 60 岁的家庭成员____位。

2. 您家庭的户主是<u>男性/女性</u>，年龄____岁，<u>有/没有</u>外出务工经历，受教育程度是：

 A. 文盲　　　　B. 小学　　　　C. 初中　　　　D. 高中或中专
 E. 大专或高职　　F. 本科或以上

3. 您家庭中有____位在读或毕业的大专以上学历的家庭成员，有____位具有初中及以上学历。

4. 近五年中，您家庭中<u>有/无</u>罹患重大疾病的家庭成员，<u>有/无</u>身患重大残疾的家庭成员；过去两年中，您家庭中用于医疗的费用是：

 A. 少于 3 000 元　　　　　　　　B. 3 000 元至 10 000 元
 C. 10 000 元至 20 000 元　　　　D. 20 000 元以上

5. 您家庭成员中有____位少数民族成员，有____位信仰宗教、参加宗教组织或活动。

6. 您家庭成员中有____位村干部。

**二、家庭生活概况**

1. 您家庭在该地的居住生活时间是：

 A. 不足一年　　　　　　　　　　B. 一年以上三年以下
 C. 三年以上五年以下　　　　　　D. 五年以上

2. 分配到您家庭的土地共计____亩，实际由您家庭成员耕种的土地____亩，土地地形是：

A. 平地　　　　　B. 山地　　　　　C. 梯田　　　　　D. 水田

E. 其他____

3. 您家庭的住宅面积是____平方米，类型是：

A. 砖混楼房　　　B. 砖混平房　　　C. 土坯平房　　　D. 其他____

4. 若现在要再建一栋类似的住宅，大概的花费是____元。

5. 住宅配套设施包括（多选）：

A. 水井或自来水　　　　　　　　B. 独立厕所

C. 照明或炊用电　　　　　　　　D. 沼气

E. 其他____

6. 家庭中拥有的家用电器包括（多选）：

A. 电视　　　　　　　　　　　　B. 洗衣机

C. 电冰箱　　　　　　　　　　　D. 录音机或影碟播放机

E. 收音机　　　　F. 电脑　　　　G. 手机　　　　　H. 其他____

7. 您每天看电视的时间____小时

8. 您对邻居是否了解？

A、很了解　　　　B. 比较了解　　　C. 一般　　　　　D. 不太了解

E. 完全不了解

9. 您家庭周边的交通是否便利？

A. 非常便利　　　B. 比较便利　　　C. 一般　　　　　D. 较为不便

E. 非常不便

10. 您认为本村村干部的工作是否需要改进？

A. 很有必要　　　B. 比较必要　　　C. 保持现状　　　D. 不太必要

E. 完全没必要，现在这样工作已经非常好了

### 三、家庭经济活动概况

1. 五年前（2014 年）您家庭的年全部收入大致是____元，去年（2018年）全部收入大致是____元，您家庭的收入水平有/没有明显提高，大约增加了百分之____。

2. 和五年前（2014 年）相比，去年（2018 年）您家庭总体的生活状况有/没有明显的改善？

A. 改善很多　　　　　　　　　　B. 有改善

C. 没改善或无意见　　　　　　　D. 生活状况下降

E. 下降很多

3. 在过去三年中，您家庭的存粮大致可供____月食用，<u>有/没有</u>外购粮食或接受他人的赠予或接济。

4. 近五年来，您家庭从种植业中获得收入约占全部收入的：

A. 20％至40％　　B. 40％至60％　　C. 60％至80％　　D. 80％以上

5. 免除农业税对您家庭生产的影响：

A. 很有帮助　　　B. 较有帮助　　　C. 帮助不大　　　D. 有负面影响

6. 除种植业外，您家庭还从事：

A. 养殖　　　　　B. 食品加工经营　C. 批发零售　　　D. 房屋建造

E. 农用具制造　　F. 农业休闲　　　G. 外出打工

H. 其他_____（请注明）

7. 您家庭中<u>有/没有</u>农用汽车，<u>有/没有</u>拖拉机，<u>有/没有</u>其他农用机械，<u>有/没有</u>劳动者会驾驶汽车或拖拉机。

8. 您的农田中采取了以下哪<u>些</u>生产措施。

A. 温室大棚　　　　　　　　　B. 灌溉机械

C. 定期施用农药化肥　　　　　D. 其他____

9. 您家庭的农产品主要的销售渠道是：

A. 本村售卖　　　B. 上门收购　　　C. 企业收购　　　D. 县城售卖

E. 收购站　　　　F. 其他____

10. 您获取农产品销售信息的渠道是：

A. 其他农户　　　B. 村干部　　　　C. 电视　　　　　D. 网络

E. 广播　　　　　F. 其他____

11. 您家庭<u>有/没有</u>参加生产互助组织，<u>有/没有</u>和农业企业存在长期的合作关系，这些企业或组织对您家庭的生产<u>有/没有</u>明显的帮助：

A. 帮助非常大　　B. 帮助一般　　　C. 没有帮助　　　D. 有负面影响

E. 负面影响很大

12. 过去三年中，您的家庭成员<u>有/没有</u>参加过生产技能培训，这类培训的发起者是：

A. 农技推广站　　B. 企业　　　　　C. 上级政府　　　D. 其他组织

13. 这类培训对您家庭生产能力<u>是/否</u>有帮助。

A. 帮助很大　　　B. 有一定帮助　　C. 没有帮助　　　D. 有负面影响

E. 负面影响很大

14. 过去三年中，您家庭成员中有____位每年在外务工六个月以上，他们<u>是/否</u>对家庭带来了较大帮助，主要表现在：

A. 资金　　　　　　　　　　　B. 新的市场信息

C. 新的生产技术　　　　　　　D. 新生活观念

15. 他们外出务工的主要目的地是：

A. 邻村　　　　　B. 县城　　　　　C. 省会　　　　　D. 省外

16. 您家庭支出最主要的前三项是（多选）：

A. 购买食品　　　　　　　　B. 购买农业生产资料

C. 添置日用品　　　　　　　D. 教育与医疗

E. 红白喜事　　　　　　　　F. 购买农业机械

G. 购买家用电器　　　　　　H. 外出

I. 其他____

### 四、参与扶贫的情况

1. 近三年中，您所在地区是/否遭遇了较为严重的自然灾害，分别是（多选）：

A. 干旱　　　　　B. 水灾　　　　　C. 地质灾害　　　　　D. 动植物病虫害

2. 对您自身和您家庭而言，要提高收入：

A. 难度较大　　　B. 难度较低　　　C. 可以实现　　　D. 较容易实现

E. 很容易实现

3. 如果收入水平一直维持现状，对您自身和家庭影响：

A. 极大　　　　　B. 较大　　　　　C. 中度　　　　　D. 轻微

E. 没有影响

4. 您的家庭是/否参加了新农合医疗保险，近三年中是/否接受过医疗援助，这对您家庭是/否有帮助。

5. 您的家庭是/否参与了贫困援助项目（如低保），持续了____年，这些项目的发起者是：

A. 政府　　　　　B. 企业　　　　　C. 个人　　　　　D. 非政府组织

6. 这些项目是/否明显改善了您家庭的生活水平？

A. 帮助非常大　　B. 帮助一般　　　C. 没有帮助　　　D. 有负面影响

E. 负面影响很大

主要表现在（多选）：

A. 给予生活必需品和资金　　　B. 带来新技术和新品种

C. 给予发展生产的启动资金　　D. 带来新的销售渠道

E. 改善了生产设施和生活环境　F. 其他____

7. 若您没有参与任何的帮扶项目，具体原因是（多选）：

A. 不知道有这些项目　　　　　B. 知道但不清楚怎么申请

C. 这些项目没有帮助　　　　　D. 申请过但没有获得批准

E. 没有人帮助过我获得这些项目　F. 没有扶贫项目

8. 您的家庭是/否需要主动争取获得这些项目的资助，是/否需要向相关的村干部表达感谢，您认为项目实施过程是否公平：

    A. 非常好      B. 较好      C. 一般      D. 较差

    E. 非常差

9. 您认为哪方面的扶贫工作对您的家庭帮助最大（多选）：

    A. 道路设施    B. 电力和水供应  C. 教育培训    D. 住房建设

    E. 收入补贴    F. 就业支持    G. 医疗救助    H. 生产合作

    I. 市场开发    J. 其他____

10. 您家庭获得资金的渠道是：

    A. 信用社               B. 银行小额贷款

    C. 向有联系的企业借贷        D. 向熟识的人借贷

11. 您家庭获得资金：

    A. 难度很大    B. 难度较大    C. 有一定难度    D. 没有难度

12. 您家庭是/否获得过现金援助，这样的机会：

    A. 很少      B. 较少      C. 一般      D. 较多

    E. 很多

13. 去年您的家庭是/否参加了村里的活动，大致有____项，这些活动主要提供：

    A. 小微金融    B. 健康护理    C. 技术培训    D. 设施维护建设

    E. 资源开发    F. 小微企业

14. 如果村里有扶贫项目需要免费出工，您的家里是/否愿意出工出力。

15. 据您所知，政府、企业或组织是/否依据不同农户的需求制定了不同的帮扶措施。

16. 在您参与的帮扶项目中，您接触最多的是：

    A. 县级政府工作人员        B. 乡镇政府工作人员

    C. 村干部              D. 志愿者

17. 若您的家庭遭遇重大困难，您倾向于向谁求助：

    A. 县政府    B. 乡镇府    C. 村干部    D. 志愿者

    E. 邻居      F. 亲戚

18. 您对帮扶项目的进一步期待或要求是什么？

问卷到此结束，感谢您的作答！